新形势下高校辅导员思想政治教育工作的多维度研究（20JK0127）

高校辅导员工作专业化发展
多维度研究

柳宏亚　雷炳锋　著

吉林大学出版社

·长春·

图书在版编目（CIP）数据

高校辅导员工作专业化发展多维度研究 / 柳宏亚，雷炳锋著.— 长春：吉林大学出版社，2021.9
ISBN 978-7-5692-8837-7

Ⅰ．①高… Ⅱ．①柳… ②雷… Ⅲ．①高等学校—辅导员—师资培养—研究 Ⅳ．① G645.1

中国版本图书馆 CIP 数据核字（2021）第 182926 号

书　　名：高校辅导员工作专业化发展多维度研究
　　　　　GAOXIAO FUDAOYUAN GONGZUO ZHUANYEHUA FAZHAN DUOWEIDU YANJIU

作　　者：柳宏亚　雷炳锋　著
策划编辑：邵宇彤
责任编辑：高珊珊
责任校对：李潇潇
装帧设计：优盛文化
出版发行：吉林大学出版社
社　　址：长春市人民大街 4059 号
邮政编码：130021
发行电话：0431-89580028/29/21
网　　址：http://www.jlup.com.cn
电子邮箱：jdcbs@jlu.edu.cn
印　　刷：定州启航印刷有限公司
成品尺寸：170mm×240mm　　16 开
印　　张：12.75
字　　数：209 千字
版　　次：2021 年 9 月第 1 版
印　　次：2021 年 9 月第 1 次
书　　号：ISBN 978-7-5692-8837-7
定　　价：65.00 元

前　言

2005 年，教育部在《关于加强高校辅导员班主任队伍建设的意见》中指出："辅导员、班主任是高等学校教师队伍的重要组成部分，是高等学校从事德育工作，开展大学生思想政治教育的骨干力量，是大学生健康成长的指导者和引路人。"

这是教育部从国家政策、社会整体层面对辅导员做出的总体定位。首先，辅导员是德育教师的身份，其不仅涵盖了教师进行基本教育的需求，同时涵盖了对学生进行思想品德教育，为国家培养合格公民与人才的需求；其次，辅导员是开展大学生思政教育的骨干力量，这本就是辅导员角色诞生之始的基本需求，在瞬息万变的互联网社会，学生的思政教育更是重中之重，只有培养出具有合格思想政治观念和意识的学生，才算真正意义上培养了社会主义合格的建设者与可靠的接班人；最后，辅导员是大学生健康成长的指导者和引路人，这是社会、时代、学生各个层面对辅导员的职能需求。前两项体现的是辅导员的教育性，后一项体现的则是辅导员的辅助性和建设性。

2017 年，经教育部第 32 次部长办公会议修订通过的《普通高等学校辅导员队伍建设规定》（中华人民共和国教育部令第 43 号）中指出："辅导员是开展大学生思想政治教育的骨干力量，是高等学校学生日常思想政治教育和管理工作的组织者、实施者、指导者。辅导员应当努力成为学生成长成才的人生导师和健康生活的知心朋友。"从政策层面再一次完善了辅导员的角色定位，即辅导员是学生日常思政教育和管理工作的组织者和实施者，同时需要关注学生的身体健康和心理健康，成为为学生提供心理疏导、择业辅导等服务的服务者，体现的是辅导员角色的管理性和服务性。

自 1999 年高等教育大众化发展以来，高校学生数量逐年递增，这不仅带来学生数量的变化，同时还推动了高校教育体制改革和培养模式改革，这无疑会给高等教育各个方面带来相应的变化。而随着社会需求的变化和教育改革步伐的加快，如今高校学生的培养已经开始进入专业化转型的过程中，从社会人才培养的角度来分析，高校辅导员的队伍建设也开始进入了专业化发展阶段，辅导员专业化发展是高校教育管理的改革诉求和需求。

本书从高校辅导员工作沿革和专业化发展理论入手，对辅导员的专业化发展进行了多维度研究，共分为高校辅导员工作概述、高校辅导员专业化发展理论疏解、高校辅导员的教育工作专业化、高校辅导员的管理工作专业化、高校辅导员的建设工作专业化、高校辅导员的服务工作专业化等六部分内容，分别从辅导员的教育专业化、管理专业化、建设专业化和服务专业化四个主要方向，阐述了辅导员的专业化工作需求和策略，根据每个主要工作方向细化了辅导员的工作内容，有针对性地分析了辅导员在高校学生日常学习、生活、活动过程中的重要作用。由于作者时间、精力和水平有限，本书难免存在疏漏，恳请广大读者和专家学者予以斧正。

柳宏亚　雷炳锋

2021 年 7 月

目 录

高
校
辅
导
员
工
作
专
业
化
发
展
多
维
度
研
究

第一章

高校辅导员工作概述

第一节　高校辅导员制度的历史沿革

辅导员制度的诞生与近现代高等教育的发展息息相关，如美国辅导员制度已有一百多年的历史，早在 1908 年美国波士顿大学教授、心理学家弗兰克·帕森斯（Frank Parsons）就在波士顿成立了第一家辅导中心，专门辅导青年去认识自己的能力和志趣，以便找到最适合自己的工作。这项服务广受欢迎，因此帕森斯也被称为"辅导之父"。早期辅导员的工作主要是面向大学生提供职业和就业辅导，随着社会的快速发展，政治、经济和社会形态开始对大学生产生越来越重要的影响，因此辅导员的工作领域也开始逐步拓宽，辅导大学生的项目也开始不断增加，发展至今，形成了一个非常完整且多样化的工作系统。

一、中国辅导员制度的诞生

中国辅导员制度起源于革命战争时期。1927 年 11 月，毛泽东率领起义部队到达井冈山后，为了提高部队的军政素质创办了红军教导队，这是中国工农红军最早的培训干部的机构。之后红军教导队发展为中央红军学校，并在此基础上，于 1933 年 10 月在江西瑞金成立了中国工农红军大学。为了配合党的抗日民族统一战线政策，中国工农红军大学在 1936 年 6 月更名为中国抗日红军大学，分三个科培养党的干部。西安事变被和平解决后，抗日民族统一战线初步形成，为了适应抗战需要，中国抗日红军大学于 1937 年更名为中国人民抗日军事政治大学，不仅培训红军干部，还开始招收各地的知识青年。

（一）高校辅导员制度的萌芽（1927—1949年）

中国人民抗日军事政治大学成立了学校政治部，负责对学生进行政治教育，并在各大队设置了政治委员，在各支队设置了政治协理员，在各中队设置了政治指导员。政治指导员主要负责学校基层中队学员的学习、思想、健康、生活等工作，以及辅助学校开展教育教学工作。这是中国高校政治辅导员制度的萌芽，其不仅凝聚了人心、鼓舞了士气、团结了力量，在一定程度上增强了军队的战斗力，还为培养优秀的军事政治干部做出了杰出的贡献。

（二）高校辅导员制度的开端（1949—1966年）

新中国成立初期，政府开始加强对高校学生的思想政治工作，首次在政策层面确立了政治辅导员制度，提出了"教育工作要为政治服务""高等教育要为经济建设服务"等政策方针。为贯彻上述方针，1951年中国教育部向全国发出了《关于加强对学校政治思想教育的领导》，要求各级院校加强对学生的思想政治工作。1952年，中国教育部又发出了《关于在高等学校有重点的试行政治工作制度的指示》，明确要求高等学校需设立政治工作机构政治辅导处，需配备若干辅导员来指导学校教职工的政治理论学习，同时指导学生的各种社会活动，并掌握高校教职工和学生的思想政治状况，并管理他们所产生的政治材料，为毕业生进行鉴定和分配工作。从那时起，高校政治辅导员正式在政策方面得以确立，其主要职责是协助党组织为学生开展思想政治工作，并附带一定教育职能。

1953年清华大学率先向高教部和人事部请示在学校设立政治辅导员，并选拔了一批思想政治觉悟高、业务素质好的三年级学生及青年教师担任辅导员，并将学生的学习年限延长一年，减少了部分学科，以便培养辅导员成为比普通学生具有更高政治觉悟和业务水平的干部。随着《关于在高等学校有重点的试行政治工作制度的指示》在各高等学校试行，高校政治辅导员队伍的地位和作用开始逐渐明确。这段时期不仅建设了一支相对稳定的队伍，还锻炼和培养了一大批优秀的人才，因此也被称为高校政治辅导员制度的开端。

在此阶段，高校的辅导员制度逐步形成以党委为领导，以团组织为指导，以政治辅导员为主体，由学生会、工会等积极配合的工作格局。作为高校思想政治工作的基层队伍，高校政治辅导员开始积极组织师生参加各种政治教育、廉洁教育、发展教育等活动，辅导员们在高校思想政治工作中发挥了其强大的组织、宣传和协调的能力，促进了高校政治辅导员制度的快速完善和发展。

从 1957 年开始，受历史因素的影响，中国政治活动波澜起伏。为了加强高校思想政治稳定工作，1958 年中共中央、国务院下发了《关于教育工作的指示》，进一步充实了高校政治辅导员队伍，也令辅导员的工作格局得到了改善；1961 年中央政治局常委扩大会议通过了《教育部直属高等学校暂行工作条例（草案）》，其中不仅加强和改进了思想政治教育的内容和方法，确立了八字方针（调整、巩固、充实、提高），而且第一次在条例中正式提出要在高等学校设置专职的政治辅导员："为加强思想政治工作，在一、二年级设政治辅导员或者班主任，从专职的党政干部、政治理论课教师和其他青年教师中挑选有一定政治工作经验的人担任。同时，要逐步培养和配备一批专职的政治辅导员。"

1964 年，中共中央批准了教育部的《关于加强高等学校政治工作和建设政治工作机构试点问题的报告》，开始以北京大学和清华大学为试点建设高校辅导员队伍。1965 年，教育部出台了《关于辅导员工作条例》，首次以法规的形式对高校政治辅导员的职责、作用和地位作出明确规定，这意味着中国高校政治辅导员制度正式形成。不过从 1966 年开始，政治辅导员制度受到了严重冲击，整个高校思想政治教育管理体系被冲垮，高校辅导员制度也陷入了名存实亡的艰难阶段。

二、高校辅导员制度的发展

（一）高校辅导员制度恢复（1978—1989 年）

1978 年 4 月到 5 月，全国教育大会召开，全国开始恢复和整顿高等教育，高校政治辅导员制度得到了恢复和发展。党的十一届三中全会召开后，高校思想政治工作得到了进一步改进和加强。1980 年 4 月，根据党中央关于加强思想政治工作的指示，教育部和团中央发布《关于加强高等学校学生思想政治工作的意见》，明确指出全国各高校要根据具体情况建立政治辅导员制度或班主任制度，这意味着高校辅导员制度开始正式恢复并进入发展阶段。

1981 年 7 月，教育部出台了《高等学校学生思想政治工作暂行规定》，正式对高校学生思想政治工作做出了明确且具体的规划，并对政治辅导员的职称评定和福利待遇做出了规定。这之后各高校开始越来越重视专职政治辅导员队伍的建设，并逐步建立了专职政治辅导员制度和兼职班主任制度，逐渐培养了一支专兼结合的辅导员队伍。为了能够适应社会发展形势，教育部开始在部分高校设立思想政治教育专业，其目的就是培养思想政治工作的专门人才，同时为思想政治工作的展开奠定专业队伍基础。1984 年，包括清华大学、南开大学在内的一些高等院校开始招收思想政治教育专业学生，其毕业生成了高校思想政治工作专业队伍的重要来源。1987 年，中共中央颁发了《关于加强和改进高等学校思想政治工作的决定》，正式下发文件督促高校建立思想政治工作队伍，并开始实施思想政治工作责任制，明确了高校辅导员的教师身份。

（二）高校辅导员制度完善阶段（1990 年至今）

进入 20 世纪 90 年代，中国改革开放步入快车道，高校辅导员制度的建设也开始进入新的阶段，尤其是从政策层面完善了高校辅导员制度，明确了辅导员工作方向。1995 年，《中国普通高等学校德育大纲》中赋予了高校辅导员德育专职教师的身份，并将德育专职人员作为高校教师队伍中重要的组成部分；2000 年，教育部颁布《关于进一步加强高等学校学生思想政治工作队伍建设的若干意见》，进一步完善了高校辅导员的工作定位，辅导员是学生思想政治工作的组织者和指导者，是高等学校教师和管理队伍的重要组成部分，同时规定了专职学生辅导员的任期为 4—5 年，并需原则上按 1∶120～1∶150 的比例为学生配备专职思想政治辅导员；2004 年，国务院出台了《关于进一步加强和改进大学生思想政治教育的意见》（以下简称《意见》），文件中全面指出了大学生思想政治教育的实施办法及其重要性，并对大学生思想政治工作队伍的建设做出了详细明确的规定；2005 年，为贯彻落实《意见》，教育部出台了《关于进一步加强和改进师德建设的意见》以及《关于加强高等学校辅导员、班主任队伍建设的意见》，更进一步明确了高校辅导员在高校教师队伍中的重要地位，并提出高校辅导员需要向长期化、职业化、专业化方向进行培养和发展；2006 年，教育部颁布《普通高等学校辅导员队伍建设规定》，明确指出了高校辅导员拥有教师和干部双重重要身份，并以文件的形式明确了高校辅导员的相关工作职责；2007 年，教育部正式批准全国首批 21 所高校成立高等辅导员培训和研修基地，这意味着高校辅导员制度开始向规范化发展；2010 年，为贯彻落实《意见》，教育部出台了《2010 年高校辅导员在职攻读思想政治教育专业博士学位工作办法》，明确了高校辅导员成为思想政治教育方面的专门人才的培养办法；2013 年，教育部党组织印发了《普通高等学校辅导员培训规划（2013—2017年)》，进一步明确了提高辅导员培训质量，推进辅导员工作建设的规划；2017年教育部公布第23次修订通过的《普通高等学校辅导员队伍建设规定》，对辅导员的工作职责作出了进一步完善。

以上一系列文件的颁布和实施，为辅导员制度的建设和完善明确了方向，并奠定了坚实的政策基础，从根本上提高了高校辅导员的地位，并加强了辅导员队伍的建设和管理。随着辅导员工作职责的明确和完善，可以清晰地看到辅导员主要的工作是面向学生的，即辅导员是大学生日常思想政治教育和管理工作的组织者、实施者和指导者，同时也是大学生生活中的人生导师和生理心理健康成长发展的知心朋友。辅导员的所有工作都是针对学生的，且工作内容异常广泛，于是以前的"政治辅导员"称呼开始不再适用，如今更多地使用"辅导员"，这不仅标志着辅导员角色的内涵在深化，也意味着辅导员的外延在扩大。随着互联网时代来临，高校辅导员的角色定位也开始随着时代的发展变化和社会需求的变化产生巨大的变化，辅导员所扮演的角色复杂度越来越高，其不再仅仅是学生思想政治教育和管理工作的组织者、实施这、指导者，更是学生日常事务的管理者和服务者。

三、高校辅导员工作面临的时代挑战

进入21世纪以来，中国高等教育事业开始发展到新阶段，教育改革的步伐越来越快，教育事业开始从看重数量和规模向注重质量和内涵的方向发展。教育改革的快速推进，对高校辅导员工作以及高校辅导员队伍建设都产生了巨大的影响。比如，高校辅导员队伍建设严重滞后，2006年教育部颁布的《普通高等学校辅导员队伍建设规定》中指出，高校需要按照不低于1∶200的师生比例设置专职辅导员，但绝大多数院校根本无法达到这个数字。这就造成每个辅导员需要管理的学生更多，因此平时所面临的事务性工作也会越多，很多辅导员疲于应付，只能处理紧急事件，这也是现今高校辅导员工作面临的最严峻的现状。除此之外，时代的发展也对辅导员工作造成了不同的冲击和影响，反映在以下几方面。

（一）多元价值观带来新冲击

经济全球化、文化多元化、政治多极化的不断发展使大学生时刻受到来自各方的价值观念和文化思潮的影响，同时中国改革开放的深入发展，社会阶层的分化造就了多元化的价值观，两相结合之下，对大学生的价值取向造

成了极大的冲击。虽然多元化的价值取向塑造了更加个性化的大学生，但其中难免会有一些不积极、不健康的思想观念影响到大学生，如急功近利、贪图享受、拜金主义等，这不仅给高校思想政治工作带来了新冲击，同时还对高校辅导员的素质和能力提出了新要求。

（二）互联网发展带来新挑战

进入 21 世纪以来，电子技术、科学技术、网络技术的快速发展，推动着世界进入了互联网时代。互联网的发展虽然给人类的生活带来了极大的便利，如改变了人类的交流方式，打破了知识传承的模式等，对人类的发展和进步具有很强的促进作用，但也对人类产生了一些不良的影响。每时每刻互联网都在产生海量的数据和信息，虽然其中有一部分对人的发展有益，但也有大量的信息是垃圾信息、虚假信息甚至是有害信息。大学生还处于思想不成熟的阶段，认知度不足，因此很容易受到互联网中不良信息的影响。

互联网时刻都充斥着新鲜的各种信息和诱惑，很容易使大学生沉迷其中，甚至会对大学生造成严重的影响，如沉迷网络游戏、思想过于极端、过于轻信网络信息等，这无疑会给辅导员开展思想政治教育工作带来挑战。辅导员需要科学地运用互联网技术，发挥其优势，来加强学生的思想政治教育工作，同时还需要大胆创新，依托互联网技术创新思想政治教育工作的形式、内容和手段，这样才能够在避免互联网对大学生产生不良影响的基础上，加强对大学生的思想政治教育。

（三）学生新思想提出新要求

社会经济和形态的快速发展与变化，互联网时代的推动，使如今的学生的思想形态也呈现出多样化发展的趋势，尤其是多元化价值观念的影响，造成一部分学生的理想信念意识非常淡薄，从而对思想政治教育并不重视。主要体现在对思想政治教育的观念有偏差，如一方面为了入党将思想政治教育看作入党的客观条件，另一方面又不想参与政治并承担自身该承担的社会责任。这就造成一些学生或在思想道德方面感到困惑，对人和对己进行道德评判时会实施双重标准；或在诚信方面出现危机，如经济诚信缺失、就业诚信缺失、学业诚信缺失等；或在心理方面出现问题，如有一定的心理认知问题和心理认知障碍等；或在精神风貌方面有待改善，无法专心学业，目标不明且动力不足等。这些都是学生新思想所造成的问题，亟须辅导员进行引导和纠正。

第二节　高校辅导员工作专业化定位

高校辅导员工作的专业化定位可以分为两个方面，其一是辅导员的角色定位，其二是辅导员的岗位职责定位。只有明确角色定位，才能够确定岗位职责，从而促使辅导员向职业化、专业化方向发展。

一、高校辅导员的角色定位

角色定位是明晰期望、权利、义务、职责等内容的前提，对辅导员进行准确且透彻的定位，可以厘清辅导员的工作权利和责任，也能够明确岗位职能；辅导员只有认清自身的角色定位，才能认清自身的工作范畴和工作目标，才能够在工作之中保持正确的价值观、恰当的情感投入等，才能够寻找到工作的源动力，并根据最终目标不断完善自我。

辅导员这一职业从诞生开始，其主要工作就是思想政治教育，同时随着社会的发展和时代的需求，高等教育改革的不断深入，都在无形中拓宽着辅导员的工作领域，角色的内涵也在不断丰富和完善。从社会环境、教育环境、学习环境和学生思想层面分析，辅导员的工作已经从单纯的思想政治教育工作拓展为集教育、管理、建设和服务于一体的工作。从此角度来看，辅导员的角色定位已经不再单一，而是发展为角色集合体。辅导员角色不仅承载着社会对其行为模式和工作效能的期望，还承载着党、学校、学生乃至自身对行为模式和工作效能的期望。

（一）政策层面的角色定位

教育部在《关于加强高校辅导员、班主任队伍建设的意见》中指出："辅导员、班主任是高等学校教师队伍的重要组成部分，是高等学校从事德育工作，开展大学生思想政治教育的骨干力量，是大学生健康成长的指导者和引路人。"这是教育部从国家政策、社会整体层面对辅导员角色做出的总体定位，从中可以分析出，辅导员拥有三种身份：首先是德育教师身份，需要完成对大学生的思想品德教育工作；其次是思政辅导员身份，需要辅导学生成为拥有合格思想政治观念和正确政治意识的人才；最后是成长引路人身份，需要在大学生的成长道路上及时进行各方面的引导，确保大学生健康成才。

2017 年教育部对《普通高等学校辅导员队伍建设规定》进行了第 32 次

修订，再一次充政策层面完善了高校辅导员的角色定位，辅导员的角色更加广泛全面，不仅涉及学生的日常思想品德，还涉及学生健康成长路上的学习、生活、心理、就业等各层面的工作。

综合来看，在政策层面辅导员的角色定位融合了国家和社会对其的最终期望，辅导员虽然身兼多重角色定位，但其核心依旧是通过德育工作培养社会未来所需要的合格人才。合格的辅导员的角色定位具备教育工作、管理工作、建设工作和服务工作四个主要工作内容。

（二）教育系统层面的角色定位

政策层面对辅导员的角色进行了恰当的定位，以此为前提，各高校也会从学校教育系统层面对辅导员进行更加明确的角色定位。比如，清华大学 2013 年发布的《关于进一步加强"双肩挑"政治辅导员队伍建设的若干意见》中，对加强辅导员队伍建设和辅导员的角色定位提出了总体要求，如辅导员的主要职责是对学生进行思想政治教育，着力发挥辅导员思想引领作用，引导学生培养和践行社会主义核心价值观，确立在中国共产党领导下的中国特色社会主义道路、实现中华民族伟大复兴的共同理想和坚定信念。虽然不同的学校对辅导员的角色定位的阐述方式不同，但其内容大同小异，都是以政策层面的角色定位为基础进行的更加具体的角色定位。高校对辅导员做出的更加具体的角色定位使辅导员的工作范围更加明确，如作为学生德育教育者，辅导员的工作并不像普通的德育教师一样在课上对学生进行教育，而是在学生的日常学习和生活之中开展德育工作，需要通过开展活动、接触、沟通等灵活的方式，对学生开展道德素质教育和思想政治素质教育。

从高校的教育系统层面来看，高校更加注重辅导员的管理工作和服务工作，其在教育系统中扮演的是枢纽角色，能够将学生与学校连接到一起，并通过开展学校的各种工作，将工作重心转移到学生事务管理和服务中，相对而言弱化了思想政治教育工作。

（三）工作环境层面的角色定位

政策层面和教育系统层面都会对辅导员角色进行定位，但这都属于客观性的角色定位，在辅导员具体工作实践过程中，辅导员自身需要在前两者的角色定位基础上，根据自身的特性和学生的特点，进行更加细致化的角色定位。

细致化的角色定位主要体现在具体的工作范围中，如辅导员需要因地制宜地开展学生日常管理工作，根据学校自身的特性和学生接受程度，进行合理化管理；辅导员需要因人而异地为学生提供相应的服务和辅导，需要根据学生的不同需求、不同期望、不同目标、不同家庭背景等，采取不同的服务和辅导手段；还需要因材施教，开展思想政治教育，不同的学生具有不同的思想观念和思维方式，辅导员需要成为学生的朋友，真正了解其内心的情况，有针对性地进行思想政治教育；需要因势利导开展各类建设工作，根据学校的期望和学生学习程度，有意识地融合各种资源，以便营造学校整体的思想政治氛围和教育氛围，从而打造出对学生学习更有促进作用的学校文化等。

在学生日常管理方面，辅导员要在班级管理、行为规范、评优评先、安全保卫等方面采取多元化活动模式，进行科学化、公开化管理，可以通过讲座、知识竞赛等形式的活动，引导学生向正确的价值取向靠拢；在服务和辅导方面，要根据学生个人的不同情况，进行不同的辅导和服务，可以从学习、生活、就业等角度入手，有针对性地进行学习上的指导、心理上的开导、生活中的引导、困难中的疏导，帮助学生确定明确的期望和方向，从而凝聚学习力量；在思想政治教育方面，辅导员需要根据大学生的思想特点，结合互联网，采取灵活的方式，以及学生喜闻乐见的各种载体，来开展政策教育、道德教育、信念教育、爱国教育等；在建设方面，辅导员需要根据学校党团学组织的情况，确立建设方向，以科学化的方法建设优质学风，通过优质学风培养建设高质量校园文化，夯实高校学生工作的根基并确保校园秩序的稳定，促进学生全面发展。

以上所说的三个层面的辅导员角色定位是相辅相成的关系，政策层面的角色定位是辅导员角色的前提，也是辅导员性质的确定；教育系统层面的角色定位是辅导员角色的基础，也是辅导员职责的明确；工作环境层面的角色定位是辅导员角色的关键，也是辅导员的具体工作任务。三者之中，政策层面更加宏观，是方向性的目标，教育系统层面是辅导员开展工作的指南，是学校内的目标，工作环境层面则更加具体，是具有执行性的职责标准，需要辅导员切实做到。

二、高校辅导员的职责定位

社会的多元化发展推动了高等教育持续变革，同时也推动着辅导员的角色定位和岗位职责多元化发展，可以说随着社会的发展，辅导员的角色内涵越来越丰富，其职责也越来越宽泛。辅导员需要根据角色定位，遵循学生的成长规律和社会发展规律，贯彻落实教育方针，从教育、管理、建设和服务四个层面完成岗位职责。

（一）做好学生价值取向教育

进入互联网时代，大学生的价值观念呈现出多样化形态，辅导员作为学生思想教育的执行者，需要及时、准确、全面和深入了解大学生的思想政治状况和价值取向，并根据时代特性，把握大学生关注的各种焦点和热点，因势利导，进行深入、细致且灵活的思想教育，正确引导学生。

1. 做好日常思想政治教育

辅导员要做好大学生的日常思想政治教育，需要从政策形势教育、爱国主义教育、思想道德教育、理想信念教育等方面入手。如今大学生通常具有非常明显的自主性，因为互联网的便利，大学生多数会关注一些国家政策方针、教育形势和发展趋势等内容，但同时也会受到大量西方文化思潮和价值观念的冲击和影响，对学生造成很大影响。辅导员需要根据大学生的思想特性和关注热点，深入进行政策形势教育，帮助学生认清国际大势，从而全面认识国家方针政策，抵制错误思潮对自身的侵蚀。

在引导和帮助学生认识政策形势的基础上，辅导员还需要因势利导，促使学生对社会热点问题进行深入分析，在了解国家历史、现状的基础上，令学生认识到中国和西方文化、国情、发展道路的差异，进行民族精神教育，引导学生正确认识中国国情和中国特色社会主义道路的必然性和优越性，从而提高学生对国家的文化归属感，培养学生的爱国主义情怀。

同时，在培养学生爱国情怀的基础上，还需要引导学生道德状况保持积极、健康的态势，需要从传统美德、社会责任感、诚信意识、奋斗精神、团结观念、职业道德、社会公德等各个方面进行细化教育，结合当代大学生易遇到的问题，以身作则并以灵活多变的教育形式引导学生正德修身。

在大学生理想信念的树立和教育方面，辅导员需要灵活运用各种形式，在提升自身理论水平和文化修养的基础上，以贴近生活和学生的活动潜移默化地进行核心价值观念教育。辅导员要通过学生喜闻乐见的活动引导学生理性思考，树立起积极向上的世界观和人生观，确立社会主义核心价值观，促进学生认识到社会的发展规律，以及个人、集体、国家的社会责任潜在逻辑关系，最终树立起正确的理想信念。

2. 做好学生心理健康教育

学生的心理健康教育需要从新生入学开始，辅导员要针对新生入学后的角色变化、心理变化、生活变化等，引导学生快速认清自身。可以根据不同学生的特性，普及学校的各种情况，包括人才培养理念、发展目标、人文精神、历史和现状等，让学生快速了解学校；同时进行专业思想教育，可邀请专业教师为学生介绍专业特点、专业课程、专业功能和专业发展方向等，引导学生改进学习方法，树立正确的学习观念；另外，需要开展法规校纪普及工作，增强学生的自我管理意识，促使学生快速适应学校环境。

之后，则需要辅导员根据不同学生的家庭情况、社会经历、心理状态，有针对性地梳理不同学生的心理问题。比如，针对学生人际关系、个人感情、集体生活等问题，在生活之中进行恰当的开导，逐步帮助学生解决心理问题，并引导学生树立起自觉、自立、自主意识，提高学生的心理承受能力和解决问题的能力，协助心理咨询师做好心理健康教育。

3. 做好学生社会实践教育

大学生社会实践是提高学生综合素质的一项教育活动，目的是组织大学生深入社会和生活，了解社会和生活的现实情况，提高大学生对社会的认知。辅导员需要以身作则，通过榜样的力量引导学生将道德修养、社会公德等落实到行动中。促使学生在了解社会的同时，服务社会，并将理论和实践结合起来，寻找自身的不足，在此过程中辅导员要充分发挥指引作用，为学生指明前进的方向，令学生在社会实践中增长才干，并提高社会责任感和使命感，明确未来的发展目标，树立坚定的理想信念。

（二）做好学生日常事务管理

大学生进入高校后，会以高校为生活场所度过数年时间。在这数年的时间中，学生的日常事务会非常繁杂且多样，辅导员需要依据当代学生的特性，做好日常事务的管理，规范大学生的行为，增强学生的安全意识，为学生排忧解难，促进大学生健康发展。

1. 做好学生的行为管理

当代大学生思想活跃，又因为互联网的便利受到各种意识形态的影响，因此，其自我意识和平等意识很强，辅导员在对其进行管理时需要淡化管理色彩，以引导为主，实行人性化管理。引导学生团结友爱，通过评优评先等政策导向引导学生梳理好学业和事业以及职业的关系；引导学生遵纪守法，并以身作则，促进学生提高社会责任感和对学校的认同感，规范自身的行为。在此过程中，辅导员一直是引导者，需逐步培养学生的自主行为管理能力。

2. 做好学生的安全管理

学生的安全管理一方面是学生自身的安全管理，另一方面则是对应的危机管理。辅导员需要定期展开安全教育，引导学生养成良好的学习习惯和生活习惯，并提高学生自我保护意识和自我管理意识，培养学生的安全意识。同时要根据不同地域和气候情况，培养学生的危机意识，并结合社会现状和安全热点问题，加强学生的思想意识，以避免学生出现思想政治危机。

3. 做好学生的资助管理

在学生群体中，有一部分学生进入学校时有一定的实际困难，尤其是经济方面的困难，辅导员需要从解决学生实际问题入手，通过奖学金、助学贷款、助学金、经济补助、学费减免等手段，发挥学生资助工作的作用。在帮助经济困难学生完成学业的同时，辅导员还需要引导学生培养起顽强拼搏、自强自信、自尊自立的精神，可以通过勤工助学活动引导学生自主偿还助学贷款，提高学生的社会责任感和劳动观念。还可以结合诚信教育，培养学生的职业道德和品格，提高学生的综合素质。

（三）做好校园思政氛围建设

校园是教育培养学生的重要场所，因此校园的氛围对学生的培养有重大影响。辅导员需要做好校园氛围的营造，包括各种组织建设、班级学风建设以及校园文化建设等。

1. 做好校内组织建设

在大学校园中，各种党团组织、学生会组织、社团组织层出不穷，作为辅导员，需要及时给予这些组织一定的建设指导，使学生党支部充分发挥政治优势和组织优势，以便为后续党员的培养和发展等打下基础。辅导员可以通过开展各种丰富多彩的思想政治教育活动来发挥学生会组织的桥梁作用，加强各种校内组织的建设，逐渐培养出具备高素质和与职业需要的能力相匹配的骨干团队。

2.做好班级学风建设

学生班级是学生学习、成长的场所，辅导员需要重视学生班级的建设，主要工作内容是通过班级党团组织建设、班委会建设等，完善学生干部队伍建设，提高班级精神文明的建设和工作制度的建设，最终起到优化班级学风的目的，促进班级建设更有针对性和目的性，并向创新化和深度化的方向发展。

3.做好校园文化建设

校园文化是整个院校区域内，由全体师生、教育教学管理模式、各种活动实践等融合所展现出来的一种精神文化氛围。辅导员需要适当引导学生融入校园之中，成为校园文化建设的重要参与者，最终通过校园文化建设对学生的潜移默化的影响，促进学生从思想认识到学习能力、从为人处世到道德品质等各个方面全面提升和发展。

（四）做好学生成才培养服务

学生进入高校学习，其自主意识、创新意识、竞争意识等都因为社会的发展得到了增强，成才愿望也日益强烈，这无形中会带给学生很大的成才压力。这种压力主要体现在对就业的迷茫和困惑、焦虑和压抑等方面，辅导员需要针对学生的这种特点因势利导，结合社会的发展形势，根据不同专业不同学生的特点和优势，在就业的政策、技巧、程序等方面给予学生恰当的指导。

可以指导学生在毕业前就进行职业生涯规划，明确自身的目标，发现自身的特性和潜能，并为之努力；同时要引导学生了解国际经济和政治形势，明晰国家人才需求方向和就业政策，通过各种社会实践活动加深对社会和自身的了解，正视自身的不足和优势，消除就业方面的困惑，并正确认识学业、专业和职业的关系；还可以帮助期望创业的学生正确认识创业和自身，避免学生创业的盲目性和短视性，促使学生能够最大化挖掘自身的潜力。

第三节 高校辅导员综合素质要求

辅导员的角色定位和职业定位决定了其工作范畴非常多样且广泛，因此辅导员必须具备与角色和职业相适应的综合职业素质，大体包括以下三类素质：政治素质、业务素质和道德素质。

一、高校辅导员的政治素质

政治素质是辅导员职业素质的重要组成部分，没有扎实全面的政治素质，辅导员就无法成为学生思想政治教育的引路人和带领者。辅导员的政治素质主要体现在以下四个方面。

（一）具有坚定的政治立场

辅导员制度是中国高校非常重要的思想政治工作制度，其本身就具有非常明确的政治属性，而作为高校德育教师，辅导员在教育过程中也具有非常明确的政治任务，同时因为辅导员需要指导大学生健康成长，不仅包括大学生的思想道德体系成长，还包括身心、价值观念等方面的成长，因此辅导员必须具有坚定的政治立场。

辅导员需要在认真学习国家政策的基础上，明晰党的理论、发展路线和执行方针，做到认同中国特色社会主义道路的合法性、合理性和优越性，并认同党对高等教育的指引和领导，坚定地贯彻落实党的各项政策并完成各项任务，拥有足够的大局观和远见，才能够形成坚定的政治立场，并以此为根基培养符合未来社会发展需要的人才。

（二）拥有较强的政治原则

在坚定的政治立场的基础上，辅导员需要深入学习党的各项政策、路线、方针，加强对社会主义的相关知识的学习，并结合高校特性，把握政治立场，最终形成较强的政治原则。综合而言，政治原则就是辅导员要明晰思想政治教育对国家、社会大局的关键作用，顾全学生在高校成长成才的特性，及时发现学生不良思想的苗头，并及时进行引导。在解决问题的前提下，有效引导学生对党和国家产生积极正面的认识，并将自身的成长和国家的发展有机结合。

（三）具有较高的政治觉悟

进入互联网时代，社会形势的快速发展和变化，大学生的思想意识不断受到冲击。辅导员需要顺应社会发展的形势，积极学习各种政治理论和思想，准确全面地把握政治立场和政治原则，通过对国际大势、国内局势、政治态势的深入了解，精准地把握政治脉络，并结合实际把握政治走向，不断提高自身的政治觉悟，拓展自身的思想深度，令自身能够始终保持政治上的冷静和清醒，这样才能快速有效找到学生的思想症结及解决方法，引导学生树立正确的理想信念，提升学生的政治觉悟。

（四）拥有适宜的创新性和灵活性

随着社会的快速发展，大学生的思想特性具有多样化特性，辅导员需要针对大学生的这些特性，与时俱进，提高自身工作过程中的创新性和灵活性，这样才能做到因材施教、因地制宜、因势利导。在实际工作中，辅导员要认识到思想政治教育绝对不能教条主义，而应该完全融入日常事务和日常生活中，贯穿整个学生生涯之中，不能被形式局限、细节束缚，而应该根据实际情况采用灵活、新颖的方式、方法等，引导大学生树立正确的人生观、世界观和价值观。

二、高校辅导员的业务素质

业务素质是辅导员综合职业素质的基础，没有足够高的业务素质，辅导员就无法适应多样的工作内容。辅导员的业务素质主要体现在各种能力上。

（一）学习能力

随着社会的快速发展以及科技水平的不断提高，辅导员的工作开始朝着专业化、知识化、综合化等方向发展，这就要求辅导员需要具备相当程度的知识素养和知识储备。辅导员要想有效指导不同年级、不同情况、不同阶段、不同学科的学生，就需要具备更全面的人文知识和科学素养，这无疑需要辅导员具备广泛且扎实的各类知识，不仅需要具备马克思主义及中国特色社会主义道路的相关理论知识，还需要具备心理学、社会学、教育学等各种学科的知识。

同时，随着改革开放的深入发展，中国国际化、信息化进程的速度不断加快，不但社会经济形态进一步转型，而且社会体制和文化环境，乃至政治环境也都开始进一步转型，各种新思潮和新知识及新技术层出不穷，大学生的思想发生变化，眼界见识也不断提高。这也要求辅导员能够跟随时代的发展，尽可能掌握更多更广的知识，如与学生兴趣爱好相关的各种历史、科技、体育、文艺等方面的知识。掌握这些知识再和学生进行沟通交流会更加轻松和顺畅。

以上这些现状都要求辅导员具备足够的学习能力，要求辅导员能够主动、自觉地对各种知识进行学习，并不断优化自身的知识结构，提高自身的认知能力，这样才能适应社会发展的新形势，以便更好地完成新任务。

（二）教育能力

辅导员是高校教师队伍的重要组成部分，是大学生思想政治教育的骨干力量，同时也是大学生德育的执行者，具有非常明显的教育功能，这就要求辅导员具有对应的教育能力。辅导员的教育并非传统意义上的教育，而是潜移默化、因势利导、无固定教育模式的教育。比如，辅导员对学生进行爱国主义教育，就需要利用各种传统节日、重大活动等，深入浅出，灵活生动地开展思想政治教育，这种教育渗透在学生日常生活和事务之中，并非固定的课堂教育。这也意味着辅导员需要具备更加灵活、更加多样的教育形式。

（三）管理能力

辅导员在高校还负责学生日常事务的管理，辅导员需要做好学生活动、学生组织、学生班级的管理，同时还需要有针对性地对个别学生、班级和组织进行管理，这些管理工作中不仅包括学生的学习管理，还包括学生的行为管理和生活管理等多个层面。这就需要辅导员不断提高自己的决策能力和分析能力，增强管理工作的有效性和准确性，并需要具备总览全局的能力，在坚持原则的前提下采用更加新颖的管理手段和管理方式，做好规划和考核，提高管理的实效性。

（四）沟通和表达能力

辅导员工作的主体是学生，即辅导员的所有工作内容都需要以学生为本，这就需要辅导员具备较强的人际交往和沟通能力，不仅要能快速分析学生的思想动态，抓住学生的心理特征，还要能快速和学生成为朋友，知心交心。辅导员与学生的沟通需要摆正自身位置，尊重学生，以平等的身份进行交往，这样才能更好地拉近彼此的心理距离。

另外，辅导员需要具备良好的表达能力，这是实现沟通的基本能力。辅导员的表达能力主要体现在三个方面，其一是语言表达能力，也就是口头表达能力，要能够通过语言将想表达的内容生动灵活地说出来，让人信服并理解；其二是文字表达能力，也就是能够将想表达的内容用文字的形成表现出来；其三则是行为表达能力，最直接的体现就是辅导员的身体力行和言传身教。

（五）服务能力

高等教育的核心目标就是培养未来社会需要的人才，因此辅导员需要以学生为本，为学生成才提供各方面的服务。在工作过程中，一名辅导员可能会面对几百名学生，不同的学生会遭遇不同的问题，因此辅导员必然会遇到各种琐碎的事务。在此基础上，辅导员需要树立服务的意识，主动关心学生并设身处地去理解学生，真正从学生的角度去考虑问题，才能够真正成为学生的服务者，并为学生排忧解难，引导学生在成才的路上越走越坚定。

（六）组织协调能力

辅导员向学生开展思想政治教育工作，前提是要对学生有足够的了解，这就要求辅导员具备足够的调查研究能力。辅导员需要深入学生群体，成为学生的知心朋友，通过接触、观察和分析，掌握第一手资料，然后通过分析资料来制定对应的工作策略。另外，辅导员的工作覆盖面极广，不仅涉及学生群体，还涉及学校的各个部门、组织等，因此辅导员需要拥有足够的组织协调能力，动员和协调各方面的力量共同为学生服务。

不同的大学生会有不同的经历，因此学生的人生观、世界观和价值观等都有所不同，呈现出多元化发展的态势。辅导员需要和不同的学生打交道，需要运用自身的组织协调能力，处理好不同学生之间的关系，营造和谐共进的氛围。同时针对学生个体，辅导员也需要运用协调能力，引导学生处理好个人的学业、职业、事业、人生、爱情等之间的关系，帮助学生走上健康成长的正轨。

三、高校辅导员的道德素质

道德素质是辅导员综合职业素质的关键，只有拥有足够的道德素质，辅导员才能够对学生一视同仁，并真心对待每个学生，发自内心地为学生的成长而努力。

（一）拥有足够的爱心

辅导员的角色定位和职业定位决定了其和教师职业一样，需要足够的爱心和奉献精神。不论是对学生进行思想政治教育，还是进行学生日常事务管理，或营造促进学生成长的校园氛围，或服务于学生的健康成长等，都需要辅导员拥有足够的爱心。

辅导员需要真正爱岗敬业并关爱学生，对学生一视同仁，不分民族、性别、地域、出身，从内心深处真正关心学生的健康成长。只有这样辅导员才能够和学生成为真正的朋友，从而全面并深入地了解学生的实际情况和内心感受，最终赢得学生的尊重和认可。同时，辅导员还需要用自己的爱心去引导学生，令学生树立爱国爱校、爱人爱己的观念，并指引学生认识到爱心的重要性，最终用实际行动去报效国家。

（二）具备强烈的责任心

辅导员将爱心付诸行动之后体现出的就是责任心，辅导员需要认识到自身岗位所需要完成的任务，以及需要承担的责任，树立强烈的责任意识，不负党、国家、社会、学校、学生乃至自身对这份职业的期望。只有具备强烈的责任心，辅导员在实际工作中才能满怀热情，并对职责内的所有事情负责，不会逃避，也不会推诿。

（三）拥有诚信意识

人与人的沟通交往建立在诚信的基础之上，辅导员与学生之间的沟通同样如此。辅导员在和学生交往过程中更需要讲究诚信，要诚实、诚恳，言必信、行必果，发自内心地为学生考虑并真诚地为学生服务，这样才能和学生成为真正的知心朋友。同时，辅导员还可以通过真挚的交流，用自身的诚信感化学生，引导学生树立诚信观念，培养学生树立正确的价值观念。

第二章

高校辅导员专业化发展理论疏解

第一节　专业化发展的理论

随着社会的快速进步以及大学生的多样化发展，高校辅导员的专业化发展已经成为必然趋势，但针对辅导员成为专业的问题，却有很多不同的观点，如有人认为辅导员只能算半专业的职业，有人认为辅导员可以发展为专业性很强的职业，也有人直接否认了辅导员工作的专业性。针对这一点，首先需要诠释一下到底什么是专业。

一、专业和职业

广义的专业指的是任何一种职业都会拥有其他职业无法替代的某类特质，同时也具备不同于其他职业的一些特定劳动特点。因此从根本上而言，专业就是对某些职业的认可和认定，只需要职业具备某些基本特征后就可以被认可为专业。

（一）专业的基本特征

专业大致具备三个基本特征，其一是具备特定且不可替代的社会功能。通常情况下，任何一种社会职业都是社会分工的产物，因此均会具备一定的社会功能，不过符合专业的职业需要对社会具有特定的和不可替代的作用，也就是说专业不但需要对社会有贡献和作用，而且这种贡献和作用还是社会持续发展和进步不可或缺的内容。正是这个基本特征使专业类的从业人员必须具备符合需求的专业素养和专业道德，从而能够承担起该专业需要承担的社会责任。

其二是具备系统且完善的专业理论和成熟的专业技能。职业要符合专业标准，就需要有能够被认可为专业的完善的理论依据，同时还需要具备能够系统化学习和较为成熟的技术保障，这样既能够为从事这份专业的人提供专门的知识学习和技能学习渠道，同样又能够为该专业确定一定的规范和标准。

其三是具备专业组织和活动自主权，保证此专业工作能够顺利进行。因为前两项特征的限制，专业活动必须依赖专业内的知识和技术，所以只有专业内具备专业能力的人才能够从事。具备专业能力的业内人士则可以凭借对专业内事务的了解，一方面对业内事务做出专业的评判，另一方面对进入该专业的人士进行品行考核和专业考核。这必然需要该专业具有完善的组织架构，且此组织能够保证专业权限和专业水准等，这样该专业才能不断提升并进行完善和壮大。

（二）专业人员和职业人员的区别

职业是人们参与社会生活和从事社会活动过程中的一种生存方式，也是社会发展过程中的一部分动力。专业属于职业基础上的一种升华和进步，因此两者之间的联系极深，如两者都是基于社会分工而诞生的，都具备稳定性和能给从业者带来收入的特性。不过，虽然专业具备职业的特性，但也与职业有所不同。

首先，专业和职业的知识基础不同。一般职业不需要具备太多的知识和复杂的技能，只要能够胜任某一个阶段某一需求的工作即可。但专业不同，其需要足够的知识基础，从而才能产生一套严格且完善的理论，此理论就是专业技能的核心依托。也可以说，专业需要对专业内的事务了解极深，甚至工作过程还需要以这些深奥的知识为基础才能做到。

其次，专业和职业的传授方式不同。一般的职业技能，只需要通过个人的体验、经验的积累、短期的学徒培训，就基本可以满足职业需求，从而获得从业资格。但专业的人员却不同，通常情况下专业人员需要接受长时间的专业化训练，而且一般会以是否受过高等的专门教育为标志，如是否在高等院校该专业进行过学习并获得了基础理论知识等。在此基础上，专业人员还需要进行岗位培训和定期进修，这样才能不断扩充专业知识并适应专业的发展，同时增加专业的知识储备，提高整体实力。

再次，专业和职业的社会功能不同。一般职业的从业人员通常仅仅是将职业作为谋生手段，并不会太过追求该职业在社会中所能够获得的声望。而专业人员则不同，因为专业人员能够提供更加明确且必要的社会服务，因此很多从业者会将专业工作作为事业去追求，不仅会对专业工作更加负责，还能以高质量的专业服务获得更高的报酬，同时可以通过人们对专业工作的质量评价来获取更高的社会声望。

最后，专业和职业的个体追求不同。一般职业的从业人员追求的并非理想和梦想等，更多的还是追求薪酬回报，而且多为重复性工作，并不会具备过多创新性和提升性。而专业人员则不同，通常专业人员需要在该专业的未知领域不断进行深化和扩充，因为其本身就是以较为高深的知识为基础，所以只有不断进步才能进一步创新和提高。专业人员不仅会为社会提供更加优质的专业服务，还能够在很大程度上保证工作品质和水平不断提高。而且这种不断提高的状态是专业人员的一种自觉行为，属于专业人员的一种个人追求和期望。

（三）专业的评判标准

自"专业"一词被提出之后，对专业的评判标准就一直存在一定的争议，之所以会如此，是因为专业的评判标准具有一定的变动性和灵活性，不过在多年的发展过程中，专业的评判标准也存在一定的共性。

1. 专业评判标准的共性

其一，需要具备专门的知识和技能，这是判断一个专业是否成熟的基本标准。任何成熟的专业都必须具备一套完善的理论知识和技能体系，其他的专业特征都是由此延伸而出，并依托于此而存在的。

其二，需要具有科学的培养体系和培训机制，一个成熟的专业必须拥有一定的界定标准，即通过考核和验证，达到标准才能成为专业人员。期望成为专业人员，就需要依托于该界定标准成立的各种培养体系和培训机制进行适当的学习和进修，通常情况下这种学习和进修会在高校完成。高校之中的学科就是专业知识技能进入教育系统之后系统化的结果，课程体系则是合法化获得的专业知识技能过程等。

其三，需要服务于社会并形成职业规范和职业伦理。专业活动的宗旨就是服务于社会，因此专业非常强调服务社会，专业人员在通过服务获取回报的同时，还需要时刻将社会的需要和社会的利益放在首位，这样才能维系专业在社会之中长远的发展。在专业领域中，还会建立一套被从业者一致认可的伦理标准，所有专业人员都需要共同遵守这一伦理标准，以便社会对专有统一的评判。

其四，需要具有专业组织并享有专业自治。通常一个专业可以满足社会的某一重要需求，该专业就会处于相对强势的社会地位，为了能够加强对专业人员的技术判断，就需要建立起专业组织。专业组织需要负责制定和完善行业的伦理、规范、章程等，并具有自治功能，不仅要负责信息传播和知识培训，同时还要监督和纠正专业人员的非专业行为，制定进入该专业所需要达到的标准。

其五，需要获得社会的认可及社会的保护。专业的运作会为社会带来明显的效益或收益，当专业为社会带来的效益和收益达到一定程度时，社会和享受服务的客户就会认可该专业的各种规范、身份和标准。为了能够确保专业可以不断促进社会的发展和为社会带来效益或收益，社会还需要进行对专业的保护，通常会由国家为该专业制定一个特许的市场保护规范，以保证专业能够在社会中获得明确的认可，以及拥有工程式运作模式。

2. 专业评判标准的特点

首先，完全统一且被人认同的专业标准是不存在的，在不同的历史阶段和社会背景之下，人们对专业属性的认识也会有所不同，当然在这些认识中也有一些相同之处：专业需要在特定领域拥有高深的知识和技能、需要进行系统的培训和教育、需要拥有共同的规范和道德准则、需要具备专业的组织和定向的服务模式等。

其次，专业的评判标准一直处于不断变化之中，这和社会的发展以及技术的进步息息相关，最初专业的评判标准较为简单，但随着人们对专业属性的不断熟悉和探索，专业的评判标准开始从简单变得复杂。如果对专业的评判标准一成不变，最后专业必然会无法继续发展，甚至会成为普通职业。

最后，专业的评判标准需要根据时代诉求进行完善，任何专业都是处于不断进步、不断完善和不断发展的过程中，随着时间的推移和人们认知能力的提高，以往的专业评判标准很可能不再适宜。例如，三十年前专业的评判标准放到现今，可能根本无法与该专业相匹配，因此专业的评判标准必须要跟随社会进步和发展的步伐，根据时代的诉求不断进行改变和完善。

二、专业化的特征

"专业化"一词具有两层含义，其一是一个普通职业逐渐成熟并符合专业标准，最终获得了相应的专业地位的过程；其二是一个职业群体在向专业标准发展的过程中，其专业性质和发展状态达到了一定水平和状态。根据这些含义可以总结出专业化的四种特征。

（一）过程性

以社会学角度来看，专业化其实就是一个专业形成和完善的过程，即进入该专业的人员需要通过专业组织的教育、培训来获取深奥的知识和专门的技能，以便保证其成为专业人员后工作的质量和对社会产生的效益，最终做到符合专业评判标准后，就可以被称为专业化。职业的专业化是一个很复杂的发展过程，需要先形成职业，之后根据专长提升后成为专业，最终不断发展和完善，成为成熟专业的过程。

（二）渐进性

因为专业化是一个社会过程，需要经历发展完善的阶段，所以在职业进行专业化的过程中，会受到社会各种因素的影响，包括政治、经济、文化、科技等，从而需要经历较长的发展过程，甚至需要经历多个阶段才能转化完成。从这个角度来看，专业化具有渐进性特征。在不同的发展阶段，不同职业的专业化也有程度上的不同，成熟度较低的专业会不断发展，逐渐形成成熟度较高的专业，也就是不断进行专业化发展。只有当成熟专业的标准一步步形成，专业化才算最终完成。而专业的评判标准又具有很强的变化性，因此专业化发展是一个永无止境的过程。

（三）受制约性

职业是社会劳动分工的产物，专业则是职业不断成熟之后的产物，从这个角度来看，专业的社会化发展使社会环境会对一个职业的专业化发展产生巨大的影响。一个职业的专业化发展，不仅会受到内部知识体系和专业技术的影响，还会受到外部社会的影响，包括历史、国家、时代、文化、科技、认知等各种社会因素，这些社会因素具有很强的时代特性和文化特性，其组织结构变化的结果会影响专业化的发展进程。例如，社会因素需要某一职业快速进行专业化转化，那么该职业的专业化进程就会得到极大促进，政策、社会认知、科技等各因素都可能为职业的专业化发展提供帮助；同样，若社会因素需要压制某一职业进行专业化转化，那么该职业的专业化进程就会受到极大的限制，甚至会被控制和延缓。

（四）程度性

从组织社会学角度来看，职业的专业化过程就是组织内各项工作被不断进行细分的过程，专业化程度就是工作被细分的程度。也就是说，专业化程度表明了职业专业化的水平和性质，专业化的高低和细分程度、从业人员专业认知程度、专业自治程度等息息相关，而具体的程度的划分标准促使专业开始对各种证书、资格等更加重视。从社会发展现状来看，职业群体之中个体的学历证书、资格证书、规范制度等，都属于专业化程度的标志。

第二节 高校辅导员专业化发展的内涵

从社会人才培养的角度来分析，随着社会需求的变化和教育改革步伐的加快，如今高校学生的培养已经开始进入专业化转型的过程中，高校辅导员的队伍建设也开始进入了专业化发展的阶段。只是我国高校辅导员的专业化发展研究还处于起步阶段，因此有必要对辅导员专业化发展的内涵进行深入了解。

一、认识高校辅导员专业化

（一）高校辅导员专业化的认识误区

在认识高校辅导员专业化之前，首先需要排除认识误区，辅导员专业化发展之所以较为缓慢，在很大程度上是因为有些人对辅导员专业化发展存在一定的偏见，主要是以下两个误区。

首先是对辅导员专业化的认识上的误区，认为辅导员工作是一种技术型职业。在很多人眼中，辅导员具有很强的替代性，认为辅导员不需要专门的技能进行支持，因此无法形成专业。这其实是对专业和职业的一种误解，辅导员的教育活动看似不需要专门的技能，但其面对的教育对象是各种各样的学生，这些学生具有非常丰富的内心活动，同样也具有不同的思维方式，辅导员不仅是教师，更肩负着对学生的思想意识、心理素质、综合能力等进行培养的责任。辅导员需要通过自己的智慧和人格魅力教育学生，这是一种非技术型的工作方式，属于理念型的教育工作，因此辅导员也可以称为理念型专业。

其次是对辅导员专业化实践的认知的误区，通常情况下，人们认为专业化需要进行强化集中技能训练，因此辅导员的专业培训同样应该采用这种集中强化的培训方式。其实辅导员的专业化培训并非集中强化训练可以实现的，而应该从情感体验、精神塑造等角度进行培训，且需要针对不同的高校、不同的学生、不同的辅导员采取不同的训练方式。这和一般专业化培训明显不同，主要的原因是辅导员是理念型专业，各种技能的强化训练并非专业化的关键。

（二）辅导员专业化发展的特性

中国辅导员的专业化发展起步较晚，而且结合了中国社会的特色，辅导员的工作内容和工作性质与西方处理学生事务的辅导员有很大的不同。我国辅导员专业化发展的特性主要有以下两个方面。

一是从群体层面而言的辅导员专业化。从整个辅导员群体来说，辅导员的专业化需要将辅导员的教育活动和教育行为进行专业化转换，其强调的是辅导员群体外在表现的专业化提升，如高校需要通过严格的筛选和专业的训练确定辅导员，还需要在建设辅导员队伍过程中，通过各种手段令辅导员获得对应的专业地位，最终形成一个稳定的社会职业的发展过程。

群体层面的辅导员专业化是一个发展的过程，包括三个方面的内容。第一，辅导员要获得专业知识的发展，不仅包括思想政治教育的专业性，还包括学科知识的专业性以及教育能力和职业道德的专业性。第二，需要发展辅导员专业组织和专业伦理体系，需要通过完善组织形式，来规范辅导员的专业伦理和制定相应的评判标准，从而令辅导员的地位获得提升。第三，要建立完善的辅导员指导体系。现今高校选拔辅导员处于一种标准不统一、机构不确定、内容不全面等状态，辅导员的专业化发展需要国家、高校等建立辅导员专业组织，并开设对辅导员进行培养和教育指导的课程，对教育内容、教育计划、教育方式等进行综合管理，同时建立辅导员认证制度和管理制度。

二是从个体层面而言的辅导员专业化。辅导员专业化发展不仅需要群体拥有专业组织、专业认证、专业伦理等，还需要辅导员个人针对不同的现状，主动自觉推动自身的专业化，即辅导员需要通过自我学习、自我分析、自我计划和自我设计等专业提升活动，不断加强自身的专业基础，同时需要在实践工作之中进行创新和磨砺。比如，针对不同状态的学生需要辅导员拥有不同的专业能力。

辅导员个体的专业化发展同样是一个过程，也包括三个方面的内容。第一，辅导员需要以促使自身成为专业人员并得到社会认可为发展目标，将该职业看成自身的终身性职业，并不断追求专业意识和专业精神，以便促成自身的专业化。第二，辅导员在工作过程需要不断提高自身的专业素质，根据社会的需求和学生的特性，灵活地进行自我发展，从而让自身由一般的职业者向专业人员转换。第三，辅导员需要遵循职业道德，并将自己的职业行为纳入辅导员专业化发展的专业伦理范围，在促进专业伦理发展成熟的基础上，自觉通过专业伦理评判自身行为是否专业化。

（三）辅导员专业化发展的特殊性

辅导员工作服务的对象、活动的模式、工作的范围等都和其他社会专业有所不同，其本身就具备一定的特殊性，这主要有以下几个方面。

1. 目标任务特殊

现代高等教育已经形成了包括个人价值、文化价值、社会价值在内的多种价值体系。其中社会本位为主的价值观是将高等教育利于社会，国家发展的价值置于首位。新中国成立之后，社会本位为主的高等教育价值观一直是我国政府制定高等教育政策、引领高等教育改革、促进高等教育发展的基本指导思想。[①] 这种人才培养的价值体系中，辅导员工作的目标任务被定位为按照社会需求和党委部署，有针对性地对高校学生开展思想政治教育活动。社会的需求一直在发生变化，人们对教育和人才成长的规律的了解也在不断加深，这就使辅导员需要不断提高工作胜任能力，并将提升自身道德修养和社会责任感贯穿于整个职业生涯，根据社会的发展以及人才的需求进行目标任务的调整，这样才能培养出社会和国家所需的接班人。

2. 价值理念特殊

辅导员工作的对象主要是处于个人世界观、人生观和价值观形成阶段的学生，而且随着社会的快速发展，学生的个性差异更加明显，其思想情感也更加多样化，尤其是随着全球化的进程进一步深入，大学生更加崇尚个性自由，也更加追求人格独立。大学生的这种状态造成高等教育必须转向以人为本的教育模式，辅导员作为培养高校人才的重要力量之一，其专业化发展的

---

① 胡建华. 比较视野中的高等教育研究 [M]. 北京：中国海洋大学出版社，2009：108.

价值理念必须要适应社会和学生的发展需求，如辅导员专业化的价值理念需要以社会主义核心价值体系为核心。

3.发展模式特殊

高等院校作为培养未来社会所需人才的主要场所，其培养人才的职能意义主要体现在三个方面，一是人才数量，即高等院校要满足社会对专业人才数量上的需求；二是人才结构，即高等院校需要向社会不同阶层、不同领域提供人才；三是人才质量，即高等院校要满足社会对专业人才质量和素质的需求。辅导员的工作范畴涉及大学生成长的方方面面，甚至贯穿整个大学生的学生生涯，这就形成了辅导员工作的多样化特性。辅导员不仅需要通过对学生的教育、管理和服务，为大学生全面发展提供基础保障，还需要对学生的思想政治素质方面加以引导，并投身班级和校园氛围建设，关注学生的生理、心理、观念的培养和健康，同时需要维持校园建设的稳定，保证高校正常的教育秩序。辅导员的这些工作都属于提高人才质量的范畴，这是中国特色社会发展的必然需求，正是这一需求使中国高校辅导员的专业化发展模式与其他国家的发展模式有所不同。

二、辅导员专业化的评判标准

辅导员专业化发展必须满足一定的评判标准，鉴于中国辅导员专业化发展的特殊性，其需要遵循的评判标准也与普通职业的专业化评判标准有所不同。

（一）有效的政策保护

辅导员的专业化水平的一个重要指标就是辅导员能够拥有一定程度的独立性和自主决策权利，高校辅导员的专业地位的获得，需要其专业活动产生连带影响，如依托培养的社会人才所创造的社会利益会影响国家和政府，然后由国家和政府针对辅导员制定相关的法规和政策等来对辅导员地位的合法权利进行保护。只有拥有了完善的国家政策和对应的法律法规，才意味着社会真正认可了辅导员的专业性，同时这也是对辅导员权益的一种保护，意味着如果有其他人或组织对辅导员的专业性造成损害，就会遭受到应有的制裁或处罚。

（二）服务于大众，创造社会效益

如今大部分社会学家将专业人员定位为服务于大众的人士，即专业人员需要通过特定的培养，来为社会大众提供专门性的服务。高校辅导员的服务对象是学生，虽然无法直接服务于大众，甚至无法直接为社会创造效益，但通过一系列专业服务活动和思想政治教育活动，能够实现对学生的人力资源开发和潜力挖掘，能够通过自己的专业化发展促成学生的健康成长和学生个体的社会化转换，最终将这些学生培养成为国家和社会所需的建设人才。

（三）专业的知识和能力

专业的知识和能力是专业化的首要评判标准，从专业知识和专业技能两个方面来分析，辅导员的专业的知识体现在三个层面。一是具有较高的科学素养和人文素养；二是具备多门学科专业知识，以便能够从专业知识层面对学生产生影响；三是能够深入认识教育对象，并有针对性地开展教育活动的知识。另外从辅导员的教师身份来看，辅导员还需要具备教学实践的知识、教育课程的知识以及有关学生的各种知识，这就需要辅导员拥有心理学、教育学、班级管理、现代教育技术、教育原理等各个方面的知识。

辅导员的专业化技能体现在以下几个层面。一是理解学生的能力，并拥有和学生交流沟通的能力，这需要辅导员对学生的学习、成长、发展等承担相应责任，其中包括帮助和支持学生学习、尊重学生的个性、培养学生的健全人格、引导学生形成正确价值观念、促进学生良性社会化、指引学生成为终身学习者等。二是拥有足够的组织管理能力，包括承担领导和组织的相关责任，并通过协调组织能力建立各种学习共同体、引领班级创新和形成良好的文化氛围、建设校园文化等。三是进行教育研究的能力，这不仅需要辅导员具备终身专业学习的能力，还需要辅导员能够真正以学生为本，有针对性地对各种现实问题进行研究并通过实践解决。

（四）自治组织和完善伦理

任何一个公认的专业都会拥有强大的专业组织，其不仅能够保证专业权限、保障专业水平、提升专业地位，还能够避免被人危害。辅导员专业化发展，也需要依法建立专业组织，由加入其中的辅导员依照组织的规章制度进行自主管理，完全实现自治，同时依据自身的标准和条件决定进入该专业所需要进行的教育和培训标准。另外，还需要通过自治组织，强化辅导员的责任感，以规章制度和相关标准保障客户和公众的利益。

完善伦理需要组织制定关于辅导员的职业道德标准。辅导员这份工作和其他工作最大的不同就是其面对的服务对象是人的思想和观念，辅导员需要对学生的身心施加影响，令其逐渐符合社会未来的人才需求。学生最终能否成才，能否接受辅导员施加的影响，就取决于辅导员的职业道德和个人的人格魅力。因此，辅导员的专业化必须以道德要求为基础，尤其是辅导员在面对学生时必须具备各种最基本的道德，包括责任心、诚信、谦逊、奉献、无私、公正、敬业等。

（五）健全教育及培训机制

辅导员专业化发展同样需要建立在接受良好的教育以及专业的培训的基础之上。辅导员和其他专业领域一样，都需要不断进行发展。辅导员的专业训练，目标是能够通过自身的提高，更加适应社会的发展和学生的需求。也就是说，辅导员需要依托于健全的教育和培训机制，不断向更加专业的方向发展，并通过专业训练进行反思和实践，从而在实践层面不断进步。辅导员的专业教育可以分成三个阶段，分别是职前教育、岗前教育和在职教育，职前教育通常需要在高等院校之中完成教育过程，岗前教育和在职教育则主要是通过国家、学校或专业组织来提供各种培训，这种培训具有很强的针对性和灵活性，能够不断促进辅导员的专业知识水平、技能和态度等的提高。

三、高校辅导员专业化发展模式

辅导员专业化发展不仅是国家和社会的需求，还是学生健康成长的需求。由于社会的发展态势和学生个性的多样化，辅导员专业化发展模式也具有多样化特性，其主要的发展模式有以下两种。

（一）技术型专业发展模式

如果将教育看成一种技术，那么辅导员专业也可以看成一种技术型专业，其专业化发展需要采用技术型专业发展模式，即通过专业化培训不断地有针对性地提高辅导员细节方面的工作技能。因为辅导员需要面对各种不同的学生，其最终的目的就是对不同的学生进行培养，引导学生成长为社会需求的各类人才。在这个过程中，辅导员不断进行工作技能的总结，以形成一套具有普适性的管理模式、操作方法和提升手段，可以供其他人进行模仿和复制，这种发展模式就是技术型专业发展。这种发展模式需要秉持实证主义，追求的是辅导员专业化发展能够具有普适性，且专业化培养过程具有很强的客观性。

在技术型专业发展模式中，实现专业成长有三种主要途径，一是通过专业人员和新手的比较，挖掘出专业所需要具备的各种特质，然后将这些特质总结为专业技能，传递给新手来促进其获得专业发展；二是通过工作效能来核定技术，就是通过实证的方式来考核辅导员的工作技能，根据技能所产生的实证效果来确定其特性，根据实证效果来普及技能；三是通过课程体系进行技术培训，属于一种自上而下的专业培训，为的是确保有统一的工作标准，辅导员需要遵照工作标准执行，可以将工作标准分级，促进辅导员步步提高。

相对而言，技术型专业发展模式下，辅导员的工作能够维护学校的秩序，还可以提高管理学生的效率，但辅导员在工作过程中真正扮演的角色并非纯粹的教育者，而更像一种管理技师，甚至辅导员的专业培训都不是源于自主和自愿的内在诉求，而是为了达到专业化标准不得不为之。这种发展模式并不适宜如今的教育形式，因为辅导员工作的重心并非管理，而是学生。辅导员需要根据学生身心的发展情况，主动对学生进行深入了解，然后有针对性地给予不同的学生不同的思想引导和帮助。纯粹的技术型提高无法支撑辅导员专业化。当然，这种发展模式具有的优势是能够推动理论基础和专业技能标准快速发展，还可以促成专业组织的形成和发展。

（二）实践反思型专业发展模式

实践反思型专业发展模式就是通过实践，对行为、过程、感受、心理、思想进行思考，再通过分析和实践来验证自己的理解。辅导员开展工作的过程也是一种教育过程，所以需要从自己的教学实践之中进行反思学习。这个学习过程分为两类，一类是对行动的反思，一类是在行动中反思。对行动的反思就是通过对已经经历的事件进行反思，通过寻找行动过程中的问题和不足，来完成对自身问题的总结，并寻找解决方法。在行动中反思则是在行动过程中，当遇到不曾预料到的情况或不曾遇到的问题时，通过对出现的问题进行反思，结合自身的经验，对问题产生新的理解乃至找到解决问题的方法。

对于辅导员的教育活动而言，实践反思是一种非常实用的思维活动和再学习过程，能够令辅导员自觉地对自身的教育实践进行深入而全面的思考和总结，从而令自身的教育活动质量更加优化。辅导员这一职业并非简单的技术型职业，而是融合了教育性、人文性等，其需要具备的专业知识中有相当一部分具有不可言传的特征，也就是说，仅仅靠培训和考核，无法促进辅导员专业化。而且，随着大众化教育的普及，学生个体的差异性、教育情境的多样化、教育手段的科技性使辅导员不能再局限于技术性实践，而是需要通过反思实践来实现活动创新。辅导员的反思实践不仅仅是检验技术运用是否得当，更多的还是反思自己的教育措施和教育手段是否具备足够的适切性，反思自身的教育理念所蕴含的最终意义。这种反思实践模式会促进辅导员更加主动积极地向专业化方向发展。

第三节　高校辅导员专业化发展的必然性分析

　　高校辅导员出现专业化发展的需求，其根本原因在于高校教育改革和发展使学生的现状和教育模式发生了诸多改变，不仅对高校辅导员队伍的建设提出了新要求，同时也给辅导员职业的发展带来了新的问题。

一、高等教育发展与学生现状改变

　　1999 年，中国开启高等教育大众化进程，并只经过数年就进入了国际公认的高等教育大众化阶段。这种转变对我国高等教育各个方面都产生了影响，最大的影响就是高校学生的数量出现了激增，同时学生结构、思想素质、校园管理环境等各个方面都出现了明显的变化。

（一）高等教育大众化引发了学生数量和素质的改变

　　从 1990 年开始，中国高校在招生人数和学生规模方面呈现出了三种增长模式。第一种是从 1990 年到 1998 年的自然增长阶段。从 1990 年到 1997 年高校招生年均增长为 7.7%，同期的高中毕业生年均增长为 3.8%，高校在校生数年均增长 2.6%，三者之间比例非常均衡，是一种中学毕业生数量逐年递增形成的自然增长态势。

　　第二种是从 1999 年到 2006 年的超常规增长阶段。从 1999 年开始，中国开始了大众化高等教育进程。1999 年全国适龄人口高等教育入学率为 9%，2003 年适龄人口高等教育入学率达到了 15%，2006 年适龄人口高等教育入学率达到了 22%。在此阶段增长速率大约为每年 50%。

　　第三种是从 2006 年到现在的相对稳定阶段。经过十多年的发展，全国适龄人口高等教育入学率从 2006 年的 22%，增长到了 2015 年的 40%，2019 年的 48.1%。此阶段增长速率较为平稳，大约为每年 8% 左右。

从整体高等教育学生数来看，1998 年全国普通高等学校本专科学生数量为 340 万，而到 2019 年，全国普通高等学校本专科学生数量为 3 000 多万，二十年的时间全国高等教育学生数增长了近十倍。如此迅速的增长速度使学生的结构、需求和群体文化发生了巨大的变化。数量庞大的大学生群体呈现出多元化、多样化的形态，且不同的学校、不同专业的学费、学习要求、严格程度等有所不同，不同学生的情况不同，其选择也会有所不同，不同的学生所面对的问题也会有所不同。这些差异使大学生学习目标、个人观念、个性特征、思想素质、未来期望等存在明显的差异。

在这样的情况下，辅导员需要面对的是具有多样化的思想和个性化的学生，同时他们还受到互联网时代各种文化思潮和价值观念的冲击，因此辅导员的思想政治教育和日常事务管理方面面临着巨大的挑战。

（二）成本分担造成学生与学校关系转变

高等教育大众化之前的阶段，接受高等教育的学生多数是尖子生群体，其数量较少且其本身的思想素质也较高，因此此阶段的教育成本大部分由政府和纳税人承担。随着高等教育学生人数的增长，教育成本开始依靠家长和学生承担一部分教育成本，即通过家长或学生交纳学费来补偿部分教育成本。随着高等教育大众化进程的推进，学生数量急剧增加，这无疑对高等院校造成了极大的教育成本压力，于是多元化成本分担机制开始出现，并以此来缓解教育成本的急剧增长问题。比如，家长通过存款贷款等方式来支付学生和承担学生的学费及生活成本，学生通过假期打工、勤工俭学、学生贷款等方式来支付学费等，慈善机构通过捐赠等形式来分担教育成本等。

高等教育大众化阶段，高等教育的成本开始从由政府和纳税人分担为主转向由家长和学生分担为主。之所以会如此，是因为高等教育大规模扩招后，高校的办学规模快速膨胀使教育成本剧增，但相对应的政府所提供的教育投入却没有快速增加，这就使高校面临巨大的财政压力，为了满足扩招和教育的需要，只能通过收取培养成本和提高学费的方式来维持教育成本的平衡。

随着家长或学生个人所承担的高等教育成本份额逐渐增加，学生与学校之间的关系也变得越来越复杂。学生从过去单纯的教育接受者，逐渐转变为既是教育接受者，同时又是教育成本的分担者。这种角色的转变使学生的权利和义务出现了变化，学生有权要求学校提供与学费价值相当的知识、环境、设施等各方面的服务。同时，学校和学生之间也形成了具有一定契约性质的民事法律关系，如果在学校期间学生的人身权、财产等合法权益遭受侵犯时，学校就需要承担相应的法律责任。也可以说，如今的高等教育模式已经从纯粹的教育转变为一种教育服务。

（三）多校区模式改变学生管理环境

多校区办学模式就是同一个独立法人地位，却拥有两个及以上地理位置不同的校园的办学模式。这种模式是高等教育改革和高等教育大众化发展的必然结果，毕竟学生数量的快速增加会对高等学校造成巨大的教育空间压力，学校只能通过多校区办学的方式来容纳越来越多的学生。

高校进行多校区办学时，其校区可以相互毗邻，也可以分处异地。通常多校区办学的高校有两种模式，一种是合并高校，另一种是新建校区。合并高校就是通过多个院校的合并来实现多校区办学模式，新建校区则是通过学校建设新的办学地点，来寻求新的发展空间的模式。

1. 多校区模式的形成因素

多校区办学模式的形成，除了最核心的学生数量大幅增加的原因之外，还有四个方面的原因。其一是政府的大力支持，高校通常都会和所在地的各级政府有共同的目标追求，如高校的扩招可以推动地域经济的发展，同时也能够为该地域带来更多的人才等，因此政府多数对高校的新校区建设持支持态度。而且多数地方政府希望高校能够相对集中，从而产生规模优势，不仅能够统一进行基础设施投资和管理，同时也能形成特定的发展区域，所以很多地方出现了大学城。

其二是高校基本办学条件改善的需求。很多历史较长的大学的主校区通常会建设在大城市的中心地区，而随着办学规模的扩大，高校原有的校园空间受到了极大的限制，因此需要开辟新校区来满足办学需求。

其三是土地价格和面积受到很大限制。随着城市面积的扩大和经济的发展，很多高校周边逐渐成了城市的黄金地段，这些区域土地价格非常昂贵，且能够获取的土地面积很小。高校在进行扩建时很难靠有限的预算在老校区周边购买到满足需求的土地，所以不得不将新校区建设在土地价格更加便宜的区域，进而形成多校区办学模式。

其四是高校对特定环境的需求。学校是教书育人的地方，因此通常高校校区会处在城市中环境优雅且相对较为安静的地域。目前看来很多高校的老校区处于城市核心地带，但由于城市经济不断发展，范围不断扩大，因此往前追溯会发现绝大多数高校的老校区在最初建设时都处在当时城市的郊外。基于这种需求，高校的新校区通常会寻找环境安静、距离商业区较远的郊区，这样就能够在享受城市便利的同时，建设良好的学习环境。

2. 多校区模式对学生管理的影响

多校区模式虽然推动了高校教育的发展，但也对学生管理产生了很大的影响，主要体现在以下三个方面。

首先，统一的高校校区能够让学生集中在同一场所中并生活在同一空间内，学生的人数更易控制，且学生的生活条件和学习条件更加统一，所以管理起来也更加方便。但多校区模式下绝大多数高校的新校区是通过合并、整合、新建形成的，相对来说更加分散，这就使学生分布也变得分散。如果多校区学生管理继续沿用原本的管理模式，就会导致学生管理工作不到位，毕竟依靠原本的管理人员兼顾多个校区的管理，势必会因为学生人数过多、分布过于分散，使学生教育管理的难度加大，从而影响管理效果。

其次，多校区模式容易造成校园文化缺失，通常校园文化的形成是办校宗旨、学生思想凝聚、文化底蕴总结、历史沉淀多种因素融合最终形成，具有创新、约束、熏陶、协调、导向等功能和作用，能够潜移默化地对学生形成影响，是一种不容忽视的潜在的校园管理力量和教育力量。但高校的多校区模式是通过战略重构、校区合并等形成的，这就造成不同的校区会形成不同的文化导向，甚至会在校园文化整合过程中产生摩擦和碰撞，最终导致新建的校区校园文化缺失。

最后，多校区模式容易造成师生交流困难。多校区模式下多数高校的新校区和老校区距离较远，很容易使一些新校区教师较少，师生交流沟通较少，从而使学生和专业教师的关系变得疏远。多校区模式同样会对高校教师队伍形成巨大压力，如辅导员数量增长速度远远不及学生数量增长速度，使辅导员队伍的工作负荷和工作复杂性增加，辅导员需要承担远超以往的责任，很容易因为精力不足，无法及时发现学生的问题，从而致使学生疏于指导。

二、高校辅导员发展面临的问题

随着高等教育大众化的快速推进，高校辅导员的发展面临着一系列问题，下面主要从教育管理面临的矛盾和队伍建设的现状来分析。

（一）教育管理面临的矛盾

高等教育大众化的过程其实属于教育变革的过程，学生数量的大幅度增加，社会的快速发展推动着高等教育从功能、体制、模式等各个方面进行变革，从而令高等教育管理面临着一系列新的矛盾。

1.学生教育需求多样化与传统教育同质化的矛盾

自新中国成立以来，我国高校很长一段时期在管理格局、办学理念、最终目标等方面都处于高度统一的状态，各种不同的学校都按照统一的模式进行运作和管理，即使改革开放后院校有了一定的观念改变和体制改变，也依旧表现出高度同质化的特性。最主要的体现就是，虽然各高校的类型、层次、擅长专项有所不同，但在人才培养理念和教育管理模式方面却非常类似，这种统一的运作机制极大制约了高等教育大众化阶段高校的发展。

尤其是高等教育大众化的推进使高校学生的数量快速增长，也就造成了学生的多样化发展越来越明显。同时互联网时代和知识经济的发展模式，使社会各阶层、部门对人才提出了更高的素质要求和更多元化的能力需求。高等教育作为全面提升各类人才素质的主要途径，必然面临着亟需多元化发展的问题。教育需求的多元化和传统教育模式的同质化之间，就产生了巨大的矛盾，高等教育的管理模式不能再突出统一标准的要求，而是应该转变为更加多样化、综合化和差异化的管理模式。只有这样，不同的高校才能针对各自不同的特点及学生的不同特点，培养出多样化的社会人才。

2.学生日常事务服务导向与传统管理模式的矛盾

学生的多样化发展需求，推动着学生事务从原本的学术事务转向日常事务。学术事务主要涉及的是学生的课程、学习、认知、技能等方面的内容，而日常事务囊括面更广，不仅包括学术事务，还包括学生活动、思想道德、感情问题、个人问题、课外活动、生活事务等各方面内容。且随着大学管理内容的丰富，高校的学生日常事务开始由管理向服务过渡，包括各种生活辅导、活动指导、身体保健、心理引导、就业指导、秩序普及等各方面的内容。

这种高校教育服务导向的发展模式和传统意义上高校教育管理模式产生了巨大的矛盾，从发展的角度来看，传统的管理模式有很大的不足和缺陷，主要体现在三个方面。首先，管理方式僵化。传统教育管理模式是完全将学生视为教育对象，以学生不出问题或少出问题为原则，因此主要管理方式是问题管理。而随着学生主体意识不断增强，问题管理的工作模式已经无法适应学生发展，从而不能满足学生的多层次、多样化发展需求，也就无法达到真正的教育目标。

其次，学生主体地位不足。传统教育管理模式是统一管理方式，因此会忽略学生的客观差异性和主体性，在教育管理过程中通常是采用自上而下的管理，忽视了学生自我管理、自我教育和自我提升的能力培养，不符合教育的基本要求和发展规律。

最后，服务意识缺失。传统教育管理模式沿用的是管理型机构的体制，在具体的工作过程中容易过于侧重行政管理，在具体工作中缺乏主动服务的意识，根本无法提供多样化、个性化、生活化的服务，也就无法满足学生的各种需求。

3. 专业性指导不足与学生异质性之间的矛盾

高等教育大众化推动着大学生群体在结构上出现了明显的异质性特点，首先，学生群体的价值取向和思想观念非常多元化。互联网时代的大学生是在多样思想文化、价值观念和道德观念交织的社会环境中成长的，因此大学生的行为方式和价值观念不但多样，而且多变。当代大学生不仅思维活跃，能够快速接受新鲜事物，拥有极为灵活的思维方式，同时还个性十足，追求标新立异。另外，社会环境的多样化使大学生对社会的看法、对人生的态度、对未来的追求都呈现出多样化特性。

其次，学生基层组织呈现出多层性。随着高校学分制、弹性学制等的完善，学生选课自由度极大提高，而且不同兴趣爱好的学生还会加入各种不同的学生自治团体。同时随着互联网的发展，学生的交际圈也逐渐扩大。这就造成教育管理的重心出现了巨大的变化，传统教育管理的重心是班级，但随着多样化的学生社团的兴起，学生的基层组织已经不再仅仅是班级，而是变得更加复杂多变。传统以班级为单位的专业化指导模式，根本无法适应基层组织多元多层的发展模式。

最后，学生个性化需求呈现出多样性特征。随着高等教育大众化的推进，学生不再简单地将自己视为接受教育者，而在一定程度上将自己视为高等教育的投资者和消费者，因此在接受教育的过程中，学生自身的个性化需求以及主体意识能快速增强。如今的大学生开始习惯根据自身个性化需求来评价学校的各种工作项目，同时追求自身在道德、情感、就业、学习、消费、交际等各个方面需求的满足。不同的学生会有不同的个人需求，同时也会面临不同的问题，因此学生渴望得到的是针对自身的、能满足个性化需求的专业性指导和支持。

（二）辅导员队伍建设现状

随着高校教育大众化的快速推进，学生成长环境的变化和学生多样化发展，使高校对辅导员整体素质的要求也越来越高，而辅导员队伍的建设也面临着严峻的考验，目前还存在很多现实问题。

1. 辅导员知识结构失衡

知识结构由不同性质、不同学科的知识通过特定的结合方式构成。建构合理的知识结构，需要在特定目标的导引之下，有针对性地对知识体系进行筛选，然后按照一定的排列组合形式进行架构，最终形成相互联系、相互作用的结合体。

辅导员工作范畴异常广泛，这就要求辅导员具有特殊的知识结构。根据其面对的学生群体特性，优秀的辅导员不仅需要扎实的学术知识、广阔的知识面，还需要能够在一定程度上把握学生思想政治动态，然后根据教育规律在多个方面对学生进行引导。也就是说，优秀辅导员需要具备非常均衡且完善的知识结构，才能够适应社会的发展和学生的多样化需求。

虽然如今我国辅导员的培训体系已经开始建立，但整个培训工作却依旧存在很多问题，如训练内容和实践脱节、培训机制不健全、培训体系层次不清、培训效果不佳、培训的专业性和针对性无法得到广泛认可等，从而造成辅导员在知识结构方面存在非常明显的失衡特性，专业指导能力明显无法满足需求。

造成这种结果还有一个重要原因，即如今辅导员多数是从高校各专业毕业生中引进的，其在教育过程中所获得的知识结构就非常单一，同时又缺乏专业的指导知识，培训体系又无法做到有效提升辅导员的指导能力。因此在实际工作过程中，辅导员多数陷入疲于应付各种日常事务的状态中，即使工作多年，也仅仅积累了很多事务处理的经验，理论水平不高，无法通过理论来分析多变的社会形势和多样化的问题。

2. 缺乏专业伦理，造成信任危机

辅导员是高校教师的一个重要组成部分，而从教育工作的伦理规范分

析，教师的行为必须对社会、学校、学生负责，同时教师职业具有非常突出的公众性和师范性，所以需要具备更严格的专业道德。但现今高校辅导员专业指导能力的缺失，直接导致社会对辅导员的道德期待和辅导员自身的道德要求存在一定差距，给社会和公众的感觉就是辅导员缺乏专业伦理，这就导致辅导员群体遭遇了非常严重的信任危机。

辅导员的职业道德不仅体现在其思想政治教育能力方面，还体现在能够和学生保持良好的关系。辅导员对学生的指导，建立在双向平等的沟通关系之上。但现实情况是，辅导员的人格、能力、学识、教育艺术、道德水平等都有很大不足，无法在学生心理上持有信服和崇拜的态度，因此也就无法建立起辅导员的威信，使很多学生在主观意识上并不愿意主动和辅导员进行交流沟通。这一方面是因为辅导员缺乏应有的沟通技巧和教育责任感，另一方面则是因为很多辅导员缺少平等精神，展现在学生面前的真诚、包容心、亲和力不足，无法一视同仁，从而令学生反感，导致辅导员的教育感染力不足。

3. 工作重复度高，职业倦怠感强

职业倦怠主要是描述在服务于人的职业领域中，个体的情感损耗、个人成就感降低等情况造成的一种心理状态，主要表现为态度、情绪等衰竭，从业者没有工作热情，身心疲惫且工作态度消极等。如今，辅导员面对的工作对象——学生群体具有非常多样化、个性化的特性，且专业培训机制不够完善，很容易使辅导员长期工作但专业素养却无法得到有效提高，同时又因为需要面对各种学生的日常事务，工作繁重且重复性极高，使辅导员的职业倦怠感增强。辅导员的职业倦怠感主要表现在以下三个方面。

首先，职业精神缺失。辅导员的工作对象是各种学生，因此需要高度的爱心、责任心和耐心，但如果长期得不到有效激励因素的刺激，如发展前途渺茫、无法得到晋升、工作压力巨大、教育效能不高等，辅导员的职业精神就非常容易缺失，从而出现职业倦怠。职业精神缺失会导致辅导员对学生缺乏耐心，从而关心度不足，同时在处理学生事务时会极为被动，缺乏创新性和积极性，严重的甚至会对职业产生不认同感。

其次，职业价值观扭曲。高校思想政治教育环境非常复杂，思想教育对象又极具多样性，同时辅导员接受的专业培训中教育理念和教育方式都非常固化和同质化。辅导员将全部精力投入到繁杂的学生事务处理中，却时常无法得到正面的反馈，或无法及时解决问题等，很容易使辅导员的个人成就感降低，最终导致辅导员对工作的认同感降低。这种情况下，辅导员就会感受

到这份职业根本无法实现自己的人生价值，且发展空间有限，从而造成职业价值观扭曲。

最后，心理健康水平降低。辅导员队伍中的辅导员多数具有职称低、年纪轻、收入低的特点，因此在整个高等教育体系中就成了资质最浅、最忙碌、工作最繁杂却最不受尊重的教师。再加上辅导员专业培训体系不够完善，因此很多辅导员具有非常强烈的职业危机感，如担心发展空间小、能力提升慢等。这种高职业压力和低职业认同感同时出现，就会造成辅导员的心理健康水平急剧下降，甚至会一直处在心理亚健康状态，很容易导致辅导员无法有效控制情绪、适应能力差、对职业产生厌倦、自我要求降低等，而这种亚健康状态又会令辅导员很难获得个人成就感和提高个人价值感，最终陷入无法终结的恶性循环之中。

导致辅导员职业倦怠的原因有多个方面。

一是成就感低。辅导员不仅需要对学生进行思想政治教育，同时还要负责学生的日常事务管理，其肩负的责任非常重大，但辅导员的工作却不受重视和理解，甚至其工作会被人们理解为学生事务管理。在这种情况下，辅导员甚至会感觉自己的工作就是学生的保姆，根本无法得到工作的成就感。另外，很多学校对辅导员的工作范围和职责划分不清楚，所以各个部门会时常安排一些事务类工作，从而占据了辅导员大量的工作时间，而与学生的谈心、开展思想政治教育活动等却只能放在业余时间来完成，无形中令辅导员付出更多的时间和精力，使事务性工作占用了辅导员大量时间，所以根本没有精力去提高职称，待遇自然会低于其他教师，工作成就感就会更低。

二是工作压力大。辅导员的工作非常特殊，时常需要随叫随到，尤其是遇到突发情况时更需要第一时间赶到。辅导员不仅负责学生的思想政治教育工作，同时还肩负学生的日常事务管理工作，需要处理各种突发事件，这就需要辅导员时刻处于精神紧张状态，这样会带给辅导员极大的工作压力。

三是角色定位不准。辅导员是多角色工作，既是教育者又是管理者，既是学生的朋友又要成为学生的引导者，负责的工作范围也非常广，因此辅导员在学生眼中的形象就很难固定在专业角度，这也就容易造成学生对辅导员不信任。这种角色定位不准的状态很容易使辅导员陷入迷茫状态。

四是工作绩效不明。辅导员的工作内容多数是精神、心理、观念层面的内容，需要投入极大的精力和耐心，但很难在短时间内呈现出工作成效。这就使辅导员的工作很难用量化的指标和标准进行考核，整体来看辅导员的工作具有见效周期长、成果无形且绩效不明等特点，所以在整个学校辅导员的工作很难得到及时的肯定和评价。

五是职业规划模糊。高校很少有匹配这种特殊职业特性的设施和条件，甚至很多不重视辅导员队伍建设的高校没有辅导员晋升和培训的制度。这种现状使辅导员的职业规划非常模糊，甚至不知道自己应该何去何从。

4. 思想不稳定，队伍稳定性差

辅导员工作需要投入极大的工作热情，同时也需要投入大量的精力，但辅导员职业的发展现状，令很多辅导员的思想不稳定。造成此现状的原因是多方面的，包括工作时间不确定、工作地点不稳定、工作待遇不优厚、工作地位不高、工作未来不明等。长时间精神紧张的状态会使辅导员对工作产生极大的厌倦感，从而期望转换岗位，最终造成辅导员队伍稳定性很差。

三、辅导员专业化发展的必然性

高等教育大众化发展，不仅引来了学生数量的巨大变化，同时还推动了高校教育体制改革和培养模式改革。大众化的高等教育与传统的高等教育在体制和教育机制以及培养模式的冲突引发了高等教育各个方面的变化，辅导员专业化发展就是高校教育管理改革的需求。辅导员专业化发展的必然性主要体现在以下几个层面。

（一）提高学生思想政治水平的保障

所有世界一流大学都有着同一个最核心最基本的办学理念，即学生就是大学。其含义说的是，大学生在学校之中获得的各种职业能力和知识，只是教育过程之中的外在表现，高校培养学生的核心应该是将学生培养成对人类、对国家、对社会、对不同领域都具备足够责任感的人才。大学之所以在高等教育体系中占据异常重要的位置，是因为大学能够培养出推动民族振兴和祖国富强的德才兼备的人才。

德才兼备的人才是高等教育培养出的能够在德智体美劳多个方面协调发展的学生，而在诸多方面之中，思想品德绝对是最关键也最核心的内容，因为其决定的是学生基本的发展方向。辅导员工作的主要内容就是对学生进行思想政治教育。辅导员专业化发展是提高学生思想政治水平的有效保障。如今社会处于多元文化激荡、经济发展变革的全球化阶段，同时整个世界都处在互联网时代，这些社会发展的大背景都直接或间接影响了大学生的思想道德素质，只有在辅导员专业化发展的基础上，依托辅导员对大学生正面引导和教育，才能够提高大学生的思想政治素质。

当代大学生具有层次不同的主体性需求，只有辅导员能够从不同大学生的思想实际出发，创新学生思想教育工作模式，和不同的学生成为朋友并通过新颖的教育活动吸引学生主动、自觉参与，才能够有效增强高校学生思想政治教育工作的实效性。要实现这一目标，就需要辅导员能够有针对性地对大学生进行分类指导和个性化教育服务，根据不同学生的不同追求、需求和目标，以及不同学生的不同性格和思想状态，进行个性化的思想教育，才能够取得良好的教育效果。这就要求建立一支专业化、高素质的辅导员队伍。

（二）改善人才培养质量的需求

高等教育对人才的培养需要根据时代的需求和社会的需求来不断进行调整，也就是说高等教育培养人才是以满足社会需求来获得合法地位的。高等教育进入大众化阶段后，原本的教育理念已经无法全面解释其培养人才的社会合法性，也就是说，社会需求和时代需求正在推动高等教育改变原本的教育理念，发展新的教育理念。

在高等教育大众化阶段，高校培养人才的意义不仅是探究更加深奥的科学知识、探究真理以及为社会和国家提供人才，还需要考虑到为学生个体的职业发展提供多方面多层次的服务，即提高学生智力、审美、技能等各方面的能力，以便学生在未来能够拥有更好的就业机会及收入和实现个人价值的途径等。这一社会需求，意味着高校教育需要促进学生人格、理智、智力、思想、品德等各方面的全面发展，即需要培养更加贴近现实生活和符合现实社会要求的人才。

辅导员的专业化发展就是提高高校教育质量的重要组成部分，是改善人才培养质量的需求，主要体现在两个层面。其一，辅导员专业化发展能够促进高校育人文化、环境的优化。培养人才离不开环境的建设，提高人才培养质量就离不开校园文化和氛围的熏陶，这种潜移默化的影响虽然看似不起眼，但却能逐步渗透到学生的日常生活之中。而高校的校园文化的建设在很大程度上取决于辅导员的素质和水平，辅导员的工作需要通过各种新颖的教育活动来完成，只有建设具备深厚文化底蕴的校园文化，辅导员才能将学生需要具备的思想素质和能力的培养贯穿在各种校园活动中。辅导员的专业化发展能够提高其职业执行力和自身素质，从而能够在校园文化建设方面起到关键作用，如保障校园文化的品位和内涵层次等，可以有效提高高校校园文化建设的水平。

其二，辅导员专业化发展能够促进学生整体均衡发展。人才的培养需要针对学生的两个方面的因素：智力因素和非智力因素。传统的高校教育模式主要关注的是学生的智力因素，指的是对客观事物的认知能力、处理各种信息的能力和操作的能力，体现的是一个人深层的智慧水平，包括认识能力、思维能力、想象能力、感受能力、行动能力等。非智力因素并不会直接参与对客观事物的认知过程中，但会对认知过程产生极大的影响，体现的是一个人的成长潜力和方向把控能力，包括个人兴趣、情感、意志、性格、动机等。高等教育进入大众化阶段后，非智力因素的作用显得越来越重要，因为其能够对智力因素产生制约作用，并促使智力因素充分发挥作用，还能够在学生成长过程中起到引导、调节、维持、定向、强化和挖掘作用。

当今社会，高等教育主张学生全面发展和个性化发展。这并不是不关注学生的智力因素，而是要同时关注学生的智力因素和非智力因素。在当前中国高校教育中，辅导员就是学生非智力因素训练和提升的引导者。也就是说，辅导员的专业化发展会为学生的个性化发展及全面发展提供保障，以便促进学生非智力因素的快速发展，从而实现学生的全面均衡发展。

（三）工作模式转型的必然要求

这里的工作模式指的是高等教育人才培养质量保障体系中的重要环节和组成部分，通俗来说就是辅导员对学生展开的工作。中国特有的国情和发展模式使辅导员针对学生的工作模式在不同的时期有着不同的内涵体现。

在20世纪50年代到20世纪70年代，中华人民共和国处于成立初期，当时辅导员针对学生的工作内涵是开展学生的思想政治工作，即对学生进行政治教育和开展相关的各种政治活动，因此当时的辅导员也被称为政治辅导员。20世纪80年代到20世纪90年代中期，中国步入改革开放时期，辅导员针对学生开展的工作在原有的思想政治工作基础上增加了管理工作，即还需要对学生的生活、行为以及学习实施规范管理。在这段时期，辅导员需要对学生的纪律、考勤、奖励、处分、宿舍管理、毕业分配等事务进行管理。从20世纪90年代末开始，社会环境发生了巨大的变化，高等教育也开始进行各方面的改革，辅导员针对学生开展的工作的内涵进一步得到丰富，增加了针对学生的服务事项，包括对学生勤工俭学、资助贷款、心理疏导、就业辅导、安全管理等工作内容，之后又逐渐加入了社团建设、学风建设和校园文化建设等方面的内容。从辅导员针对学生的工作模式来分析，辅导员的工作经历了数十年变化和发展，逐步从政治导向转变为管理导向，又逐渐从管理导向转变为服务导向。这也意味着高等教育在人才培养的模式上已经开始从社会本位转变为学生本位，而想实现这一步转变，就需要建立在高校拥有高质量和专业化的辅导员队伍的基础之上。

专业化辅导员队伍对高校工作模式转型有以下几个方面的促进作用。

1. 有利于实现对学生的柔性管理

柔性管理的核心本质就是以学生为本的人性化管理，之所以称为柔性管理，是因为这种管理模式建立在研究学生的行为规律和心理状态的基础上，并不会采用强制化手段进行管理，而是通过对学生的了解，在其心中形成潜在说服力，令学生能够通过个人的自觉、自主行动进行自我管理。很长一段时间以来，我国高校教育的工作模式都是刚性管理，即通过规章制度来对学生进行严格的行为控制，其能够确保学校的秩序稳定，也能够保证学校向统一的目标快速发展。随着社会的转型发展，学生在思想上呈现出多样化特性，所以学生也开始逐渐要求高校能提供高质量的教育服务。在这样的背景下，如果高校继续以刚性管理工作模式发展，势必会使学生缺乏认同感，从而无法达到教育目标。

高校实施柔性管理的前提是达成以学生为本的人性化管理，这恰好是专业化辅导员的职业伦理。辅导员的专业化发展，强调的就是其能够以身作则并关注学生内心，尊重学生个性并进行针对性教育。而且高校的柔性管理工作模式的推进和辅导员专业化发展能够相辅相成，高校可以在推进柔性管理过程中，通过专业化途径对辅导员进行服务意识和平等意识培养，令辅导员建立起以学生为本的教育观念，通过意识的培养和观念的树立，促使辅导员提高自身的道德水准和业务能力，从而在高校柔性管理发展过程中发挥重要的作用。同时，辅导员专业化发展的推进也会促进高校管理工作模式快速转化为柔性管理工作模式，从而培养出社会需要的人才。

2. 有利于彰显学生的学习主体性

高等教育面对的是学生，学生是进入高校学习的出资者和委托人。从这个角度而言，高校应该是服务于学生的教育者。学生付出了成本和代价，因此只有得到适切性的教育才能够满足自身的需求。此处所说的适切性并非简单的知识教育，还需要包含素质教育、思想教育、人格教育、能力教育、身心健康教育等，是能够契合学生的个性化教育，即彰显学生主体性的教育。不过这种教育模式必须依赖于拥有专门领域知识的专业化教育者方能实现，而专业化辅导员就顺应了这一形势。

彰显学生主体性的教育，需要满足学生的自主性、创造性和选择性。自主性就是学生能够根据自身的条件和需求，有计划、有目标地来安排教育活动，从而寻求最适合自身的发展机会和学习方向。创造性则是学生个性的体现，是学生可以根据自身的性格特性和思维模式，将学到的各种内容完全吸收，再通过自身的创造力进行展现和运用。选择性就是学生能够在学校所提供的众多教育服务中，依据自身的意愿来做出教育选择，如兴趣指导、职业生涯规划指导、个人分析、心理辅导等，这也意味着学生需要在自身接受教育的过程中承担更多的责任。

这种彰显学生主体性的教育模式，必须建立在学校、教师、学生相互平等的基础之上，只有这样学生的主体地位才能受到尊重，也才能够真正获得保障。辅导员的专业化发展，就可以从学生主体性教育的需求方面入手，根据学生需求来拓展辅导员的职能范围，并对辅导员进行专业化培养，最终成为可以在学生成长过程中进行个性化教育和专业指导的教师。

3. 有利于实现科学化流程型服务

高校育人系统的最优化体现，就是采用适合教育规律和学生管理规律的科学化方法，即将教育过程中的各项工作都做到规范化和科学化。这种科学化教育方法需要足够的工作效率和管理效率，最匹配的手段就是采用流程型工作模式，即简化和集成管理流程，以目标和任务为导向，采用最核心最简洁的工作流程来执行，突破工作过程中的各种管理层级和各类隔阂，最终将工作资源和工作潜能最大化释放。

专业化的辅导员队伍建设就需要将组织结构扁平化，并采用科学化的流程型服务模式，即每个专业化辅导员都能够面对多名学生，并对学生足够了解，具备专业的工作能力，同时又能够为学生提供直接且便捷的教育服务。这需要辅导员先转变角色观念，从传统的管理者身份转变为指导者和服务者身份，并与学生建立起平等的朋友关系，这样才能为学生提供高质量的教育服务。

第三章

高校辅导员的教育工作专业化

第一节　引路人·日常思想政治教育

在高校辅导员教育工作中，最主要也最基本的就是日常思想政治教育，其作为大学生思想政治教育的主要模式，贯穿于学生的生活、学习、活动等各个过程中，主要以其多样性、渗透性、针对性、灵活性、参与性等特点成为大学生思想政治教育的基本手段。日常思想政治教育的主要目的是引导和教育学生形成正确的人生观、价值观、世界观，因此作为开展日常思想政治教育的骨干力量，辅导员就属于学生的思想政治的引路人。

一、日常思想政治教育的内涵

（一）日常思想政治教育概述

理解日常思想政治教育，可以从其宗旨、内容、涉及领域、主要途径和方式等几个方面入手。

1. 日常思想政治教育的宗旨

日常思想政治教育的宗旨也是其目标，主要包括四种观念。其一是树立祖国观念，即教育大学生了解中国的基本国情，深入了解祖国悠久的历史和文化传统，从而促使学生认识到祖国的美好未来，并认清自己的社会责任，树立祖国利益至上的思想观念。其二是树立人民观念，即教育大学生懂得人民才是历史的创造者和未来的见证者，只有将为人民服务作为最高的价值追求和道德追求，才能够最大化实现自身的价值。其三是树立党的观念，即教育大学生明白中国特色社会主义事业的领导核心是中国共产党，是党带领着人民走出了战乱并进入和平时代，熟悉党的历史和现状，树立听党的话、跟党走的思想观念。其四是树立社会主义观念，即教育大学生从深层了解只有社会主义才能发展中国的真理，引导学生积极投身到社会主义现代化建设中，为社会主义现代化建设做好思想和文化方面的准备。

2. 日常思想政治教育的相关内容

日常思想政治教育的相关内容有多个方面，具体包括新生小学教育、文明离校教育、理想信念教育、爱国主义教育、形势政策教育、公民道德教育和心理健康教育。新生入学教育就是引导学生尽快转换角色身份，适应大学环境，并树立正确的专业学习观，稳定专业思想，不断提高自我管理意识，尽快走上正确的专业学习道路；文明离校教育则是在学生毕业前，引导学生正确认识专业、学业、职业、事业、人生之间的关系，根据形势政策教育了解到的社会形势，结合自身的专业特性和情况，把控好自身的就业方向和需求，消除就业困惑，明确就业的目标和做好职业规划。

理想信念教育就是引导学生树立起积极正确的人生观、世界观和价值观，并根据教育宗旨树立社会主义核心价值观和建设中国特色社会主义理想，引导学生将自身的命运和国家的命运相结合；爱国主义教育就是引导学生正确认识国家的历史和现状，并明晰中国特色社会主义发展道路的优越性，提高政治归属感和国家归属感；形势政策教育是为了让学生能够对国际大势、国内局势有深入了解，一方面可以激发学生的爱国情怀，另一方面可以使学生明晰自己发展的方向和努力的目标；公民道德教育则是引导学生树立遵纪守法、文明诚信、团结友善、敬业奉献、勤俭自强等观念，不断锤炼自身的道德习惯、磨砺品行，成为合格的公民；心理健康教育是通过辅导和疏导手段，让学生深刻认识自身，并不断锻炼自身面对问题、解决困难、化解冲突、应对挑战的能力，逐渐培养学生自强自立、自觉自主的个性化意识。

3. 日常思想政治教育涉及的领域

日常思想政治教育涉及学生生涯的各个方面，包括从入学一直到毕业的各种课程、活动、日常事务等。其涉及的领域可以从教育方面、空间方面、活动方面、事务方面进行分析。

教育方面包括入学教育、节日纪念教育、军训、政策形势教育、实践教育、离校教育等各方面，贯穿学生入学、生活、学习的全过程；空间方面则包括课堂、宿舍、食堂、社会实践场所、网络世界等各种空间，囊括学生生活和学习的各个方位；活动方面则包括社团活动、党团活动、班级活动、社会实践活动、个人活动等各类活动，涉及各类学生活动；事务方面则更加广泛，包括学习过程、生活情况、心理状态、思想观念、情绪感情等各个层次。

4. 日常思想政治教育的主要途径

进行日常思想政治教育的途径主要有三个方向，分别是社会实践、活动建设和网络平台。社会实践就是通过建设社会实践基地，深入引导大学生走出校门去基层了解社会、熟悉国情，让学生真正体验社会，并在实践中锻炼品格和意志，提高社会责任感；活动建设则包括各种班级建设、学风建设、校园文化建设，以及各类艺术活动、体育活动、科技活动、娱乐活动等，通过开展各种主题明确且具有吸引力的活动，来提高学生对高校的认可度，并在活动建设过程中陶冶情操、释放个性、涵养人格、完善道德；网络平台则是依托于互联网技术和手段，通过贯穿于大学生学习和生活中的网络，运用各种网络服务手段来提高服务意识和效果，对大学生产生潜移默化的引导和教育。

5. 日常思想政治教育的主要方式

日常思想政治教育涉及的领域范畴以及实施途径都非常多，因此教育方式也变得异常丰富。可以直接进行显性教育，如课堂模式、交心模式等，也可以进行隐性教育，如活动中教育、环境中熏陶、行为做榜样等；可以进行集中教育，以社团或班级或活动为基础进行集中化教育，通常这种方式主要进行的是基础理论性教育，也进行个别教育，即根据学生个体的特性，采用个性化的教育模式等；也可以通过引导的方式促使学生自我教育，提高学生的自觉性和自主性，也可以用行政管理的方式等。以上各种教育方式都可以相互结合，最终形成因材施教、因地制宜的教育方式，提高教育的吸引力和感染力，从而产生更好的教育效果。

（二）日常思想政治教育的意义

大学生是事关国家和社会未来非常重要的人才储备力量，甚至可以说是国家和民族发展的未来。正因为大学生如此重要，所以其日常思想政治教育才显得尤为重要，是极具战略性的思想教育。其目的是通过日常教育发现和解决大学生在思想、道德、学习、生活、工作等各方面的问题，整体提升大学生各方面的素质，从而为社会培养人才。其意义主要体现在以下三个层面。

1. 日常思想政治教育是大学生思想教育的主阵地

大学生思想教育担负着培养学生的政治素质、道德品质、心理素质等使命，主要有两部分内容，其一是思想政治理论教育，通常是以授课的形式系统向学生传授思想政治理论，从理论层面提高学生的思想政治素质；其二则是日常思想政治教育，通过贯穿于学生学习、生活、活动各方面的教育模式，全方位进行思想政治的基础教育。这两部分内容中，理论教育是基础和保障，日常教育才是主要阵地。毕竟日常思想政治教育贯穿于学生整个高校生涯，同时也覆盖了学生的各个方面。

2. 日常思想政治教育是大学生思想教育的重要方式

在大学生的思想政治教育中的两部分内容中，理论教育毕竟有极大的局限性，不仅只限于思想政治理论的教育，还只限于在课堂之上进行教育。而日常思想政治教育贯穿于大学生的学习、生活、活动、工作的始终，不仅在空间和时间上有极大的便利性，还具有非常灵活的教育方式和教育途径，同时还具备非常强的实践性，能够将思想政治理论和社会实践相结合。这不但能够从理想层面、道德层面、知识层面提升大学生的素质和能力，而且通过各种针对性活动，因人施教。也就是说，日常思想政治教育的方式手段非常多样，非常具有针对性，同时这种教育模式更偏向于隐性教育，所以渗透性更强。

3. 日常思想政治教育是实现学生思想教育目标的途径

日常思想政治教育比较注重理论和实际相结合、解决思想问题和实际问题相结合、教育与管理相结合、隐性教育与显性教育相结合、自我教育和外在教育相结合等，因此是实现学生思想教育目标的重要的途径。

日常思想政治教育会将马克思主义理论与中国的发展实践相结合，并在各种社会实践、学生活动之中进行理论的验证，不仅有助于学生深刻理解理论，还能使学生通过实践对理论进行验证，有助于增强思想政治教育的效果。另外，日常思想政治教育将入学教育和专业教育相结合，将心理教育和素质教育相结合，从而将解决思想问题和解决实际问题结合，不仅提高了大学生的思想认识，还解决了大学生的实际问题，更有助于思想政治教育的深化和完善。日常思想政治教育涉及素质教育以及文化建设，同样涉及以各种活动为主的隐性教育，不仅形式丰富，还能潜移默化地影响学生思想。

（三）日常思想政治教育的原则

日常思想政治教育过程中，涉及的领域、针对的学生群体、教育的方式等都具有多样化特性，但同样需要遵循一定的基本原则。

1. 行政管理与教育引导结合原则

日常思想政治教育涉及大学生的生活、学习、活动、工作等方面内容，同时又涉及各种公共空间和个人空间，大学生又因为社会的发展显现出多样化、个性化特性，因此整个教育过程必须以教育引导为基础，以人性化的行政管理为手段，两者相结合才能达到最终的教育效果。

比如，要规范大学生的各种言行，就需要根据学校自身需要和学生特性，制定适宜且可行的规章制度，通过行政管理手段来引导学生规范自身行为，并通过日常思想政治教育来引导学生树立自觉遵守规章制度的观念，提高学生遵纪守法的自觉性，同时还需要加强社会实践教育，提高学生对理论的认识并将其运用到实践中去，令学生领会规章制度背后的精神。也就是说，行政管理手段是从规章、法律、政治、道德等层面入手，为教育引导提供理论基础的做法，而教育引导则需要从实际出发，侧重对学生的发展、成长、成才的过程的参与和实践。

2. 显性教育与隐性教育结合原则

如今大学生更具多样化特性，且因为互联网的影响，眼界和格局更大，所以求知欲更强，更喜欢怀疑、思考和求证，同时也更加相信自己。基于这样的学生特性，日常思想政治教育需要从显性教育方面进行强化，如营造更加平等、自由、独立、多样的教育氛围，丰富教育内容，不仅要有信仰层面的宗旨内容，还需要融合理想层面的追求内容，同时需要加入道德层面的规范内容，以及素质层面的导向内容，以确保现行教育能够匹配学生的思维模式。而且通过丰富多样的显性教育，还能够潜移默化影响和引导学生，更加适应当代大学生的认知特点和思想需求。

另外，不同的学生来自不同的地域、不同的家庭，有着不同的文化背景，因此会有不同的性格、爱好、兴趣和思维模式，又因为其进入高校后会就读不同的专业、从事不同的活动，想对数量巨大、思维多样的学生进行适宜的思想政治教育，就需要通过发挥隐性教育的激发、引导、启迪、潜移默化的特点，引导学生找到适合自己的方向，实现个性化发展。为了能够引导学生可以积极主动参与教育，需要借鉴教育经验和教训，采用学生喜闻乐见的教育形式和教育载体，通过环境熏陶、文化感染、行为榜样等，增强日常思想政治教育的感染力，最终达到教育目标。

3. 集体教育与个别教育结合原则

高校的课程教育本就属于集体教育，即国家对学生的未来要求基本一致，高校对学生的学习要求大致相同，同专业对学生的要求基本类似，同年级对学生的要求也基本相同，因此就需要采用不同范围、不同层次的集中教育。也就是说，虽然大学生来自五湖四海，又拥有不同的性格特性和思维特性，但整个大学生群体依旧有共同的成才目的，所以必然需要学校进行一定程度的集体教育。

同时，不同的学生拥有不同的成才路径，不同层次的学校也会有不同的定位和人才培养模式，不同的兴趣促使学生进入不同的专业，不同年级的学生又会有不同的特点，这种现状就需要对学生进行不同层次和不同范围的个别教育。日常思想政治教育过程中包含了集体教育和个别教育，既针对学生的共同性来提高教育效率，又针对学生的个别性来提高具体效能。

4. 外在教育与自我教育结合原则

针对大学生的日常思想政治教育不仅需要外在教育，包括校园环境、课堂平台的建设，并进行环境优化、资源整合、形式创新等，以便营造积极的教育氛围，从而形成形式多样、深入浅出的教育，还需要内在教育，包括引导思维、启发思考、开阔眼界、启发示范等，通过各种社会实践、学生活动、社团组织来激发大学生的主体意识，引导大学生主动进行学习、思考和实践，从而为大学生提供自我教育和自我管理的机会及平台。

二、日常思想政治教育的主要内容

日常思想政治教育中最主要的内容有四个方面，分别是理想信念教育、民族精神教育、公民道德教育和全面素质教育。

（一）理想信念教育

大学生的理想信念教育就是通过行之有效的教育和实践，引导学生树立走社会主义发展道路的坚定信念以及共产主义理想信念，这不仅需要让学生认识到社会发展的必然规律，还需要引导学生认识到自己的使命，从而全心全意为社会主义和共产主义奋斗。

理想信念教育是大学生日常思想政治教育的核心内容，其最主要的作用是为大学生树立起风向标，为大学生指出前进的方向并带给他们足够的前进动力。理想信念教育在大学生素质教育中处于主导地位，能够为大学生的人生发展提供足够持久的精神动力，不仅可以指引大学生获得高尚的道德情操和正确的政治立场，还可以成为学生人生路上的精神支柱和战胜困难的力量源泉。大学生的理想信念教育是一个系统的工程，需要行之有效的途径和深入浅出的方法，可以从以下几个角度实施。

1. 发挥党团组织的作用

大学校园之中各种党团组织是理想信念教育有效实施的硬件基础，如可以在培养、教育、管理党员的过程中，加强对其的先进性教育，将党员的先锋模范作用和骨干带头作用充分发挥出来，以榜样的力量提升理想信念教育的效能；充分发挥出党团组织在联系和团结大学生方面的优势，真诚地关心和关怀大学生，对大学生内心存在的问题进行恰当的引导和疏通，使大学生能够明是非、知对错，从而在潜移默化中让大学生接受理想信念教育。

2. 发挥学生的主体性优势

当代大学生的眼界更广、思维更活，因此接受能力也更强，需要在丰富理想信念教育内容的基础上，采用各种贴近生活、贴近学生、更吸引人的形式多样的实践教育，来激发大学生自身的主体性和参与性。通过开展多种形式的活动，不仅能够提高大学生对理想信念教育的认可度，还能够通过大学生的参与，调动大学生的自觉性和自主性，促使学生自发加强理想信念，同时也能够提高理想信念教育的有效性。另外，学生群体同样具有很强的凝聚性，可以依靠参与活动的大学生的口碑宣传来提高理想信念教育的影响力，从而令理想信念教育进入良性循环模式。

3. 发挥校园文化氛围熏陶作用

校园文化是学校传统、精神、作风、底蕴的综合体现，而且具有非常强的内在教育功能。高校需要将理想信念教育的目标、理念融入校园文化之中，加强校园文化的完善和建设，充分发挥出校园文化氛围的熏陶作用，让学生在良好的校园文化氛围中，积极参加课余活动，排解消极情绪，在潜移默化之中陶冶情操、传递文化知识，逐步提升理想信念的层次和水平。可以将校园文化和各种理想信念教育活动相结合，如举办各种主题鲜明的校园文化活动，拉近大学生与崇高理想信念的心理距离。

4. 发挥社会实践的体验优势

理想信念的教育不仅需要理论上的教育内容，还需要通过实践体验来完成理论的运用和升华。社会实践是提高社会交往能力和协作精神的重要途径，因此可以在社会实践过程中，融入理想信念教育，引导学生接触社会和了解社会，在社会实践中服务社会并得到锻炼。通过社会实践的体验真正理解理想信念的深层含义和行为原则，不仅能够加强学生理论和实践的结合，还能够引导学生健康成长。

5. 依托时代背景顺势而为

如今社会处于经济全球化、信息网络化、政治多极化、知识经济化、文化多元化的时代，社会时刻处于广泛变革之中，这种变革虽然能够提高学生的创新意识、自主意识、自强意识等，但同时也会对学生产生一些不利影响，如价值观念扭曲、理想信念淡薄、精神支柱缺乏等，这无疑会对理想信念教育提出严峻挑战。

高校的理想信念教育需要依托于时代背景，顺势而为，分别从内容、方法和途径上进行改革，以便适应社会需求和学生需求。例如内容方面，需要避免完全虚无缥缈的理论说教，应该通过社会实践总结真正务实的内容；方法方面，需要避免直接地自上而下的灌输教育，应该注重渗透式教育和实践式教育，而且采取的手段需要和学生的接受程度、身心发展水平、文化知识底蕴相匹配；途径方面，需要从简单的说教转化为生活关怀，通过日常事务来加强学生的理想信念教育。可以结合互联网技术，通过网络来进行各种方法的实施，从学生的日常事务的入手，结合学生对生活、人生和世界的理解及感悟，通过活动进行恰到好处的理想信念教育。

（二）民族精神教育

中华民族的精神是中国各族人民长期社会活动之中逐步形成并发展完善起来的，不仅是中华民族悠久历史的积淀和升华，还是中华民族团结一致拼搏过程中总结出的精神核心。大学生的民族精神教育就是通过系统化的思想教育，引导学生能够正确和全面地认识中国历史和现状，从而正确认识现阶段中国的国情，以及走中国特色社会主义道路的优越性和必然性，提高学生对民族精神的文化认同感和政治归属感。民族精神教育最终的目的是培养学生树立报效祖国的志向，从而承担起中华民族复兴的重任，产生推动祖国壮大和发展的期望。

大学生是中华民族的希望和未来，因此高校民族精神教育既是关系国家和民族的生存大计，也是提高祖国综合国力的重要手段。民族精神教育是一项系统工程，不仅需要针对不同的学生发挥出各种学科的教育作用，还需要发挥出思想政治理论课的主渠道作用以及日常思想政治教育的主阵地作用。最终目的是促使学生对民族精神产生理解和认同，从而主动为祖国奉献。具体的教育途径和方法可以从以下几个角度实施。

1. 发挥日常思政教育的渗透优势

民族精神教育的目的是让学生认识到中华民族的历史、现在和未来，需要充分发挥日常思政教育的特性，通过生活、学习、活动和工作中的各种教育活动，开展传统文化的教育和传统道德的教育，引导学生了解民族革命传统和国家的形势政策，让学生认清自己的根就是中华民族，民族的辉煌发展和灿烂文明都和学生自身息息相关，最终促使学生形成和谐统一的民族精神。

2. 发挥学生的主动性和积极性

林则徐曾有诗云："苟利国家生死以，岂因祸福避趋之。"可见国家和民族的命运和个人的命运息息相关。民族精神教育过程中要充分发挥学生的主体性和积极性，根据如今学生的思想特点和成长规律，通过开展多样化的活动来进行各种爱国教育和民族精神教育，引导学生认识到国家、民族与个体的潜在关系：中华民族之所以能够延续数千年，是因为整个中华民族团结一致，所以才能在历史大潮的风风雨雨之中不断发展。

比如，2008年奥运会圣火在法国受阻，极大地激发了大学生的爱国热情，可是在舆论影响下，很多学生开始在网络上散播相关信息，甚至有人开始鼓动学生进行游行。针对这种情况，某高校就采取了引导的工作思路，开展了舆论引导和深入说服，引导学生理性爱国，并提高爱国的素质和能力，从而不仅提高了学生了民族精神意识，还避免了因为情绪过激而造成的过激行为。

3. 发挥校园文化的熏陶作用

随着时代和社会的发展，中华民族的精神也需要展现出更加契合时代的鲜活内容，可以通过丰富多彩的校园文化活动进行传统文化教育、国情教育、公民意识教育、国家意识教育等，潜移默化地激发学生的民族精神和爱国情感，利用校园文化活动的熏陶作用培养学生的民族精神。

（三）公民道德教育

公民道德指的是国家公民必须具备的道德品质和基本素质，其道德水平的高低会影响到整个社会、国家、民族的文明程度，同时也是激励公民团结奋斗的重要力量。大学生处在人生观、价值观和世界观形成并完善的关键阶段，也是道德品质、行为习惯和人格形成的重要时期，因此大学生的公民道德教育具有非常重要的作用。具体的公民道德教育可以从以下几个角度实施。

1. 以基本道德规范为基础

2001年，中共中央印发了《公民道德建设实施纲要》，这是弘扬民族精神和时代精神并形成良好社会道德风尚的指导性文件，也是促进整个社会物质文明和精神文明协调发展的方向性文件。当代大学生公民道德教育需要统筹全局，以基本道德规范为基础，从学生的实际情况出发来促使大学生对社会现状进行深入了解，并树立为人民服务的思想，创新为人民服务的形式，引导学生追求更高的道德目标。

基本道德规范指的是以为人民服务为核心，以集体主义为原则，以诚实守信为重点，开展社会公德、家庭美德和职业道德教育，从而引导学生能够明礼诚信、团结友善、爱国守法、敬业守法，最终做到知行合一。这需要高校引导学生领会集体主义精神，并正确认识个人和集体的关系，从而认识到个人理想和奋斗目标是与广大人民的理想和目标紧密相关的。然后将道德教育渗透在学生的日常生活和学习等日常事务之中，结合大学生的文化层次和特性，创新社会实践活动形式，以丰富多彩的活动来吸引学生参与，培养其在参与过程中符合社会需求的道德品质。

2. 以人为本提高道德教育实效性

当代大学生的思维活跃且见识广博，因此进行公民道德教育必须要高瞻远瞩，从理论层面针对大学生的特性进行系统化教育。例如，需要从马克思主义道德观入手，结合社会道德现象，通过解决相应问题来提高大学生对公民道德的理性认识；如公民道德教育需要厚积薄发，用鲜活的事实以及深厚的文化底蕴来提高学生对道德的理解，提高大学生对公民道德的认识与认同感；运用社会实践活动，潜移默化地影响大学生，避免教条化、纯理论化教育，从有人性温度的小事入手，提高大学生对公民道德观念的认识，从而最终由近及远、由己及人、由知到行。

另外，在以人为本的基础上，公民道德教育还需要具备更加灵活的形式和更加辩证的内涵。当代大学生的思维更加理性务实，而且受到传统与现代、中国与西方、先进与普通等多种矛盾文化的冲击，因此对大学生进行公民道德教育必须建立因人而异却又适应不同职业领域、不同地位层次要求的道德体系，以便满足大学生多样化的需求。

3.营造良好氛围和环境

公民道德教育并非简单的学校教育，还需要家庭教育、社会教育共同配合，需要整个社会以及家庭共同营造良好的氛围和环境，潜移默化地加深学生对道德观念的理解和认识。学校同样需要运用现代化思维营造恰当的校园文化氛围和社团环境，如通过互联网技术、多媒体技术等开展生活化、多样化的公民道德教育，通过各种实践活动来引导学生树立道德规范、认同道德规范、内化道德规范，最终养成良好的道德观念和行为习惯。比如，通过社团文化建设、班级学风建设、校园文化建设等，让道德教育可见、可感、可触，增强道德教育的具体性、趣味性、形象性等，通过氛围营造和环境建设，实现公民道德教育的目标。

（四）全面素质教育

综合来说，素质就是一个人的能力、品质和素养的整体水平。全面素质教育是以提高国民素质为宗旨，以培养学生创新能力和实践能力为重点，造就"四有"及全面发展的人才。这是党和国家的终极教育方针，尤其是当今社会已经进入各方面竞争日益激烈的全球化时代，在政治、文化、经济、科技等各个层面都开始呈现出竞争态势，因此作为未来社会建设者和接班人的大学生的素质教育更显重要，只有全面提升大学生的素质，才能在未来的全球竞争中占领一席之地。全面素质教育共有三个层面的内容，分别为基础内容、主要内容和关键内容。

1. 基础内容

基础内容就是学生的身体素质和心理素质和谐发展。身体素质和心理素质是培养其他素质的根基。没有健康的体魄，就没有足够的环境适应力和运动能力以及抵抗疾病、恶劣情况的能力，也就无法完成各种活动，而没有健康的心理，就无法在遭遇各种问题和困难时保持良好的情绪，也就无法形成成熟的人格，甚至会在受挫之后一蹶不振，不思进取。因此，身心素质非常关键。学校需要通过具体的学习和社会实践，提高学生的身心素质，令学生能够快速适应环境，并具备良好的体魄以完成各种活动。学校需要在引导学生形成健康心理的基础上，开展挫折教育，提高学生的心理承受力，使学生能够愈挫愈勇，不畏艰难，并在困境中成长并成才，这样学生才能轻松应对社会中的各种挑战。

2. 主要内容

主要内容是学生的专业素质、科学文化素质以及思想道德素质的教育，如果说身心素质是学生提升素质能力的硬件，那么以上三项素质就是提升学生素质能力的软件。专业素质是学生未来事业发展的基础与前提，也是学生适应未来社会或引领未来社会发展的条件。随着社会的快速发展，社会工作必然会分工更细、内容更精、需求更专，这意味着未来社会对人才的需求也会更加精细化和专业化，学生只有拥有良好的专业素质，才能够适应社会的发展和需求。科学文化素质代表的是学生素质的高度和广度，影响的是大学生的视野和底蕴，其主要包括自然科学素质和人文素质，旨在开阔大学生的科学视野，加强大学生的人文关怀教育，培养的是大学生的科学精神和人文精神。提升思想道德素质指的是使大学生树立正确的世界观、价值观和人生观，主要作用是为大学生明确成长的方向，具有导向和激励的作用，也是培养大学生正确观念的基础。

3. 关键内容

关键内容是指学生的综合能力提升方面，可以细分为求知能力、做事能力和合作能力。求知是大学生的基本能力，即大学生需要具备相应的学习方法，去掌控相应的知识和能力，并形成相应的行为习惯，最终能够在人生路上不断提升和进步。做事能力是大学生的行动能力，在大学生终身学习的过程中，还需要拥有在复杂条件和环境中运用知识的能力，也就是行动的能力，只有通过行动实践，并在过程中发现问题并解决问题，才能够提高行动的效率和效果。合作能力则是大学生的处世能力，虽然在现今的社会中竞争异常激烈，但同样也需要合作的精神，即兼容并蓄、求同存异的处世能力。大学生步入社会后，只有在合作中发展，在发展中竞争，才能够成为真正为社会所需的人才。

三、日常思想政治教育的关键环节

日常思想政治教育贯穿于大学生整个学生生涯，时间跨度大，空间范围广，涉及学生的各种生活、学习、活动和工作环节，其中有几个环节是日常思想政治教育的关键节点，需要格外关注。

（一）入学教育

入学教育就是大学生入学之后高校根据人才培养目标，针对学生在学习、生活、思想、心理等方面的变化和需要，有目的地开展的一系列教育活动，最终让学生能够尽快适应新的校园环境，顺利完成角色转变并尽快成长。入学教育是日常思想政治教育的起点，不仅关乎思想政治教育的全局，还关乎大学生的健康成才，更关乎整个社会的人才培养大局，因此此环节至关重要。

1. 入学教育的意义

入学教育的意义主要体现在四个层面。其一是有利于学生转变角色。新生入学后，角色已经悄然发生了改变，首先是从中学时代的优秀者转变为普通大学生，其次从未成年人跨入了成年人行列，对其自主性和独立性的要求大大提高，最后是社会角色发生了变化，从原本的中学生转变为社会和国家未来发展所需的人才，不仅社会地位有很大提高，同时还承担了更多的责任和期望。这种角色的多方面转变很容易使大学生感到困惑和苦恼，恰到好处的入学教育则能够帮助大学生快速转变观念，进而从内心深处自发调整角色定位，从而能够承担更多的社会责任和社会使命。

其二是有益于新生适应学校生活。大学生的生活方式和中学明显不同，最大的特点就是在校时间大大增加，需要住宿舍、吃食堂，所有生活事务都需要自理；大学生通常来自五湖四海，很多学生都是离开家乡，去异地求学，地域不同，气候、饮食、习俗、习惯、语言乃至民族文化都会有很大不同，这会给学生带来生活习惯的改变，学生必须要尽快适应这种变化；另外，高校学生课余时间明显增多，学生的校园生活比中学丰富很多，生活领域和生活环境也会发生极大的变化，因此也需要学生进行适应。入学教育可以通过对学生的引导，令学生尽快适应这种生活变化，从而调整生活习惯和方式，以便为未来的学生生涯打下坚定的基础。

其三是有利于新生更好地学习。进入大学之后，学生的学习任务也相应地发生了变化，学习的内容从单一知识转向综合知识，学习方式开始从教授式学习转向自主式学习，最终的知识应用也相应地从简单的知识普及转向能力与知识并重。这种学习任务、学习内容、学习方式和知识运用的改变，虽然能够极大提升学生的自主性和独立性，但相应地也会给学生带来很大的困扰。入学教育则能够有效帮助学生快速调整自我，明晰自身的情况，从而有效对学习态度、学习模式进行调整，提高学习的效率，并增加实践能力，最终实现知识和能力的双重进步。

其四是能促进学生更好地成长和成才。绝大多数大学生进入高校时刚刚成年，正处于成长成才的关键期，学生的未来人生之路该如何去走，想成为怎样的人才，应该如何择业，都是学生需要思考的问题。入学教育能够通过引导来帮助学生快速适应学校生活，并从自身去深入思考，树立理想和志向，合理规划自己的人生道路。

2. 入学教育的基本内容

入学教育目的是帮助学生快速适应新角色，同时针对学习、生活各方面变化对其造成的影响进行梳理和引导，从而解决大学生的迷茫，帮助其战胜挫折和困难，顺利完成进入学校之后的转型和适应。入学教育的基本内容包括以下五个方面。

其一是开展适应教育。通过生活上指导、人际上关怀、学习上关注、心理上疏导的方式，引导学生快速适应新的环境，并促使其正确认知自我、评价自我，并正确处理好学习、生活、人际交往等各方面的关系，从容面对大学生活。

其二是开展爱国主义教育。通过向新生介绍国家国情和形势政策，让学生更快地、更深入地了解国家发展道路，激发学生的爱国情怀，同时开展爱校教育，邀请杰出校友或专家学者向学生介绍学校的历史、现状、特色、地位和成就等，使学生对学校产生高度的认同感，激发学生的成才动力。

其三是开展理想信念教育。结合基础的知识教育，开展科学理论教育和党的知识教育，同时结合思想道德教育，引导学生树立正确的人生观、价值观和世界观，通过历史、现状的教育，引导学生对未来充满期望和希望，并培养社会责任感和使命感，树立起学生的精神支柱。

其四是开展法规校纪的教育，以便规范学生的行为，从而对学生进行有效的生活管理。法规校纪教育不仅能够促使学生对与自身相关的各种事项进行了解，如成绩考核、学籍管理、相关奖惩等，同时也可以通过安全教育，增强学生的安全意识和自我保护意识，提高学生的生存能力和应变能力。

其五是开展专业教育，稳定学生的专业思想。不同的学生在进入高校后会选择不同的专业，不过有很大一部分学生对所选的专业并不了解，也没有更加深层的认识，所以对专业的发展、现状和未来都不甚明了。可以邀请专家学者介绍专业的情况，包括现状、就业趋势、未来前景、教师队伍、专业成就等，提高学生对专业的了解和认可；还可以开展师生交流会，介绍专业的课程设置、课程体系、授课模式、选课方式等内容，引导学生对专业产生兴趣。

3. 入学教育的基本方法

入学教育是大学生进入学校的"第一堂课"，其关键性不言而喻，不仅能够快速消除学生的迷茫，还能够引导学生找准前进的方向。可以说，入学教育就是对学生生活、学习、成长的引导，具体的实施可以从以下几方面入手。

其一是适应教育与解决问题相结合，需要在了解学生不同实际情况的基础上，寻找到学生可能会遭遇的问题，通过对问题的解决来快速提高学生的适应能力。例如，指导学习方法、化解交往矛盾、消除心理困惑、解决经济困难等，在解决这些问题的同时进行适应教育，确保学生能够快速适应学校生活。

其二是集体教育和个别教育相结合，通过集体教育来进行法规校纪、理想信念、爱国爱校等教育，确保学生树立正确的世界观、人生观和价值观；同时通过深入调查了解学生的实际情况，切实做到因材施教，即通过问题解决、生活关怀等，进行有针对性的个别教育，引导学生朝着个性化方向发展和成长。

其三是环境熏陶和榜样示范相结合，充分发挥校园文化和班级学风的熏陶作用，即通过良好的校园氛围、多样的教育平台、多元的活动，引导学生产生兴趣并保持积极的心态；与此同时，通过邀请优秀党员、学习标兵等现身说法，用榜样的行为进行示范，促进学生从榜样的身上感受精神和力量。

其四是课堂教育和活动教育相结合。课堂教育是集体教育形式，可以通过系列讲座、报告、演讲等形式有针对性地讲授大学的生活、学习、活动、人际交往的特点，以及容易遇到的问题和相应对策，以便新生能够快速对大学生涯产生了解并快速适应；活动教育指的是通过开展丰富多彩的校园活动，采用学生喜闻乐见的形式，更好地吸引学生参与，从而在活动中消解新生角色的快速转变的矛盾和内心的不适应。

（二）军训教育

高校新生入学之后，很快就会进入军训教育阶段，即通过最基本的军事训练来促使学生掌握一定的军事技能和军事理论，不仅能够提高学生的身体素质和心理素质，还能规范学生的行为，提高学生的思想政治觉悟。军训教育能够增强学生的组织纪律性和国防意识，还可以锻炼学生的体格和意志，并让学生在一定程度上了解军人的生活和目标，从而激发学生的集体主义精神和爱国主义精神。军训教育是大学教育中非常重要的组成部分，是高校进行国防教育的基本形式，同样也是国家培养新型军事人才和高素质人才的战略举措，更是富国强兵的基本渠道。

1. 军训教育的意义

首先，军训教育有利于培养和强化学生的爱国精神，军训中融合了国情教育和军队优良传统教育，不仅能够激发大学生保家卫国和建设祖国的热情，还能通过增强训练，增强学生的爱国主义精神，并激发学生为国奋斗的雄心壮志，从而树立报效国家的远大理想。

其次，军训教育有利于提高学生的国防观念，通过军训能够让学生深入了解军人保家卫国的意志，从而提高学生的社会责任感和时代使命感，最终认识到国家兴亡、匹夫有责的道理，树立起牢固的国防意识。军训教育能够提高学生对国家的认同感，并明晰国无防不立的道理，从而引导学生树立为国奉献的精神。

最后，军训教育能够提高学生的综合素质。军训通常具有统一、严格、有序的特征，需要时刻注重集体和纪律，同时还需要有良好的行动力和执行力。因此，军训教育可以有效培养学生良好的纪律观念和集体主义精神，并培养学生高效执行的作风，养成良好的生活习惯，在行动力和习惯方面会得到提升。另外，军训可以锤炼学生的身体和意志，所以可以有效提升学生的身体素质和心理素质，有助于学生树立正确的人生观、世界观和价值观。军训教育是集德智体美劳于一体的教育模式，是一种身体、心理、思想、作风、习惯上的综合训练，因此能够提高学生的综合素质，有利于改善学生的精神面貌和文化风貌。

2. 军训教育中的思想政治教育

军训教育既需要严格的军事训练，又需要相应的思想政治教育，最基本的思想教育就是激发学生的主动性和积极性，以保证军训活动的顺利完成，在军训过程中，可以从三个方面融入思想政治教育。

首先，将军训和国防、素质、社会需求、个人成才有机结合起来，进行广泛宣传，能够让学生体验军队优良传统的同时，提高其参加军训的积极性和主动性，从而自发锻炼自身的身体，磨炼意志，并自觉强化纪律观念，培养吃苦耐劳的革命精神，提升独立生活的能力和适应各种情形的能力。辅导员在军训教育过程中，要严以律己、以身作则，和学生打成一片，从训练现场去了解学生在军训中遇到的问题和困难，并通过思想动员引导学生解决问题、克服困难，鼓励学生用积极乐观的心态去对待军训，做好吃苦耐劳的准备，这样不仅可以提高学生的适应力，还能够帮助学生形成集体意识和纪律意识。

其次，辅导员可以在军训教育过程中，结合军训目标采取灵活多样的训练方式，将学习和训练相结合，让学生在潜移默化中形成军旅作风。比如，可以开展歌咏比赛、专题报告、文艺演出等活动，寓教于乐，在活动之中提高学生的国防观念和引导学生形成集体意识。再如，可以通过各种活动来引导学生产生集体荣誉感和竞争意识，并积极了解学生遇到的问题，借助活动来消除学生所产生的心理压力、消极紧张情绪与逃避心理，提高军训教育的成效。

最后，辅导员要通过各种活动引导学生进行军训总结，如通过发表感言、写军训日记等形式，强化学生对军训的认识，激发学生的社会责任感，还能够促使学生将军训中养成的良好习惯融入日后的学生生活和学习之中，从而提高学生的综合素质。

如今的军训教育模式同样受到了时代的冲击，但是军训的内容和形式依旧没有多少改变，学生的主动性和积极性不高，从而无法使军训成果的长效化。针对这种现状，军训教育需要运用现代手段来丰富内容和完善体系，如可以运用多媒体技术、网络技术来提高军训内容的直观性，这样不仅可以有效提高学生的参与兴趣，同时能够提高学生对军队生活的认识；另外还可以在传统的拉练、列队编队、射击、体能等训练的基础上，开展现代化军事训练，如进行案例分析来加深学生对现代战争特点和趋势的了解，在此过程中可以融入现代军事形势、军事技术的介绍，在提高学生国防意识的同时，加强危机感和紧迫感，促使学生更主动的学习。

（三）实践教育

实践教育是在学生高校学习生涯中开展的一系列实践活动，其目的是培养大学生的各种能力，促进和实现大学生全面发展，并引导大学生主动思考、探索和创新，在实践之中运用理论知识，从而促进学生对知识的理解和消化。实践教育既能提高学生的动手能力，也能够促进学生加强对社会的了解，形成完善的思想品德，实现全面发展。

1. 实践教育的作用

实践教育具有多方面的作用，不仅是培养学生正确的人生观、世界观、价值观的途径，还是学生深入学习和研究、深化理论和实践、提高知识运用能力的重要手段，更是促进学生理论结合实际、熟悉社会现状、提高业务水平和思想政治素质的主要形式。通过实践教育，可以培养学生的创新思维，提高学生的创新能力，并促使学生将理论知识转化为实践能力及智慧，能够强化学生对知识的理解和应用。因为实践教育的形式多样且和社会现状结合紧密，所以可以增强学生的社会责任感，提高学生对职业和竞争的适应力，是培养学生综合素质的重要渠道。

2. 实践教育的基本内容

实践教育的基本内容主要有三项。其一是营造实践教育的校园氛围，实践教育具有很强的综合性和系统性，因此需要有相应的氛围和环境。要实现这一点就需要大力建设校园文化，通过优良的校风建设、学风建设，引导整个校园氛围向实践教育所需的校园氛围靠拢。比如，加强高校的人文建设和环境建设，通过校报、校刊、校内网络平台等建设，提高学生对知识、文化、实践、能力的认识；通过形式多样的校内活动，提高学生的思想素质和业务水平，加强学生之间的交流沟通，并锻炼学生的团队协作能力，提高学生的团队意识。

其二是开展社会实践，需要高校构建完善的社会实践体系。首先，在校内可以开展学术活动、科技活动、讲座活动、竞赛活动等，促进大学生了解国情和社会，并通过参与活动反思自身的不足，加深学生对知识的理解和认识。其次，建立学生社会实践保障体系和育人长效机制，引导学生走出校门接触社会，并通过公益活动、勤工助学、生产实习、社会调查、专业实习等社会实践活动，培养爱国情怀、提升创新能力，促进学生更好地了解社会。最后，运用高校的社会资源建设一批社会实践基地，在学生寒暑假开展形式多样的活动，拓宽学生的实践渠道，提高社会实践的效能，令学生能够将理论和实践相结合，并在实际活动过程中获取更多的实用性知识，从而培养学生的社会责任感和使命感。

其三是进行创新、创业、创造教育，培养大学生的创新思维和创新能力。当今社会发展迅速，新技术、新手段层出不穷，大学生在学校所学的各种理论知识只有通过实践才能转化为自身的知识。通过社会实践活动，可以提高大学生的积累能力、分析能力、判断能力和解决问题的能力，增强大学生的创新意识和引领意识，培养学生的开创精神。

3. 实践教育的方法

实践教育最注重的是促进学生将理论和实际进行衔接和结合，因此实践教育最主要的方法就是理论和实际相融合。在进行实践教育过程中，不仅要强调对理论知识的学习和总结，还需要注重对理论的研究，注重结合实际问题进行分析和判断，从而在实际之中寻找理论应用节点，最终将理论知识运用于实践中。

另外，实践教育是贯穿人才培养全过程的教育，因此在教学过程中就需要结合实践。课堂教学是培养学生的第一阵地，辅导员需要通过课堂教学引入各类实践内容，加强学生对社会实践的兴趣；之后则需要通过社会实践的氛围和社会活动，发挥其渠道作用将两个阵地有机结合起来，提升学生的思考能力、分析能力和行动能力。

实践教育也需要因材施教，因为实践活动更具有个性化特征和主体性特征，不同的个体因为生活环境、行为准则、性格、思考问题的方式等的不同，在实践过程中也会有不同的处理手段和行为模式，因此实践教育需要有针对性地对学生进行引导。例如根据不同专业，开展不同的实践活动，将专业优势和社会实践进行结合；如通过对学生兴趣的挖掘，开展契合学生兴趣点的实践活动，不仅能提高学生参与度，还能够更有效地将枯燥的理论具象化，加强学生对理论知识的理解和转化。

（四）离校教育

任何学生的高校生涯都只是人生中的一个重要阶段，最终学生都需要离开高校的庇护，到社会中寻找自己的位置。学生在毕业之前所面临的最主要的事务就是就业、择业、创业的选择。离校教育就是为了能够引导学生恰到好处地处理就业、择业、创业之间的关系，真正寻找到自己在社会之中的位置，成为社会所需的优秀人才。离校教育是日常思想政治教育的重要环节，其主要目的是引导学生树立正确的价值观和择业观，帮助学生捋清个人与国家、个人与社会、个人与职业之间的关系，从而更加明晰自身的社会责任。

1. 离校教育的意义

离校教育是为了能够引导学生顺利适应社会，帮助学生认清国际形势、国内局势、政策态势、职业发展模式等，并通过对信息化时代、国际化发展、知识经济化等时代特性的分析，促使学生明白进入社会需要面对的挑战和机遇，从而挖掘自身的优势，明晰自身的不足，最终选择适合自身发展的社会职业和社会岗位。

另外，不同的职业具有不同的特性，通过有针对性的离校教育，可以帮助学生树立正确的职业道德，并了解期望进入的职业所需要的技能和发展形势，从而引导学生进行对应的职业规划；同时根据不同职业的特性，引导学生掌握有效的择业和就业技巧，加强学生进入社会之中的适应力，从而使其能够更从容地面对就业压力，最终找到称心如意的工作并逐步实现自己的人生价值。

2. 离校教育的主要内容

离校教育的主要内容体现在四个方向，首先是择业观教育，即辅导员通过举办讲座、辩论等活动，引导学生了解清楚择业与就业、创业的区别和联系，促进学生正确认识职业和人生的关系，并消除攀比、拜金、享乐、不劳而获等心理，帮助学生树立正确的择业观，提升学生的思想道德修养。

其次，开展职业道德教育来提升学生的思想道德修养，学生离开学校就会成为社会的公民，因此在教育过程中需要以公民道德和思想修养为基础，引导学生正确认识职业道德规范和公民道德之间的关系，促使学生培养爱岗敬业、诚实守信的良好品德，成为符合社会需求的优秀人才。

再次，通过能力素质教育来提升学生的职业技能和业务技能。不同的专业具有不同的特点，不同的学生也会有不同的职业期望，因此在进行能力素质教育过程中，需要根据学生的需求和专业的特点，通过校园文化活动和社会实践活动来提升学生相关的职业技能和业务技能，包括沟通能力、组织协调能力、管理能力、设计能力、创新能力、行动能力和研究能力等，最终促使大学生在学好专业知识和技能的同时，拓宽自己的视野并提高科学素质和人文素质，成为全面发展的综合性人才。

最后，通过就业指导来提高学生的择业能力。辅导员可以通过就业指导教育帮助学生了解国家和各地的相关就业政策及各种职业的发展特性和趋势，减少学生择业的困惑和盲目性。同时，可以开展各种模拟招聘，参加社会招聘会、个别辅导等活动，锤炼学生的择业技巧，引导学生树立正确的择业观，减少空想并增强择业信心。

3. 离校教育的主要方法

离校教育首先需要与形势政策教育相结合，在开展形势政策教育的同时进行择业观教育，可以让学生更清晰地认识国际形势和国内形势以及社会发展形势，从而了解经济发展趋势、政治局势和各地的就业政策，最终使学生择业时有更清晰的方向。

其次，离校教育需要与理想信念教育相结合，通过深入浅出的理想信念教育，能够引导学生树立正确的人生观、世界观和价值观，结合离校教育可以充分发挥理想信念教育的导向作用，从而引导学生树立理想和明晰志向，增强离校教育的效果，帮助学生更快地适应社会发展。

再次，离校教育需要和专业教育相结合，开展专业教育是为了让学生更加热爱自己所选的专业，并了解到专业的发展前景和社会需求形势，提高学生学习的主动性和自主性，从而构建更加合理的知识结构，获得更加扎实的专业基础，锤炼出更加实用的专业技能。结合离校教育能够让学生更加清楚专业的优势和发展情况，从而产生正确的择业观，并根据专业特性自主进行创新发展。

最后，高校教育需要和社会实践教育相结合。社会实践教育的目的就是让学生能够了解社会、接触社会并联系实际，在此过程中开展离校教育，能够让学生更清晰地认识到自身的不足和优势，从而更准确地认识自己，并有针对性地采取措施来完善自身，最终为步入社会和适应社会打下基础。

第二节 辅导师·学生心理健康教育

进入 21 世纪，互联网技术的快速发展推动着社会向多元化模式发展，相应的大学生的人生观、价值观、世界观、思维模式、生活方式等也开始体现出多元化特性。这样的形势下，学生也开始体现出多样化的心理状态，这就需要辅导员不仅要有较强的思想政治教育能力，还需要具备较强的心理辅导能力。心理辅导并非心理咨询和心理治疗，而是以促进学生完善人格和全面发展为目标。

一、心理健康教育的内涵

心理健康教育是学校解决学生心理健康问题的具体体现，也是素质教育中不可或缺的重要部分。辅导员对学生的心理健康教育是指根据学生的身心发展特点，主要运用心理辅导的手段，通过多种途径来提高学生心理健康水平和心理素质，培养学生良好的性格品质，最终促进学生身心和谐发展的教育活动。

（一）心理健康教育的目的

《中共中央国务院关于深化教育改革全面推进素质教育的决定》中明确指出了心理健康教育的目的："针对新形势下青少年成长的特点，加强学生的心理健康教育，培养学生坚韧不拔的意志、艰苦奋斗的精神，增强青少年适应社会生活的能力。"心理健康教育是学生素质教育中必不可少的一部分，主要目的就是通过系统的培养，提高学生的心理机能，充分发挥学生的心理潜能，促使学生具备良好的心理素质，从而保证其心理健康和个性化发展。

（二）心理健康教育的任务

高校学生的心理健康教育是一个系统化工程，2001 年教育部颁布的《关于加强普通高等学校大学生心理健康教育工作的意见》中明确指出了心理健康教育的主要任务："根据大学生的心理特点，有针对性地讲授心理健康知识，开展辅导或咨询活动，帮助大学生树立心理健康意识，优化心理品质，增强心理调适能力和社会生活的适应能力，预防和缓解心理问题。帮助他们处理好环境适应、自我管理、学习成才、人际交往、交友恋爱、求职择业、人格发展和情绪调节等方面的困惑，提高健康水平，促进德智体美等全面发展。"

综合来看，心理健康教育的任务主要为两方面内容，其一是通过心理健康教育优化学生的心理素质，促进学生全面发展，通过对学生各种品质的培养，令学生在认知、情绪、意志、个性、行为、思维等方面能够适应社会发展需求；其二则是针对心理问题，给予其有效的心理辅导帮助，疏导心理症结、预防心理疾病。

（三）心理健康教育的主要内容

心理健康教育的内容是心理健康教育任务的具体化和细化，2001年教育部颁布的《关于加强普通高等学校大学生心理健康教育工作的意见》中指出，高等学校大学生心理健康教育工作的主要内容是"宣传普及心理健康知识，使大学生认识自身，了解心理健康对成才的重要意义，树立心理健康意识；介绍增进心理健康的途径，使大学生掌握科学、有效的学习方法，养成良好的学习习惯，自觉地开发智力潜能，培养创新精神和实践能力；传授心理调适的方法，使大学生学会自我心理调适，有效消除心理困惑，自觉培养坚韧不拔的意志品质和艰苦奋斗的精神，提高承受和应对挫折的能力，以及社会生活的适应能力；解析心理异常现象，使大学生了解常见心理问题产生的原因及主要表现，以科学的态度对待各种心理问题"。

大学生的心理健康教育是一个动态发展的教育活动，需要随着社会的发展有针对性地进行调整，同时需要挖掘学生的自我调节的心理潜能，并根据不同学生的个性化表现，有针对性地解决学生的心理问题，优化学生的心理素质，保障学生的心理健康。

（四）心理辅导师的含义

辅导员的工作伴随着大学生的生活、学习、活动、工作等整个学生生涯，辅导员与大学生的交流更多，也更加深入，辅导员能够更好地把握学生的心理状态，因此辅导员不仅是学生思想政治教育的中坚力量，同时还是学生的心理辅导师。

辅导师就是向需要帮助的人提供服务与帮助的引导者和辅助者，心理辅导师就是指辅导员需要借助自身的专业知识和专业技能，依靠对校园文化的了解和对学生的了解，给予学生恰当的心理协助和服务，帮助学生正确认识自我、接纳自我、欣赏自我，并确立学习目标和提升方向，克服成长路上的各种障碍，最终实现挖掘个人潜能并全面发展的目标。

二、影响大学生心理健康的因素和心理问题的表现形式

（一）影响大学生心理健康的因素

影响学生心理健康的因素不仅包括学生个体自身的心理素质，还包括外界环境因素。主要体现在生物及遗传因素、家庭因素和社会因素三个层面。

1. 生物及遗传因素

生物及遗传因素属于生理层面对心理的影响，属于较为客观的影响因素。包括遗传影响、病毒或病菌感染影响、脑外伤或中毒影响、生理机能障碍或生理疾病影响。

首先是遗传因素的影响。任何人所具备的机体构造、形态、感官情况、神经类型等都是从父母处遗传而来，所以会成为与生俱来的生理特性，这些生理特性会为人提供身心发展的物质基础，同时也会在一定程度上制约身心发展的方向和水平。尤其是智力、神经过程的特点受到遗传因素影响更大。例如，神经活动类型是弱型的人就很容易存在多疑、胆小、怯弱等消极行为特征，如果无法及时引导并教育，就很容易出现悲观、忧郁、沮丧等不良心理表现。

其次是病毒或病菌感染的影响，有些会感染中枢神经系统的病毒或病菌，如流行性脑炎、斑疹伤寒等，会直接损害神经组织的结构，最终导致器质性的心理障碍，这些病毒或病菌会抑制心理健康发展，从而产生极为严重的心理疾病和生理疾病。

再次是脑外伤或中毒的影响，当人的脑部遭受脑震荡或脑挫伤时，就有可能因为脑损伤导致脑部的某些功能缺失，从而引发意识障碍、人格改变等心理问题；而有些化学物质侵入人体后也会如病毒一般损害人的中枢神经系统，从而导致人出现心理疾病，如食物中毒、煤气中毒等。

最后是生理机能障碍或生理疾病的影响，有时人的生理性疾病，如内分泌机能障碍中的甲状腺机能混乱或亢进，会导致心理异常，使人情绪冲动、自制力减弱、敏感易怒等；肾上腺素分泌过多，则容易引发躁狂症，同样属于一种非常明显的由生理疾病引起的心理异常。

2. 家庭因素

人对世界的认识往往都是从家庭环境开始的，并受到家长言行举止的极

大影响。俗话说，父母是孩子的第一任老师，其代表的就是家庭环境对人的成长具有深远的影响。虽然绝大多数大学生是远离父母和家乡去求学，但家庭环境的影响却依旧非常牢固，血缘关系、感情维系、经济联系、家庭状况等都会对学生的心理产生影响。

　　家庭环境之中影响大学生心理状态的因素有四类，即家庭情绪氛围、父母教养态度、家庭结构状态、家庭经济情况等。其中，家庭情绪氛围是形成学生良好心理素质的环境前提，尤其是家庭成员之间的人际氛围和交流模式会直接影响学生的心理；父母的教养态度会通过教育方法直接体现出来，并会直接影响学生的行为和心理，如父母在教育孩子时吼叫，孩子在和其他人交流时也会习惯性吼叫，表现会更加急躁；家庭结构状态指的是家庭是否和睦、完整，父母关系不和睦或离婚造成父母分开的家庭，很容易使孩子长期处于应激状态或警觉状态，容易造成孩子心理上的残缺感和不安全感，最终会引发孩子多疑、自卑、敏感等心理问题；家庭经济情况若特别困难，也很容易令孩子在心理上产生不适感。可见家庭环境对学生心理的影响是深远且长久的，在家庭环境中，有些方式或环境会对孩子的心理造成负面的影响，主要体现在以下四个方面。

　　首先，不恰当的教育方式。通常情况下，大学生的人生观、世界观和价值观的形成是以孩童时期的思想和观念为基础的。当今中国的教育从整体上看依旧是重视智力教育而轻视心理教育，家庭教育同样如此，从而很容易忽略对孩子健康人格的培养；大部分家长对孩子的成才期望过高，很容易给孩子带来极大的心理压力；另外家长对孩子的监督和约束过于严格，在很大程度上限制了孩子的心理自由，容易让孩子产生强烈的抵触情绪，很容易对学生的心理健康造成不良影响。

　　从教育方式来看，有些家长通常会运用简单粗暴的家长制手段实现对孩子的教育，长久下去容易令孩子敏感多疑且自卑易怒；而有些家长虽然会为孩子倾注大量心血，但在学习督促方面却过于严格，甚至会对孩子逼迫过重，不仅和孩子缺乏沟通，还容易令孩子没有独立自主的决策能力。以上这些教育方式很容易对孩子的心理造成影响，尤其当父母对孩子的期望、爱变成一种负担和束缚后，更会成为学生的心理枷锁，即使进入大学开始独立地学习和生活，他们也依旧会受到这种心理枷锁的影响。

　　其次，被忽视的家庭心理教育。绝大多数一直生活在父母身边的学生会受到父母教育方式的影响，从而在进入大学后独立生活时，会出现特定的心理状况。尤其是绝大多数父母在孩子进入大学之后，会将更多的精力转移到提供经济支持方面，容易忽略对孩子的家庭心理教育，缺乏沟通和交流，就容易造成学生的心理出现偏颇。家庭教育是一个持续的过程，虽然进入大学阶段的学生多数已经成年，但相对而言，他们的心理状态尚处于稚嫩和迷茫阶段，适当的家庭心理教育不仅能够给予学生心理上的支持，同时还能为学生的心理健康成长铺平道路。最好的方式就是配合学校和社会，学习新的教育观念并了解大学生的心理特点，有针对性地进行适当的心理疏导和心理调节，来确保学生保持健康的心理状态。

比如，作为父母需要从自身的认知进行改变。进入大学的孩子处于青少年到青年过渡的阶段，但其心理年龄却明显不够成熟，学生会把自身当孩子看待，对父母依赖性大，同时其又处在身份和角色过渡期，在潜意识中渴望摆脱这种依赖和束缚，最终学会自主自立。在这样的情况下，父母需要明晰进入大学的孩子所处的心理状态，并配合学校进行适当的引导，如辅导员可以和家长进行交流沟通，深入了解学生情况，通过学校和家庭共同努力来做好学生心理疏导，保证学生完美度过心理过渡期。

再次，注重学生的心理"断奶"。人的整个成长阶段中，有两次断奶期，一次是幼儿时期的生理断奶，通常会在一岁左右；第二次则是青春期的心理"断奶"期，通常会在初中阶段。在青春期的孩子之所以会出现逆反心理和叛逆行为，是因为此阶段他们的身体发育进入了关键阶段，另外也开始进入心理自主成长期，期望摆脱父母的管制，期望拥有属于自己的空间，这时父母需要把握好尺度，确保孩子没有不良习惯，注意培养孩子的独立意识，让孩子能够顺利渡过心理"断奶"期。但现实生活中，绝大多数家长在此阶段并不会注重孩子的心理变化，而只关注孩子的学习情况，这就很容易令孩子无法产生独立意识，并依靠父母的庇护一直持续到大学乃至走到社会。

很多大学生即使进入学校，也依旧处于心理"断奶"期，针对这一问题就需要家庭和学校共同努力。首先，需要家长勇于放手，要知道无法独立直面风雨的小树永远不会成才，只有家长敢于放手，让学生独立承担风雨、困难和相对应的责任，才能够让学生拥有自我成长的空间并快速度过心理"断奶"期。其次，辅导员需要及时引导学生积极锻炼自身的能力，在学生遭遇困难或挫折时，通过辅助的方式来促使学生独自度过，只有经历过挫折和困难，才能够真正意义上获得成长。

最后，注意家庭经济状况造成的心理影响。通常家庭经济困难的大学生进入高校，不仅有经济上的困难，还会有极大的心理负担。因为经济原因，他们需要节衣缩食，必然会缺少和其他学生的人际交往，毕竟如果连自身基本的生活都无法保障，也就无法敞开心扉与人交往。同时，家庭经济困难的学生与过着衣食无忧生活的同学相比，难免会产生较大的心理落差，甚至会出现自卑情绪。所以说，经济状况通常也会对学生的心理产生影响。

因为家庭经济困难，所以学生也容易心理敏感，尤其有些学生可能在以前遭受过他人的嘲笑，从而导致心理受挫、自尊心受伤，很容易出现自卑心理。自尊心受到过伤害，就很容易过度自尊，这就容易造成学生无法正视家庭的经济困难，甚至不想接受他人的善意帮助。因此，辅导员需要及时关注经济困难学生的心理状况，并通过适当的交心和引导，让学生明晰真正的自尊源自内心而非外界条件，从而摆脱心理的自卑和压抑。

3. 社会因素

对大学生心理健康产生影响的社会因素主要包括政治、经济、文化、社会关系、技术发展等各个层面，其不仅会影响个人，同样还会对整个社会的发展产生影响。随着改革开放的快速推进和互联网时代的来临，中国的社会文化也进入了转型阶段，全球化影响下人们的各种观念都受到了巨大的冲击，这种社会转型对大学生的心理也产生了一定的影响，主要体现在两个方面。

一方面是社会文化多元性产生的冲击和影响，当代大学生处在世界各国文化交汇且各种价值观冲突的时代，世界经济一体化进程的加速，促使着社会的经济、文化乃至政治都在向微观多元化层面发展。学生异常敏感，即使他们对国际大势了解不深，也能够敏锐地感受到来自社会的各种变化和冲击，而且因为他们思维开放，所以更容易接受多样化的观念，不会被单一的价值观束缚。但相应的，社会文化的多元化转变也容易对大学生产生某些负面影响。比如，大学生在社会的变化和各种观念的冲击中，会产生极为强烈的思想波动，虽然他们接受变化，也乐于变化，但不同的文化背景和不同的价值观念会形成巨大的矛盾冲突，从而会令大学生感到非常迷茫；另外，社会多元化发展，也容易造成大学生缺失集体主义价值观，容易形成以自我为中心的价值观念。

另一方面则体现在社会环境的竞争性产生的影响，如今学生从高校毕业后完全需要自主择业，面对竞争激烈的社会人才市场，一部分学生会感到非常难以适应。而随着知识经济时代来临，互联网技术的快速发展使人们的生活高度现代化和网络化，但同时也产生了更加残酷的竞争：社会人才需求市场中机会众多，竞争同一个机会的对手也众多。尤其多数大学生并未经历过如此惨烈的竞争，如适者生存、竞争择业、不适者淘汰等，这一切都会令学生产生无所适从感，同时带来的心理问题有烦躁、脆弱、迷茫、压力等。

（二）大学生普遍存在的心理问题

心理问题就是因为心理因素造成的心理和行为有所异常的情形，相对而言，心理方面的正常和不正常并没有一个明显的界限，通常人的心理和行为是逐渐变化的过程，有一个量变的积累，最终积压到一定程度才会产生质变，从而形成明显的心理疾病。从此角度来看，现实生活中的任何人都存在一定程度的心理问题，或者称为心理困扰，只是程度有所不同。大学生普遍的存在的心理困扰体现在以下几方面。

1. 学业问题

学业方面的问题是形成大学生心理困扰的主要因素，表现较为明显的是四个内容。首先，学习目的不明确。在中学时代学生的生活中心和目标都非常明确，是家庭和社会给予的目标，即考上大学。当学生从中学一跃成为大学生之后，明确的目标已经实现，宛如船终于到了码头，多年的愿望已实现，大学是一个新的开始，但学生的新目标却尚未树立，就很容易出现迷茫困惑的心理状态。这种学习目的不明确的状态，就容易造成学生无所适从，甚至不知道来到大学究竟是为什么、需要做什么，甚至会发现大学仿佛不像想象中美好，从而产生失落、痛苦、失望等情绪。

其次，学习动力不足。多数大学生虽然对社会人才市场的竞争有所了解，内心也存在一定的危机感，但真正在学校进行学习时，却总提不起精神，甚至很多学生学习就是为了参加考试。学生之所以学习的动力不足，很大程度上是因为大学课程内容深、难度大；因为学生没有明确的学习目标，不知道为什么学习这些知识；因为学生在选择高校和专业时，本就对专业没有进行深入的了解，进入高校后才发现根本无法对所学专业提起兴趣，或者对所学专业的前途感到迷茫和困惑等。学习动力不足的情况下，学生就很容易积压越来越大的学习压力，甚至会产生厌学、考试焦虑、沉迷放松的心理。

再次，学习成绩不理想。这里指的是学习困难所造成的成绩不佳，虽然这类学生在整个学生群体中占比不大，但他们的负面情绪和心理状态对其成长和成才是非常不利的。之所以会出现这种情况，很大程度是因为学生在中学时通过努力学习成为佼佼者，但进入大学后成了普通一员，同时心理承受力较差、自制力较弱，突然放松之后无法集中精力学习，从而开始放任自己；还有一部分则是努力学习却成绩不理想，所以感到学校的氛围极为压抑，甚至会引发自卑心理和自弃心理。

最后，学习的动机过于功利化。从家庭环境到社会环境，市场经济的发展和变化一直在潜移默化地影响着学生的心理发展，这很容易造成学生的学习动机过于功利化，如选择课程时会根据市场需求和动向选择市场热门课程或高收入课程，而基础课程和专业理论课程却很少有人问津。这种学习动机功利化造成学生的学习心理严重失衡，甚至不再将学习知识视为学习目标，而是根据市场需求确定学习方向。

2. 情绪问题

在高校中稳定良好的情绪是学生健康成长和成才的重要因素，但相对来说，如今大学生受到社会多元化发展的影响，心理压力极大，很容易出现情绪不稳定，甚至负面情绪高于正面情绪的情况，最终出现严重的心理问题。主要的情绪问题体现在以下三个方面。

首先是焦虑情绪。焦虑情绪主要源于学生自身，表现最为明显的就是考试焦虑和自我焦虑。考试焦虑情绪是由多年学习准备后参与的高考引起的，尤其是初入高校的学生在第一学期考试失败之后，多年来的考试压力和失败会带给学生非常大的焦虑感，有些学生因为担心考试再次失败，甚至会夜不能寐且无法自我调节；自我焦虑情绪则源自学生自我，大学生进入高校后正式进入青年期，此阶段的学生会更加关注自身在其他人心目中的形象，包括外在形象和内在形象，当某一方面的形象无法达到预期时就很容易产生各种各样的焦虑。另外，学生会对家庭环境和社会环境更加敏感，甚至会因为个性化特征、家庭条件等和他人不同，产生一定的焦虑感。

其次是心情抑郁。大学生进入高校之后，所有生活、学习、活动、工作等都需要依靠自己，这本身就会带给大学生极大的心理压力，当学生在各种活动之中遭遇挫折和困难，如家庭关系差、考试失败、失恋、交际不当、家庭经济状况差、不适应学校生活等，都容易令心理承受力不强的学生产生抑郁情绪。一些大学生因为适应能力较差，无法看到高校学习的前途和出路，很容易自信心不足，对未来感受迷茫从而心情苦闷，甚至失去学习兴趣等。

最后是情绪失衡。大学生多数处在青少年到青年的过渡期，本身就处于社会情感丰富和敏感时期，具有很强的不稳定性，外在表现主要是情绪波动较大，喜怒无常，可能会因一点小成功而沾沾自喜，也可能因一点小失败而一蹶不振。也就是说，大学生所处的年龄阶段本身对情绪的控制能力就较弱，当情绪波动较大或负面情绪较大时，很容易出现情绪失衡的现象，从而导致学生出现心理失衡。

3. 人际关系问题

绝大多数大学生在中学时代的生活范围非常狭窄，仅局限于学校和家庭之间，其交往的对象也仅仅是父母亲戚、学校老师和同窗好友，而且属于较为被动的交往，如因为成为同窗所以交往。但进入大学之后，首先同学来自五湖四海，地域的差异、文化的差异以及家庭环境的差异会让同学之间差异巨大，其次师生之间的关系也不会像中学那么密切。这种现状使大学生的人际关系和中学明显不同，每个人都需要进行独立的社会交往，而且交往的模式更加开放，再加上学校之中的各种社团、实践活动和多样的学习模式，会令大学生处于新的人际关系之中，这就对学生的交际能力提出了更高的要求。

在大学阶段，学生会以独立个体的身份建立属于自己的社会交际圈，虽然学生会尝试以成人式的交际模式来进行人际交往，并通过交际对自身的社交能力做出评价和改进，以便为将来步入社会打下坚实的交际基础，但有相当一部分学生因为从中学就形成了以自我为中心的交际模式，且原有的交际具有很强的封闭性，所以在建立人际关系的过程中会遭受极大的挫折，甚至会因为交际的不顺畅而自我否定。这样就会令学生陷入交际的焦虑和苦闷之中，但又无法找到合适的解决办法，最终产生心理问题。

另外，不同的学生的经历有所不同，因此形成的交际习惯也有所不同，自然感受也会有所不同，如有的学生对各种关系的建立都感到极不适应；有的学生从未离开父母，一直在亲人呵护下成长，所以无法真正做到关心他人，从而无法获得深层的社会交往关系；有的学生交流能力有限，虽然渴望得到他人认可，却在交流沟通过程中无法达到良好的效果，从而对社交关系产生心理困惑；有的学生缺乏在公共场合表达自己的勇气和能力，虽然期望参加活动但却担心失败，从而不断陷入挣扎之中，最终无所适从，乃至毫无课外活动的经验和经历，陷入孤独寂寞之中无法自拔。

还有一个大学生在社会交往中较为严重的障碍就是与异性的交往障碍，通常表现在不知如何和异性交往以及和异性交往困难等方面。通常情况下，学生在中学阶段主要关注的是学业和升学，因此很少会与异性进行交往，而进入大学之后，活动更加丰富，接触的人更多，与同龄异性之间的交往机会明显增多，同时与异性交往的意愿也会越来越强烈。但同时大学生又缺乏与异性交往的经验，虽然期望与异性交往但又无从着手，因而十分迷茫，甚至感到压抑。另外则是恋爱中的学生，虽然爱情很美好，但毕竟恋爱的是两个独立的个体，彼此之间有很大的不同，如果在相处过程中缺乏两性相处的恰当方法，也没有两性之间的合适的沟通方式，就容易在感情上受挫，最终带来一系列心理问题。

4. 适应问题

从小学到中学，学生多数会处在一个相对稳定、变化较少的学习环境和生活环境之中，因为交际范围较窄、遭遇的挫折较少，所以情绪和心理上更加稳定，但适应力相应较差。学生从中学升入大学后，不仅其生理上会进入青年期，大部分还会远离父母，面对一个新的环境、新的生活，这种突如其来的变化很容易使学生由于无法寄托感情而产生孤寂感、由于现实差距而产生失落感，由于目标缺失而产生空虚感，由于能力欠缺而产生否定感等，这都是因为无法快速适应大学生活所产生的心理变化和问题。

另外，如今的家庭多数注重孩子的学习，缺乏对孩子心理的引导和关注，因此也造成很多学生生活能力差、自理能力弱。这些学生进入大学之后，猛然间面对需要独自处理自己的事情的生活模式，更容易出现不适应的现象。很多家长都知道如今社会竞争激烈，因此为了让孩子能够更专心地学习和提升，并不会向孩子普及社会情况和人才市场竞争状况，这就造成很多学生面对竞争激烈的人才市场时无所适从，心理准备和思想准备都有所不足，遭遇这类困难时就会期望寻求家庭的帮助，无法自行处理。

此外，大学生多数没有足够的对抗挫折的心理承受力，尤其是随着社会的发展和经济的不断进步，家庭物质条件越来越好，家庭中兄弟姐妹减少，很多大学生从小到大都是被宠着长大的，遇到困难或挫折都有父母帮助处理。然而进入大学之后，所有生活事务都需要自己处理，当遇到学业、生活、感情、交际等各方面的困难和挫折时，因为大学生没有这类经历或很少有独立面对挫折的经历，心理承受力极差，如怀疑自己乃至怀疑人生、只听顺耳话不听真心话，对他人依赖心强等，没有独立生活的能力和面对挫折的勇气。

5. 性心理问题

大学生进入高校时恰逢步入青年期，其生理方面最主要的特征就是性生理已发育成熟，但由于中国性教育的严重缺失，很多学生在面对自身性生理成熟所引起的心理变化时无所适从，尤其是容易对异性产生好感，从而出现性幻想和性冲动，但性教育缺失造成很多学生无法正确认识自身的性反应，从而在心理上出现困扰，长此以往就会出现心理问题。

6. 网络依赖问题

进入 21 世纪以来，互联网技术进入快速发展时期，随之而来的是各种电子产品的快速发展，这些电子产品的普及给人类的生活带来了巨大的便利和变化，令人类的生活更加丰富多彩，但相应地产生的负面影响也非常大，尤其是网络依赖问题，成了现今一些大学生学习生活中的大问题，对大学生的身心健康造成了很大危害。

网络依赖问题主要体现在三个方面，其一是手机依赖，如今的智能手机功能强大，内容繁多，各式各样的 App 和小程序层出不穷，这也令一部分大学生形成了对手机的依赖，他们对手机非常敏感，平时恨不得将手机一直攥在手里，时不时就会拿出来查看，甚至一会儿不看手机就会觉得难受，如果打破这种规律就会产生焦虑、不适应的情绪。对于这些学生而言，手机仿佛成了他们生活的中心，离开手机后情绪就会出现极大的波动，要么情绪低落，要么烦躁不安。

其二是电脑依赖，人和电脑之间是类似于人发布命令、电脑言听计从的模式，这样学生很难形成良好的人际关系，因为在和他人交流沟通时很容易遵循与操作电脑类似的命令形式，从而无法理解他人，完全以自我为中心。长此以往，学生在和他人交流沟通时就容易感觉任何事都不顺畅，从而内心烦躁，产生心理障碍。

其三是虚幻依赖，互联网带给人的变化史无前例，尤其是网络世界是一个完全虚幻的世界，与现实生活截然不同，因此在网络世界进行各种交流时，任何人都可以创造一个虚幻的理想形象，从而很容易陷入这种虚幻的生活之中无法自拔。对虚幻依赖的学生会长时间流连于网络，并感觉所有的乐趣都需要从网络中寻找，从而难以自控，甚至严重影响日常学习生活。

综合而言，网络依赖的现象形成的主要原因是网络世界的虚幻性，形成网络依赖的学生会感觉网络世界才是真正的，网络之中拥有层出不穷的新鲜事物、游戏等，最终无法脱离网络，仿佛被网络控制。当在日常处理事务时，因为现实和虚幻的巨大差距，很容易令学生感到难以适应，甚至会对现实生活产生厌烦感。

三、辅导员作为心理辅导师需具备的素质

社会的多元化发展使大学生心理问题呈现出普遍性、复杂性、差异化、时代性和不稳定性等特点，且大学生出现这些心理问题的源头和表现形式也会有所不同，甚至会随着大学生的成长出现变化。作为学生心理辅导师的辅导员，必须具备相应的心理辅导能力和素质才能够胜任这份工作。

（一）角色意识

辅导员要想成为一名合格的心理辅导师，首先就需要对心理辅导有明确的定位。高校的心理辅导并非心理治疗，也并不是心理安慰和说服教育，而是以促进大学生更好地适应高校生活和学习状态为目标的。对学生进行心理辅导并非恢复大学生的心理状态原貌，而是通过良好的咨询关系的建立，在彼此尊重、信任的基础上运用心理咨询技术引导学生认识自我、认识现实，从而减少大学生容易出现的心理困扰，包括各种痛苦、焦虑、无所适从等情绪。

其次，辅导员需要明确心理辅导师的角色定位，明白其第一角色定位依旧是辅导员，并非专业的心理咨询师，因此辅导员在对学生进行心理辅导时，只需要能够洞悉学生的正常心理状态和非正常心理状态，并通过引导开展初步的心理辅导即可。通俗来说就是辅导员的心理辅导师角色是发现学生的非健康心理并适当进行疏导，而不是扭转学生的心理。

再次，辅导员需要明确心理辅导和思想政治教育之间的关系，辅导员的心理辅导工作是建立在思想政治教育基础之上的，而并非专业性的心理咨询和心理治疗。辅导员可以将心理辅导技术运用到日常思想政治教育之中，通过日常思想政治教育来引导学生树立正确的人生观、世界观和价值观，促使学生培养公民道德和个人道德修养，减少学生因为认识偏差造成的心理困扰，避免学生思想政治的发展出现扭曲和偏离轨道。

最后，辅导员需要认识到如今大学生的多样化特征和时代特性，即大学生的思维状态和心理状况非常复杂，并具有极大的差异性，同时也具有很强的自尊心，绝大多数大学生不愿意和他人探讨自身存在的心理困惑，因此也就容易积累心理困惑，最终发展成心理问题。辅导员需要明晰大学生的心理特性，根据不同大学生的状态，时刻关注其心理状况，洞察大学生心理上的细微变化并及时进行引导。

（二）出色的洞察力

洞察力指的是深入了解事物和问题的能力。辅导员作为学生的心理辅导师，必须具备出色的洞察力才能够见微知著，及时发现学生的心理困惑和心理变化，这样才有机会运用心理辅导技术引导学生化解心理症结。尤其是当今大学生的思想观念、价值观念、生活方式等都呈现多元化发展趋势，大学生的心理困惑也呈现了多样化和差异化的特性，辅导员只有具备出色的洞察力，才能够在关注学生的生活、学习、活动过程中及时发现学生的问题，并抽丝剥茧，发现学生的心理困惑。

另外，辅导员虽然并非专业的心理咨询师，但在为学生进行心理辅导的过程中也容易吸收过多负面情绪，而且辅导员也容易因角色定位冲突和职业发展瓶颈等问题产生负面的心理困扰。因此，辅导员只有拥有出色的洞察力，才能够保证及时洞悉自身情况，并及时进行积极的心理调适，如果发现自身的心理状态影响到了工作，要及时找专业人士进行心理疏导和调控，保证自身身心健康。

（三）对应的心理学知识

进行心理辅导工作，对辅导员的个人素养有较高的要求，需要其掌握各种知识，尤其需要具备相应的心理学知识。

首先，辅导员需要具备社会学、教育学、哲学、管理学和心理学的基础知识，并将这些知识融合吸收，明晰心理学是研究人心理现象的发生、发展规律的一门科学。辅导员需要掌握全面的基本知识去分析学生情况，并寻找引发心理困扰的根源和规律，更好地为学生提供心理辅导。

其次，辅导员在掌握全面的心理学基础理论知识的基础上，还需要掌握各种与大学生心理健康联系比较紧密的分支学科的知识，包括发展心理学、社会心理学、人格心理学、变态心理学、犯罪心理学、精神病学等知识，并重点掌握一些相关的心理学常用知识，如近因效应、晕轮效应、首因效应等，以便在进行心理辅导过程中乃至日常思想政治教育过程中运用。

再次，辅导员还需要总结和完善自己的方法，把握大学生的思维状态、自我意识、情绪情感、兴趣发展、个体倾向等情况，并认识到其中存在的个体差异性，根据不同学生对事物的反应情况，有针对性地对不同学生出现的心理困扰进行辅导。

最后，需要通过对大学生的交往心理、学习心理、集体心理、思维模式等特征的了解，运用心理学的知识引导大学生的心理变化，并对大学生常见的心理困扰和心理问题有基本的认识，做出基本分类，有针对性地寻找正确的疏导方式，促使大学生通过自身的能力来解决自己的心理困扰和问题。

（四）心理辅导技能

辅导员的心理辅导技能主要体现在以下两个方面。

1. 建立良好的辅导关系

辅导员需要和大学生建立起良好的辅导关系，需要形成一种相互尊重、相互理解、彼此接纳、支流互动并真诚相待的人际关系，这是心理辅导的基础与核心。辅导员能够完成学生的心理疏导，辅导关系是主要因素。辅导员对学生进行心理辅导的过程中，辅导关系的建立是根本，具体的疏导技术则属于手段。

辅导员之所以需要和学生建立起良好的辅导关系，是因为两方面的原因，其一是心理辅导采取的各种帮助学生的措施必须建立在良好的辅导关系之上，拥有良好的辅导关系学生才会降低戒备心理并提高信任感，从而减少辅导员引导学生表达内心和观念时的抵抗情绪，有利于辅导员快速洞察学生的困扰和问题，从而进行解释和疏导；其二则是良好的辅导关系可以帮助学生建立情感宣泄渠道，不仅能够让学生尽快打开心扉，减少心理伪装，释放心理压力，还能够通过宣泄提高学生的自信心，从而引导学生培养正确的自我评价能力。

建立良好的辅导关系，需要辅导员做到尊重、热情、共情、真诚、积极关注等。尊重就需要辅导员和大学生要平等相处、以礼相待，并不卑不亢地进行友好交流；热情则需要辅导员从内心深处关心学生的心理需求，并对学生心理辅导工作有稳定而深厚的情感；共情需要辅导员从学生的角度思考问题，并通过结合学生的个体情况，设身处地感受学生的内心情绪，从而产生共同的情感，以便更轻松地引导学生；真诚就需要辅导员能够不掩饰自身，勇于将自身的缺陷暴露来表现和学生的真诚相待，有助于学生更快地打开心扉并倾诉情感；积极关注是一种对学生共情和尊重的态度，辅导员需要积极关注学生的各种言行，并挖掘学生的特性来实现顺畅的交流。

2. 掌握心理咨询技巧

大学生心理辅导属于咨询心理学的一个重要分支，只是研究对象主要是学生。在对学生进行心理咨询过程中，不仅需要建立良好的辅导关系，还需要运用一定的技巧，从而减少学生与辅导员之间的隔阂，便于辅导员与学生之间的沟通交流，有利于辅导员深入学生内心了解其潜在的观念和心理困扰，最终给予更具针对性的帮助和疏导。大学生心理辅导简单来说就是建立咨询关系，然后运用心理学技巧协助大学生解决自身心理问题的过程。掌握心理咨询技巧具体可以从以下几个角度进行。

首先，明晰心理咨询的理论学派并熟练掌握至少一种心理咨询理论学派的知识。心理咨询的理论学派分为现实治疗理论、沟通分析理论、理性情绪治疗学派、精神分析学派、行为治疗学派、人本主义学派、森田疗法学派等多种，其最终目的都是为了协助学生解决心理困惑。辅导员需要选定一个学派或数个学派进行深入研究，以便为学生提供更好的服务。

其次，选择理论学派后，需要明晰相应学派特定的心理咨询方法和技巧。例如，精神分析学派是以弗洛伊德的精神分析理论为基础，通过交流技巧和引导方法，探查深层心理，从而找到潜在的欲望和动机，真正了解到心理困扰出现的根源，然后根据此根源协助学生对自我进行深入剖析，在剖析过程中帮助学生解除心理的过分防御，从而帮助学生进行自我调节，包括调整心理结构、消除内心症结、疏解心理压力等，最终促进学生的人格发展并提高学生的心理适应能力和调节能力。

再次，需要辅导员在学习相应技巧和方法的基础上进行适当的实践，可以在日常思想政治教育的过程中锤炼技巧，可以挖掘自身存在的各种心理困扰和心理问题，运用方法和技巧积极进行自我调适，也可以在遭遇瓶颈时向专业心理咨询师寻求帮助，并通过彼此的沟通提高对心理咨询的方法和技巧的掌握程度。

最后，辅导员作为辅导员，并非专业的心理咨询师，对学生进行心理辅导时，要做好职责定位、能力定位。一方面，辅导员要清楚自己只能帮学生疏导心理困扰和心理问题，以及引导学生因心理问题引发的行为重归正轨，而且辅导员要对学生有足够的信心，要相信学生自身有能力解决和疏解自己的心理问题，辅导员只是辅助角色；另一方面，辅导员在进行心理辅导过程中要有自知之明，毕竟自己不是专业的心理咨询师，不能解决所有的心理问题，对于一些超出自身能力范围或无法确认的心理问题，辅导员需要及时向专业心理咨询师进行验证，或将学生及时转接到专业心理咨询中心或机构，以便让更加专业的人士解决更专业的问题。

（五）自我调适能力

辅导员想做好学生的心理辅导师，首要任务就是确保自身能够快速自我调适并解决自身的心理困扰和问题。随着改革开放进程进一步加快，社会环境的急剧变化，辅导员的工作环境更加复杂，工作任务也更加繁重，然而很多人对辅导员的工作的误解依旧很深，其中不仅包括家人的不理解，还包括学校领导以及学生的不理解。同时，受到市场经济以及外界的各种压力和误解的影响，辅导员对自身角色定位会产生困惑，这造成了辅导员队伍异常不稳定。

在这种情况下，辅导员必须具备良好的心理调节能力和自我调适能力，才能及时调整自己的心理状态和行为方式，使之符合辅导员工作的需求。另外，辅导员在从事学生心理辅导工作时，难免会接收大量的垃圾信息和情绪垃圾，如果没有良好的心理调节能力和自我调适能力，就无法拥有足够的心理承受力，从而容易造成心理困惑、抑郁、焦虑，甚至还可能造成严重的心理问题。因此，不论从辅导员自身的身心健康而言还是从学生身心健康成长而言，辅导员都需要通过各种渠道来提高自己的心理承受力，保持良好的心态，及时疏导自身内心的郁结，这样才能够更好地为学生服务。

四、辅导员做心理辅导师需注意的问题

高校每年都会有一批年轻辅导员加入辅导员队伍之中，虽然加快了辅导员队伍的建设，增加了工作活力，但也因为其欠缺经验容易在进行心理辅导时出现问题。例如，大部分辅导员并无心理学基础，对心理辅导师的重要性认识不足；实际工作过程中无法及时发现和解决学生的心理问题与思想问题，以及心理健康教育和德育的关系；辅导员自身的心理素质有待提升等。辅导员做心理辅导师需注意的问题主要体现在思维认知调整方面，具体可以从以下三个层面进行分析。

（一）认识学生心理健康教育的必要性

辅导员要充分认识到自身成为心理辅导师的必要性。从社会发展与时代特性来看，如今的社会竞争不仅表现在经济竞争和科技竞争方面，也表现在心理素质竞争方面。现代化进程的加快带来的是生存环境的快速变化，同时社会结构、价值观念、行为模式、生活方式等都在相应地发生变化，以上变化也带来了民族文化的变迁，这种变化的状态会加重人们的心理负荷，从而

令一部分人产生心理困扰，所以需要人们拥有健康的心理才能够更好地迎接挑战和变革。

从现在的教育形势来看，新时期的教育期望全面提高学生的素质，其中就包括心理素质，因此心理健康教育在高校素质教育中越来越重要。只有拥有健康的心理，学生才能够更好地进行自我成长和自我发展，也只有拥有健康的心理，学生才能够快速提升文化素质、道德素质、思想政治素质、身体素质等。从中可以看出，心理素质培养是全面发展的基础工程，学生心理健康程度甚至关乎整个民族未来的素质水平。

从学生心理健康情况来看，心理健康教育是学生的迫切需求。大学生多数处于青年期，虽然大部分大学生的心理健康阳光，能够很好地认识自我并高效地学习和工作，能够适应社会的快速发展和高校的教育改革，但也有一部分学生受到社会环境快速变化的影响，产生了诸多心理压力和心理困扰。例如，一些学生对高校的生活、学习、未来择业都非常不适应；一些学生无法正确处理学习、恋爱、交际等关系，甚至出现了心理障碍；一些学生无法疏导心理压力，逐渐积压成严重的心理疾病，甚至有些走上了自毁道路。这无疑说明大学生的心理健康教育极为重要。

（二）正确处理德育和心理健康教育的关系

绝大多数辅导员并非心理学专业毕业，虽然在对学生进行思想政治教育和道德品质教育过程中积累了一定的经验，但却无法从心理学角度更好地把控学生情况，也无法有效地对学生进行心理辅导。

辅导员第一步需要做到正确区分学生的心理问题和思想问题，如学生逃学很可能并非由思想问题引起，而是由心理问题引起的，只有辅导员能够区分学生遭遇的问题，才能够有效进行分析和解决。

第二步需要做到的是认清德育和心理健康教育之间的区别。心理健康教育是德育工作乃至整个辅导员工作的基础，因为心理健康教育更加贴近大学生的生活日常，毕竟所有学生所产生的心理困扰或心理问题都源自日常生活的点点滴滴。只有完善心理健康教育，才能够促使德育取得更好的效果。

心理健康教育和德育具体区别体现在两方面，其一是心理健康教育的目的是引导学生更好地认识自我，并处理好自我与学校、他人、社会、家庭之间的关系，从而更好地适应各种环境变化；而德育的主要目的是梳理学生的政治方向、思想倾向和道德观念等，以便学生能够沿正确的方向发展和成长。其二是在心理健康教育过程中，辅导员需要将学生看成人际关系之中的关键参与者来要求，进行心理疏导也是帮助学生梳理关系网和疏导心理郁结；在德育过程中，辅导员需要引导学生自发理顺社会关系，了解社会发展的历史、规律和未来趋势等。通俗来说，心理健康教育是促使学生成为正常、健康的"普通人"，而德育则是促使学生成为社会所需的"社会人才"或"社会建设者与接班人"。

（三）提升自身心理素质

辅导员需要有效提高自身的心理素质，这是辅导员成为心理辅导师的基本要求，尤其是如今辅导员面对的学生更加多样化、更加多元化，只有拥有强大的心理素质，能够快速进行心理调节和心理调适，才能够在处理繁杂的事务过程中保持一颗初心，才能够在遇到困难、挫折时保持信心并摆正角色定位，更好地为学生服务。

五、辅导员的心理辅导能力和教育方式

（一）心理辅导能力培养

辅导员想成为一名合格的心理辅导师，首先需要学习和掌握心理学理论与相应的心理辅导方法。前面曾提到辅导员需要厘清心理理论体系，并有针对性地学习理论知识，除此之外，辅导员还需要了解学生的差异，以便运用不同的心理辅导方法帮助学生。学生的不同差异主要表现在气质、性格、兴趣、能力等多个方面，任何一方面的差异都会体现出心理活动特征的差异，从而对事物的敏感度、反应速度、灵活性等也会有所差异，只有拥有心理学基本理论知识和辅导方法，才能够正确对待不同的学生，从而采用不同的心理辅导方式帮助学生，保证工作的有效性和针对性。

其次，辅导员需要通过实践不断锤炼心理辅导能力。心理辅导是一种非常注重实践的工作，这不仅因为人的心理一直处在变化之中，还因为心理辅导理论根本无法囊括所有在现实生活中对学生进行心理辅导时会遭遇的问题。只有理论与实际相结合，通过大量的实践，才能够促进辅导员的心理辅导能力增强。具体做法可以分为四步，第一，辅导员需要加强对自身的洞察能力和调查研究能力的锻炼，时刻关注学生的心理变化并了解时代和社会背景下学生的心理健康状态；第二，辅导员要在日常思想政治教育工作和社会实践活动过程中强化心理辅导师的角色意识，即要主动运用心理辅导理论知识对所见所闻进行分析；第三，有条件的高校可以有针对性地对辅导员进行

分阶段的心理辅导培训，如邀请专业心理咨询师对辅导员培训，提高辅导员的实际心理辅导能力；第四，辅导员可以主动自觉地参与高校中心理咨询中心或机构的活动，或在心理咨询师的参与下接待有心理困惑的学生，以便提高实践能力及心理辅导能力。

最后，辅导员要注重强化自我意识和提高心理素质。辅导员对学生进行心理辅导就必须具备全面的知识，也需要具备强大的心理素质，从而才能有针对性地对学生进行辅导和引导。要做到这一点，辅导员可以从以下三个方向提升自我。一是通过不断学习，全面提升自身的素质，尤其是科学文化素养和心理学理论知识。只有不断提升自身的素质，才能够进一步探索学生工作的新途径和新方法，才能够更快适应多样化的学生思想和心理变化；二是需要通过实践全面提高自身各方面的能力，在提高能力过程中辅导员不仅要形成更加健康的人格，还要提高辅导员的业务能力，包括洞察能力、交流沟通能力、创新能力等，这些能力能够在辅导员工作过程中促使其不断创新工作思路，从而形成独具特色的工作风格；三是需要学会总结和反思，通过学习提升理论知识，然后通过实践积累经验，最终通过对实践中遇到的情况进行总结和反思，快速吸收和内化所学知识，可以令辅导员能够更深入了解自己，并不断提高实践能力。

（二）心理健康教育方式

辅导员的心理健康教育面对的是各种各样的学生，服务对象就是学生，因此辅导员心理健康教育工作就需要围绕学生进行完善。

首先，辅导员需要深入了解学生情况，并建立学生的心理健康档案。了解学生和建立心理健康档案需要分四步来进行，第一步是对学生整体进行解，这需要从时代、社会、环境等各种背景出发，对学生群体的共性问题有清晰的认识，主要包括学生高校生活的适应问题、对未来前途的迷茫问题、对感情的困惑问题、对家庭的依赖问题等，并对共性问题进行分析和挖掘，寻找形成这些问题的源头；第二步是在新生入学时，通过对学生的日常接触和了解，重点排查具有特殊心理困扰或心理问题的学生情况，可以通过高校的体检结果、心理测试反馈、与学生交心、由学生干部介绍学生情况等方式，对学生进行深入了解，发现问题并查找原因，建立起相对应的心理健康档案；第三步则是对心理健康档案进行细化，要保证档案内容的真实和详细，并需要根据学生的成长变化，及时进行档案更新，从而确保心理辅导能够根据学生具体情况的变化而不断更新和完善。通过这样的方式，辅导员不仅能够建立起心理辅导的正轨流程，还能够不断积累经验，以提高自身的心理健康教育能力。

其次，辅导员要寻找各种方式开展心理辅导，通常通过面对面沟通能够在一定程度上排解学生的成长困惑与心理困扰，但有时若引起心理问题的根源较深，简单的面对面沟通取得的效果并不明显。也就是说，很多时候学生与辅导员面对面沟通交流时，并不会将内心深处的真实想法直言相告，这无形中会降低辅导员做思想工作和心理辅导工作的有效性。

辅导员可以通过互联网平台来建立与学生平等沟通的渠道，互联网平台最大的优势就是具有一定的虚拟性，有些时候学生不愿意和辅导员面对面沟通的一些心理问题，却可以通过网络平台沟通的方式进行咨询。辅导员可以建立起心理教育网页或平台，在平台上开设相关的心理学知识普及、心理测试和测评、心理咨询等栏目，一方面提高学生对心理学的了解，引发学生对心理学的兴趣，另一方面可以促进学生将期望咨询的心理问题以邮件、讯息、留言或其他隐晦的方式表达出来，甚至可以运用匿名沟通的手段，让学生处于暗处，从而在增加学生隐蔽性的同时引导其将内心深处的真实想法表达出来。

另外，辅导员还可以开设谈心室，将学生容易遭遇的共性问题在谈心室进行讲述和交流，如引导学生相互交流经验，这样不仅能够让学生彼此产生更加深入的了解，还能够在一定程度上促进学生学习克服心理障碍的方法，相互促进并提高。辅导员甚至可以开发一些心理游戏，引导学生在娱乐的同时获得心理上的帮助。这些心理游戏可以采用类似情境指导的方式，通过一步步引导，让学生挖掘出心理困扰和心理问题的根源，从而能够更好地完善自身。

最后，要积极通过团队活动进行心理辅导。通过团队情境内的学生间人际交互作用，来促使学生个体在交往之中观察、学习、体验，从而更深入地了解自我并认识自我，辅导员在此过程中可以充分发挥自身的引导能力，运用引导技巧发挥学生个体的主观能动性，调整自身的情绪和态度，改进行为方式来改善与他人的关系等，最终使学生个体产生更高的信任感和团队归属感。

运用团队活动进行心理辅导，需要辅导员在团队活动主题基础上，充分调动学生的积极性和主动性，引导学生集体参与，并围绕团队主题体验各自不同的关键作用，从而引导不同性格和不同特点的学生都能够在团队活动之中取得一定的成功，表现出独属于自身的才能，最终促进学生敞开心扉，提高其对团队的信任度；另外，辅导员可以通过团队活动来引导学生转变不正确的认知和观念，通过集体的力量来帮助少数偏颇的学生建立正确的思维方式，最终引起连带反应，促使学生正确处理日常生活之中的各种事务。这种团队活动形式在很大程度上是打开学生心理屏障的有效手段，但具体的心理疏导和引导，心理困扰的发现和解决，还需要辅导员针对不同的学生采取不同的方式，以便能够因人而异，提供最适合的心理辅导。

第三节　带领者·学生社会实践教育

大学生社会实践就是通过高校有组织、有计划、有目的的引导，根据不同主题思路组织大学生深入社会、深入生活、深入实际，从而通过实践性活动全面提高大学生素质的教育活动。

一、学生社会实践教育的内涵

2004 年，中共中央发出的《关于进一步加强和改进大学生思想政治教育的意见》中指出："社会实践是大学生思想政治教育的重要环节，对于促进大学生了解社会、了解国情，增长才干、奉献社会，锻炼毅力、培养品格，增强社会责任感具有不可替代的作用。要建立大学生社会实践保障体系，探索实践育人的长效机制，引导大学生走出校门，到基层去，到工农群众中去。""积极探索和建立社会实践与专业学习相结合、与服务社会相结合、与勤工助学相结合、与择业就业相结合、与创新创业相结合的管理体制，增强社会实践活动的效果，培养大学生的劳动观念和职业道德。要认真组织大学生参加军政训练。利用好寒暑假，开展形式多样的社会实践活动。积极组织大学生参加社会调查、生产劳动、志愿服务、公益活动、科技发明和勤工助学等社会实践活动。重视社会实践基地建设，不断丰富社会实践的内容和形式，提高社会实践的质量和效果，使大学生在社会实践活动中受教育、长才干、作贡献，增强社会责任感。"

大学生社会实践活动与思想政治教育的目的是一致的，从现实来看，大学生思想道德的形成不仅仅是思想上的认识和心理上的认同，更重要的是践行。

通过社会实践活动，能够加强学生对思想政治理论的理解，从而通过实践活动形成正确的价值观念；能通过社会实践促使学生形成意志并锤炼意志，人的意志是一种促使自身动机和目的付诸行动并自觉努力的一种心理形态，只有形成坚定的意志，才能够拥有足够的自控力使学生形成的思想道德品质；能够通过社会实践加强学生的情感体验，只有通过亲自实践和尝试，学生才能感受和真正认识到某一认识的正确性，从而形成情感体验并转化为信念，这是构成思想道德品质的重要因素；另外，只有通过社会实践，学生的道德品质才会在行动和实践过程中体现出来，辅导员才能够对学生的思想道德情况进行了解，并进行恰当的、有针对性的引导和辅导，促使学生形成正确的思想道德体系。

二、社会实践的功能

社会实践在高校教育体系中具有非常重要的作用，也是促进大学生实现全面发展的必要途径，同时也是大学生得以施展自身才能的最佳方式和渠道。社会实践主要有两方面的功能，其一是教育功能，其二是对大学生成才的促进功能。

（一）教育功能

社会实践在高等教育中的功能具体体现在四个方面。首先，社会实践能够促进高校实现教育目标。高校的最终教育目标是培养社会需求的全面发展的人才，而真正的人才必然需要具备足够的理论感悟能力和技能运用能力，这些都需要通过社会实践辅助学生进行吸收和内化。一方面，社会实践能够让大学生直接接触社会和自然，从而获取直观的感性认识和行为感受，促使学生将理论知识转化为实际解决问题的能力；另一方面，社会实践可以让学生将书本理论知识与实践结合起来，实现知识的最终内化，通过实践过程中自己的观察、处理、寻找方法、反思、总结等，为将来进入社会之后的实际社会生活打下坚实的行为基础。

其次，社会实践能够提高高校教学的质量。通常情况下，高校教育多数采用课堂教学形式，虽然其教授的知识系统比较完整，但更加概念化和抽象化，学生若没有进行实践，容易只知其然，却不知其所以然。通过社会实践，学生在课堂上所学的理论知识会得到极大的延伸和补充，通过结合实际的活动能够促使大学生加深对知识的理解，并能激发学生的创造性和能动性，从而不再"死"读书；另外，高校教育属于专业化教育，期望培养的也是未来的专业化人才，但相对来说这种专业知识更偏重于理论，因此通过社会实践，可以有效组织学生进行系统的操作训练，从而促进学生在社会实践过程中熟悉实操，最终走上工作岗位之后就能够更快地适应社会需求。

再次，社会实践能促进大学生全面健康成长。大学生虽然接受新鲜事物极快且求知欲强，但社会阅历较少，思想也不成熟，所以选择和辨别的能力较差。互联网时代是海量信息时代，面对这么繁杂的信息和间接知识，大学生很难去明辨是非和识别真伪，因此会对大学生的健康成长产生很大的阻碍。社会实践能够促使大学生投身社会建设和各种实际活动中，能够让他们真正感受到社会各阶层建设者的精神和态度，这样不仅能够促使大学生形成坚定的社会主义理想信念，也能够在很大程度上激发学生的使命感，从而促进大学生自主自觉提高学习的积极性，并为了社会主义建设严格要求自己、完善自己，最终实现自身的全面健康发展。

最后，社会实践能够整合教育资源。高校是学生接受教育的重要场所，但高校学习生涯仅仅是学生人生路上的一个短暂的接受教育的阶段，从人生发展的角度来说，社会才是学生真正意义上的教育场所。虽然高校能够为大学生提供系统化的教育，但其拥有的教育资源毕竟有限，而社会实践却能够将社会之中的各种教育资源进行有机整合，从而对大学生进行全方位的教育。例如，可以通过举办社会实践活动招标会，促使高校和各企业、商家进行联合，由企业或商家为学生的社会实践活动提供一定的资源，这样一方面能够保证学生社会实践活动的有效实施；另一方面能够保障企业或商家扩大社会影响，实现社会宣传，吸引更多的人才关注，以便提高其自身的人力资源实力。这种模式的社会实践既能够满足企业或商家的需求，又能够满足学校的社会实践需求，同时还能辅助高校对学生进行技术培训或社会指导，另外还可以通过辅导员的思想政治教育实现对学生正确人生观、价值观和世界观的引导，最终实现多赢。

（二）促进成才功能

高校开展社会实践的最终目的就是促进学生成才。在学生成才这条路上，社会实践能够实现很多特定的功能，分别为以下五项。

1.人生导向

大学生处于青年过渡期，多数大学生步入高校时刚刚成年，处于人生成长的关键阶段，但相应的其生理和心理都还不够成熟，因此世界观、人生观和价值观都不够稳定，不过其可塑性却极大。社会实践能够引导大学生真正接触社会，并通过亲身经历去感受社会和人生，去明晰国情、人情、乡情等，并促使学生理解国情下党的相关政策、方针、路线等，因此社会实践能够为大学生指引人生的方向，从而让大学生确立正确的人生观、价值观和世界观。

2. 思维拓展

大学生在高校所学的理论知识繁杂而自成体系，且为大学生奠定了扎实的理论基础，但毕竟未能完全内化为大学生自身的知识，并且所有的理论知识只有通过实践才能发挥出其内在的作用，社会实践就成了理论知识的试金石。通过社会实践，大学生能够将在高校之中学到的知识和理论应用于实践，并通过应用理论知识来发现问题和解决问题，同时还能够通过对社会问题的解决，培养大学生的架构能力，使大学生的认知能力、架构能力均衡发展。另外，大学生在社会实践过程中，必然会遭遇到意料之外的困难或问题，辅导员可以根据大学生所面对的问题或困难，引导学生对所学的理论和知识运用于实践，发挥思维的多样性，从而将理论和知识内化为自身的能力和技能，并在此基础上进行创造性发展。

3. 培养创新

大学生在高校能够学到丰富的理论知识，没有实际经历很容易造成所学内容杂而不精、多而不专，而通过社会实践，大学生可以发挥在高校内养成的创新思维，在实践中进行分析、设计、创新，获得独到的见解，在此过程中大学生也能够培养自己的创新精神。尤其是当今大学生见多识广，互联网技术的快速发展造就了大学生拥有非常繁杂的思维体系，在社会实践过程中，辅导员可以通过引导来促进大学生开展创新创业实践，通过科学的研究来提高自身的创业技能和创造能力，同时也能够激发大学生学习新知识和探索新领域的欲望，培养大学生开拓创新、勇于进取的科研精神。

4. 陶冶情操

如今的大学生都是在改革开放时代成长起来的，他们经历和见证了中国经济的快速发展，但没有体验过先辈的艰难生活，因此对先辈建设新中国的艰难并不了解。通过社会实践活动和辅导员的思想引导，大学生可以在接触社会的同时深刻了解先辈们为建设新中国所做出的巨大贡献，从而在锻炼自身能力的同时，还能够培养大学生的集体主义和爱国主义精神，增强大学生的社会使命感和荣誉感，最终形成正确的思想道德意识。同时，一些受到文化冲击和观念冲击造成思想不稳定的大学生，也能够通过社会实践充分了解自身的不足，并学会和他人友好相处、相互尊重，可以在很大程度上引导他们逐步树立正确的人生观、世界观和价值观，陶冶他们的道德情操，形成良好的社会生活习惯和思维模式。

5. 检验成果

大学生在高校的学习，多数是对理论知识的理解和掌握，但具体对这些知识理解到什么程度，掌握到什么程度，以及所学理论和知识是否正确，都还有待验证。通过社会实践活动，大学生可以将书本上学到的各种理论和知识进行运用，然后去检验学习的成果。这样能够促进大学生及时发现自身的不足和错误，并快速改进不足、改正错误，令其自身的知识结构更加合理，更加适合自己。辅导员在此过程中，可以有针对性地引导学生进行成果检验，并及时对学生进行思想辅导，培养学生自主学习和反思的能力，同时可以培养学生的团结精神，促使学生之间彼此扶持，彼此激励，共同成长。

当然，社会实践除了拥有很强的教育功能和成才功能外，还具有一定的推动社会发展的功能，尤其是大学生的社会实践活动多数会下基层，即进入农村或远离大中城市的地域，之后会在这些区域开展多样化的社会实践活动，包括文艺演出、志愿服务、公益活动、科技咨询、科技攻关、义务支教、社会调查、法制宣传、生产体验等。这样不仅能够广泛传播各种科学文化知识，同时还能够推动基层地域各种文化知识的普及。有些学生通过深入基层企业，还可以在一定程度上帮助企业解决经营、管理、技术、生产等方面出现的问题，还会给企业带来更新颖的思维模式，从而能够有效提高企业的整体水平的提升。因此从这个角度而言，大学生的社会实践能够推动社会的全面发展。

三、社会实践教育的基本原则

高校的社会实践教育是为了引导大学生走出校门，深入社会基层，通过让大学生参与社会的各类活动来促进学生增长才干、升华思想，从而树立正确的人生观、世界观和价值观。对大学生进行社会实践教育，需要遵循一定的基本原则。

（一）正确思想指导原则

高校是培养未来社会所需人才的重要场地，其根本目标是培养中国特色社会主义事业接班人和建设者，而加强对大学生的思想政治教育是培养人才的必然要求。因此，社会实践教育的首要原则就是要进行正确的思想指导，并使思想政治教育的目标任务和社会实践相结合，促使大学生通过社会实践建立正确的世界观、人生观和价值观。离开正确的思想指导，大学生在社会实践活动中就容易迷失方向。

（二）培养综合素质原则

如今社会处于互联网时代，全球化发展趋势推动社会各个领域开始向多元化、多样化发展，与之对应的，社会对人才的需求也开始发生一定的变化，社会建设和发展越来越需要具备综合素质的人才。大学生是青年之中的优秀代表，同时也是未来社会发展的栋梁，因此大学生的综合素质高低会直接影响整个社会经济和精神文明的发展。

基于此，高校的社会实践教育必然需要遵循培养具备综合素质的人才原则，并需要做到以下四点：一是通过社会实践活动，有意识地培养大学生热爱集体、胸怀祖国、服务大众的思想品质，这需要辅导员能够根据社会实践活动的形式和主题进行适当的引导，并通过各种手段来激发学生的爱国情怀和奉献精神；二是通过社会实践活动培养大学生吃苦耐劳、不怕挫折和勇于挑战的心理素质，同时通过劳动提高大学生的身体素质，令其在社会实践活动中身心结合，两者共同提高；三是通过适当引导和激发，如针对大学生的兴趣爱好、专业技能、行为特点等，开展有针对性的社会活动，提高学生的文化素质和专业素质，并培养大学生的创新思维和创新能力；四是通过社会实践活动，有目的地引导大学生学会分析事物、解读现象、解构问题并尝试进行解决的正确思维方式和行为方式，培养大学生明辨是非、正确决断和选择的能力。

（三）理论和实践知识结合原则

大学生在高校之中所学到的各种知识和理论多数属于书本知识，即使学会也并不代表学生能够将其转化为自己的知识；另外，社会的快速发展，科技水平的快速提升，互联网技术的兴起，使如今的社会是一个信息爆炸的社会，新的知识时时刻刻都在涌现，旧的知识也在不断被迭代和更新，虽然高校和教师一直在努力将新成果和新信息等引入课堂，以促进学生接触最新的知识，但毕竟受到多方面的限制，根本无法适应社会形势的变化。

从这两个层面而言，只有通过社会实践才能够弥补其中的不足。通过社会实践活动不仅能够促进学生对知识的理解和掌控，同时还能亲身感受社会现状，能够体验到知识的不断迭代与更新，可以促进学生树立终身学习的目标。另外，在社会实践活动中，学生肯定会遇到一系列非常具体的问题，这些问题能够促使学生对所学知识提出疑问并进行反思，从而促使学生梳理所学知识，并对知识进行更新和思考，最终完善自己的知识架构，同时也能在很大程度上提高学生的适应能力和应变能力，促使学生运用创新思维去解决问题。

（四）密切联系基层群众原则

通常情况下，高校的学生通常被称为生活在"象牙塔"中的人，即学生其实是生活在身边人的保护之下，在高校之中所接触的各种事务都是较为美好的，而真实的社会却无法接触到。也就是说，大学生一直处于高校之内，对整个社会的理解会存在极大的片面性，长此以往必然会影响学生的健康成长。

社会实践活动会推动高校学生进入社会大环境之中，作为中间过渡，高校学生的社会实践需要以密切联系基层群众为原则，这一方面能够促进大学生认识和了解基层工作和基层群众，并从他们身上发现大学生自身所没有的一些美德，如吃苦耐劳、艰苦朴素、真诚待人、乐于助人等；另一方面则能够让大学生学习真正的操作技能和行为经验，这些内容甚至无法从书本中学到，而且更加实用有效。另外，通过接触基层群众，大学生也能够在一定层面上了解和认识到社会的真实情况，从而为以后真正步入社会打下心理基础。

（五）坚持师生配合原则

社会实践活动是学生自我教育、学校教育、社会教育三方面相结合的一种教育形式，其中学生是社会实践活动的主体，学校则是社会实践活动之中的主导者，社会是实践活动的场所提供者。

高校需要通过辅导员的引导，极大地调动学生参与社会实践活动的主动性和积极性，尤其是较为分散的社会实践活动，更需要充分发挥学生的主体作用。从高校的角度而言，需要针对大学生的社会实践活动进行长期的计划和安排，将实践活动纳入学校年度工作计划之中，精心设计，做到统筹安排，还需要根据社会的发展形势及大学生的思维特性等，进行适当的调整和优化；另外，要在教学过程中加入社会实践活动的内容，并将其纳入考核和测评范畴，使社会实践活动更加规范化。

除高校对社会实践活动进行安排和计划外，还需要充分发挥教师在社会实践活动过程中对学生的指导和教育作用，尤其是辅导员的引导和教育作用。首先，辅导员需要加强对大学生进行社会实践活动目的及意义的教育，引导学生明晰社会实践活动的核心意义，教育学生在进行社会实践活动时要以服务社会、增长才干为目标，并以提高社会效益为重，避免走过场；其次，辅导员要辅助学生制定社会实践活动计划和措施，围绕目标和学生自身的实际情况制订周密的计划，并为学生提供相关技术支持，帮助学生分析可能会遇到的问题，提出相对应的应对措施；最后，辅导员需要在社会实践活动中加强对学生的指导，如通过和学生的交流，加强对学生的关注，了解学生在活动中的收获和体会，并结合社会对学生表现的评价以及期望，指导学生完成对活动的总结和反思，最终有针对性地提高学生的能力。

四、社会实践教育的基本形式

高校社会实践教育的形式是实现社会实践教育内容的具体方式和载体，是实现社会教育、高校教育和学生自我教育目标的具体过程和具体形态。综合而言，社会实践教育有两种形式，一种是组织形式，一种是活动形式。

（一）社会实践教育的组织形式

高校大学生社会实践教育的组织形式非常灵活且具有多样化特性，有学校专业组织的专业实践活动，有班级组织的集体活动，也有学校社团组织的各种活动，更有学生个人开展的分散式活动等。总体而言，社会实践教育根据组织形式可分为以下四类。

1.专业教学社会实践活动

这种实践教育活动主要由高校专业教学部门组织并开展，目标是加强专业实践，提高学生相关专业的实践能力，通常会被纳入高校专业整体的教学计划中，包括教学实习、毕业实习、生产实习等，一般会按专业确定实践内容和形式，并由各专业教学部门负责教学的领导落实和开展。

2.社团组织假期活动及日常社会实践活动

高校之中拥有各种各样的社团组织，包括学生会、兴趣社团、共青团、党支部等，这些社团组织会有针对性地开展一些社会实践活动，包括日常的社会实践活动以及寒暑假的各种社会实践活动。例如，挂职锻炼、参观访问、科技文化卫生服务、社会调查、志愿者服务等形式，这是大学生社会实践的主要形式，也是学生接触社会、认识社会并增加才干的主要途径。

3. 自助式社会实践活动

自助式社会实践活动主要针对的是一部分因家庭经济困难造成学业难继、生活困顿等情况的学生，一方面学生工作部门会通过减免学费、校内贷款、经济补助等措施来缓解这些学生的经济困难；另一方面也会开展勤工俭学、勤工助学等活动，为经济困难学生提供助学岗位，或积极联系各种用人单位通过招聘的方式为学生提供机会等。这些就属于自助式社会实践活动，这些活动不仅能够为学生提供社会实践机会，同时还能够为学生提供经济帮助。

4. 自发式社会实践活动

自发式社会实践活动就是大学生在认识到社会实践活动的重要作用后，自发在校内学习过程中积极联系各种单位或企业，以参与社会实践。这种活动不仅能够锻炼自己，展示自身能力，还能够对自身能力和知识掌握程度进行检验。有些学生甚至会尝试创业，以积累各种社会经验。自发式的社会实践活动可以分为三种。

第一种是组织重点团队，即根据社会需求和高校教育需求，建构规模适中、人员优质、行动高效的社会实践团队，有明确统一的指导方针和目标，由专人统一领导并遵循严明的纪律开展活动。例如，某些企业的公开研发项目等，大学生可以根据自身的特点和项目的特点，自发建构项目组织进行攻坚。通常这种社会实践活动的目标明确且活动方向清晰，社会效果较为显著，影响也较大。

第二种是同区域组队形式，虽然重点团队是最适合学生快速提升才干、培养正确价值观念的形式，但由于受到各种条件的限制，不可能所有学生都能进入重点团队，多数学生就会在期望发展的所在地范围内，寻找对应的社会实践活动机会，处在同一区域内的学生会自发组队参加社会实践活动。因为属于学生个体开展的社会实践活动，所以学校需要通过较为有效的保障和机制，对这些学生进行鼓励和适当的约束，以确保学生能够很好地完成社会实践活动。

第三种则是点面结合的组织形式，点指的就是学生个体开展的社会实践活动，面则是学生根据自身特点自行组队开展社会实践活动。高校需要将点和面结合起来以提高学生社会实践活动的成效。如学生个体的社会实践活动，高校可以通过院系或专业统一进行组织和重点扶持，利用自身的教育资源和社会资源，力求做到内容充实、形式多样、效果突出；另外，高校可以鼓励院系之间友好合作，通过跨专业、跨年级、跨院系乃至跨院校的模式，以学生社团等形式组织开展极具特性的社会实践活动。例如，院系之中有些专业完全可以互补乃至互成逻辑，高校可以引导院系的学生协同进行活动组织和开展，学生可以根据实际情况和自身特点及专业特性，自发组队来展开活动。

（二）社会实践教育的活动形式

大学生社会实践教育的活动涉及面极广，活动的形式也多种多样。根据活动性质和目标方向，可以分为以下多种活动。

1. 军政训练

军政训练主要指的是大学生进入高校之后的军训活动，这是提高大学生身体素质、思想觉悟、国防观念、国家安全意识等的成效很明显的社会实践活动形式，能够在培养学生爱国主义情怀、集体主义情感和社会主义精神的同时，加强学生的组织观念和团队精神，并引导学生养成艰苦奋斗、吃苦耐劳的作风。军政训练通常会在新生入学时开展，因为刚刚经历了高考，学生的身心得到了最大限度的放松，所以通过严格的军政训练能够更好地促进学生养成良好的生活习惯和劳逸结合的思想意识，从而更快适应大学生活。

2. 社会调查

社会调查通常是高校组织的一种利用寒暑假等，围绕社会发展过程中遇到的重要问题或重要内容形成主题，然后开展有目的的参观、访问，并进行调查研究和数据分析，从而提出解决问题的意见或建议或方向，最终形成调研结果的社会实践活动。一般情况下，社会调查是国情和社会热点状况调查，以及结合专业方向进行的社会需求调查等，其不仅能够锻炼学生的沟通能力和逻辑思维能力，帮助学生正确认识社会以及掌握问题的本质和产生规律，同时还可以促进学生对基本国情和社会现实状况有一个基本了解，从而提高学生的社会责任感。

3. 生产实践

生产实践就是通过大学生的生产劳动参与的各种实践活动，目的是培养大学生的劳动观念，并熟悉公民群众观念和无私奉献精神，让学生明晰生产劳动并非简单之事，不仅需要付出辛劳，还需要拥有非常多的经验和智慧。生产实践活动能够促进大学生形成正确的人生观，同时还会拉近大学生与人民群众的感情距离，还能够让大学生对职业道德、劳动观念有正确认识。

4. 公益服务

公益服务需要大学生从社会现实和生活之中寻找问题，并围绕环境、自然、人类、生活等提出活动主题，然后根据主题内容进行参与式研究、体验和实践尝试，核心是为社会和人民服务的公益活动。通过公益活动能够促使学生对社会现状进行反思和总结，并完善学生的知识结构，提高学生的社会责任感；另外通过公益服务活动，可以培养大学生的团队协作和集体观念，并对环境、自然、人际、生活等产生整体认识，对社会拥有更加深入的了解。

例如，通过学校的志愿者协会，组织学生到社区中与居民协同举办各种志愿活动，包括科普读书、法律科普、科普培训、竞赛活动、科普演讲等，还可以融合网络平台，以便宣传正确的生活观念、普及科学的知识、传播科学的思想等，不仅能够提高社区居民的生活质量，还能够通过活动来提高学生对社会现实生活的认识。例如，歌咏、诗词朗诵、话剧表演、书法展示、曲艺、舞蹈等通过文体活动来促进学生发挥个人专长，同时促进文化传播；开展普法公益活动，开展法律宣传工作，可以通过法制讲座、志愿援助、案例解析、法律咨询等活动来加强社区民众的法律观念，优化法制环境；开展卫生常识宣传或义诊活动，普及健康卫生医疗知识，提高社区民众的医疗卫生观念，培养民众健康的生活习惯。

5. 参观学习

参观学习就是组织学生到某些主题下的场景中进行参观，设身处地感受主题内容，从而达到理论联系实际并对学生进行思想教育的活动。例如，组织学生前往革命老区和改革开放前沿区域进行参观学习，能够在使学生了解中国革命或改革开放成效的同时，加深对社会和党的感情，培养学生的爱国主义情怀；组织学生走访先进工作者、劳模等模范人物，能够让学生了解模范人物的思想境界，从而激发大学生的奉献精神，树立正确的职业道德观念；组织学生前往专业相关的企业、工程中学习，可以加深学生对专业发展情况的了解，并形成更加明确的专业发展方向以及更完善的职业规划。参观学习的过程中，可以融入有关政策形势的内容教育，让学生在了解社会发展方向的同时对自身的学习和未来发展有更加清晰的认识。

6.科技发明

科技发明活动就是开展各种主题的科技发明竞赛或展示活动，以便提高学生的知识应用水平和相对应的科研能力，同时还可以提高学生的动手能力，甚至能够通过科技发明活动促进社会和科技的进步。这样大学生的思维更加灵活，因此具有更强的创新意识更容易产生新颖的想法。开展科技发明活动能够引导大学生灵活运用创新思维进行创造发明，或对已有科技手段进行技术改良、工艺创新等。在此过程中，不仅能够培养学生的科学素养和科研精神，还能够引导学生形成良好的学术道德，并促使学生对科技成果进行转化——引导和鼓励大学生开展创业实践活动，提高大学生的创业技能和创新能力。通过科技发明活动的开展，可以激发学生的兴趣和研发思维，同时能够促使学生对已学知识进行内在转化，此过程中可以引导学生学会反思，以便及时发现自身的不足，找到完善自身的方向和方法。

第四章

高校辅导员的管理工作专业化

第一节　良师益友·学生日常生活管理

高校学生日常生活管理是高校管理体系之中非常重要的一部分，也是高校教育学生和培养学生成才的重要途径。高校学生日常生活管理工作就是以培养人才为核心目标，针对学生在校内外的日常学习和生活活动，遵循教育规律，遵守管理制度、行为规范等，对学生进行有目的、有计划、有组织的教育管理活动。

一、学生日常生活管理的主要内容

学生日常生活管理的内容随着社会的发展而不断拓展，主要针对的就是学生在高校的学生生涯期间的各种日常，其中较为主要的内容有三项，分别是学生的奖励与违纪管理、学生的宿舍生活管理和特殊学生群体管理。

（一）学生的奖励与违纪管理

学生在高校的日常生活多数是集体生活，学生需要遵循高校所制定的各种规章制度，以便在日常生活中健康成长并成才。学生进入高校之后，高校成了学生最主要的生活场所和学习场所。有些学生会因为各种原因违反校内规章制度，也有些学生会在思想品德、学业成绩、身心健康、社会服务等方面表现突出，这就需要对学生进行相应的奖励与违纪管理。

1.奖励管理和违纪管理的主要内容

学生的奖励管理包括精神奖励和物质奖励两类，当学生在某些方面表现突出时，就需要根据表现情况进行不同层次的奖励，以便鼓励先进、树立榜样、发扬正气，并对其他学生产生督促和激励作用。精神奖励主要包括通报表扬、口头表扬、表彰、授予荣誉称号、颁发奖章证书等形式，物质奖励则主要包括奖学金奖励或奖品奖励等。通常高校内会有多层次的奖励制度，奖励渠道也有所不同，如有国家层面的奖学金、有高校层面或院系层面的各种奖励等。

学生的违纪管理主要是根据高校的相关规章制度和规定，对违反校纪校规或国家法律的学生进行批评教育或处分。比较常见的违纪行为包括旷课、损坏公物、赌博、打架斗殴、偷窃、考试作弊、扰乱校园秩序等，惩罚的处理包括警告、严重警告、记过、留校察看、开除学籍等。对学生进行违纪管理，是为了从反面对学生进行适当的约束和管理，以便维护校园的正常秩序和营造良好的学习环境，同时也能加强学生的遵纪守法意识。

2. 构建科学的奖励机制

只有构建科学的奖励机制，设置科学的奖励，才能更好地为学生界定行为规范，从而更好地维护校园的秩序。通常情况下，高校对学生的各种奖励的评审条件和标准，只是从比较宏观的方向上来确定的指导性质，具体的奖励办法还需要进行进一步的制定和有效执行。构建科学的奖励机制需要做到以下三点：一是设置的奖励要目的明确，奖励需要具有明显的引导性和教育性，能够在一定程度上督促学生向此方向努力和靠拢；二是需要制定契合实际的评审标准，这一步需要进行针对性细化，需要体现出学生群体全面发展的人才需求，同时也要照顾到在某些领域表现突出的个性化学生。在制定评审标准时需要广泛听取学生和教师的建议和意见，确保评审标准能够被学生广泛接受；三是需要将奖励机制和高校的思想建设、文化建设相结合，以便通过奖励机制来弘扬高校的特色文化。

3. 做好奖励评审

学生的奖励管理的目的并非奖励，而是通过奖励的形式来引导学生全面发展和健康成长，因此奖励评审的作用非常重要。做好奖励评审需要把握三项关键因素：一是高校需要准确理解各种奖励的评审要求和条件，尤其是一些社会机构设立的针对学生的奖励，其通常会对奖励对象进行更多的考察，对奖励条件等进行更多的界定，高校在进行奖励评审时一定要根据对应的条件严格地进行考察。二是高校需要对各种奖励和资源进行全盘考虑和划分，以便满足各个层次各种名额的奖励分配需求。尤其是随着国家奖助学力度的加大和社会机构奖学金的增加，高校所拥有的奖励资源越来越丰富，需要及时向学生公布相关奖励信息，包括奖励条件和奖励评审模式及奖励内容等，在确定奖励对象时需要进行全面考虑和考察，保证奖励对象的资格毋庸置疑。三是需要公开进行奖励评审，保证整个评审过程的公平公正，可以让学生和教师参与到评审之中，并严格要求、监督评审人员，避免滋生腐败，确保整个评审过程和结果的公平公正。

4. 加强奖励后续管理

学生的奖励管理的最终目的并非奖励，而是要通过奖励来引导学生向正确的行为、先进的思想等进行靠拢，以促进学生健康成才。因此进行奖励管理时，奖励评审和进行奖励并非最终工作，奖励之后的事务管理至关重要。其主要包括两部分内容，一是抓先进典型进行适当的各类形式的宣传，从而令奖励的教育功能得以更大的发挥，并提高奖励的影响力，激发学生的赶超意识；二是针对获得奖励的学生进行思想引导，督促学生正确对待所得奖励，避免无意义的铺张浪费，并引导学生继续努力，进一步提高和成长。

5. 客观进行违纪管理

有奖有惩才能体现出学生日常生活管理过程中的公平公正，对思想有偏差、行为有错误，且证据充分、依据明确、定性准确的违纪学生，要给予批评教育或纪律处分，其目的并非进行违纪惩罚，而是为了及时纠正错误并引导学生更健康的成长，同时也是为了警示其他学生。对学生进行违纪管理是对学生的一种特殊教育形式，要遵循实事求是的原则，通过正当程序依法进行处理，并需要对学生进行权益救济和再教育。高校需要加倍关心和关注受处理的学生，积极调动家庭乃至社会的力量，促使学生能够真正认识到自身行为和思想的错误及危害，并通过思想引导转变学生思维，促使其自觉遵纪守法并时刻自省，避免违纪行为再次发生。在此过程中，辅导员需要积极给予学生鼓励和辅导，帮助学生树立信心、培养勇气，最终健康成长和成才。

（二）学生宿舍生活管理

在高校之中，学生的宿舍或公寓是其学习、生活、交际、休息、娱乐放松的重要场所，同时也是辅导员对学生进行思想政治教育以及素质教育的主要阵地。学生宿舍生活管理不仅关乎学生的正常学习和生活秩序，还关乎学校的稳定乃至社会的稳定，更关乎学生的人身安全和财产安全。抓好学生宿舍生活管理，需要从以下几个方面入手。

1. 加强宿舍管理机制建设

高校学生宿舍生活管理的重点主要是学生的作息和休息、宿舍的卫生和学生个人的卫生、宿舍区域的消防和治安安全、学生之间的人际冲突、基于宿舍的党建和思想政治教育工作、学生宿舍社区文化建设等。要做好这些管理工作，就必须明确责任，加强宿舍管理机制建设，需要以院系、后勤、保卫、辅导员等多个部门为核心共同对学生宿舍进行管理，明确不同部门的不同责任，并建立完善的管理制度。例如，完善宿舍管理规定和宿舍文明建设管理制度、宿舍卫生管理制度等各种规章制度，积极发挥学生干部、学生党员等骨干学生的力量，形成自治管理模式，强化学生宿舍的规范化管理。

2. 加强思想政治教育工作

通常学生宿舍和公寓是按班级或专业划分的，这样做不但能够加强同班同专业学生之间的交流沟通，而且也更容易发挥集体管理的思想政治教育优势，如可以按照班级或专业建立党支部，发挥学生党员在宿舍管理中的先锋模范作用。同班级或同专业学生集中居住，更有利于建设学生社区文化，同时也可以提高学生的集体主义观念，如集体荣辱感等；可以运用集中居住的优势加强学生的安全和法制教育，以点带面，培养学生遵纪守法的良好意识和行为；可以运用电视、广播、信息推送等载体或形式，对学生进行各种形式的思想政治教育工作，尤其是宿舍安全、行为规范等内容需要进行深入教育。

3. 与宿舍学生打成一片

辅导员要充分发挥学生日常生活管理和思想政治教育工作者的优势，可以和学生同住同一宿舍从而和学生打成一片，一方面能够及时了解学生的思想动态，并通过和学生的深入接触，了解学生的生活和特点，从而能够更有针对性地对学生进行引导，帮助学生正确处理各种问题，还可以在此过程中及时对学生开展思想政治教育工作，引导学生培养正确的人生观、世界观和价值观；另一方面，与学生打成一片有助于辅导员及时获取学生的各种信息，了解学生的各种问题以及学生的真实情况，从而确保信息和学生状况真实可靠，并通过对这些信息的分析，及时发现各种问题，及时进行处理和引导，避免问题恶化或扩大化。在此过程中要积极听取学生提出的合理需求，畅通学生正常反映意见的渠道，确保能够建设对学生成长成才更有利的宿舍环境。

4. 注重校外租住学生的生活管理

在高校中由于住宿条件的限制以及学生个人的特殊需求，有一部分学生并不会在校内住宿，而是在校外租房居住，这就给辅导员管理宿舍生活带来了一定的困难。通常情况下，学生在校外住宿需要向学校进行申请，注明租房原因和详细地址，并划分好学生在校外居住时的人身和财产安全责任。虽然学生在校外居住时人身和财产的安全责任由学生自己负责，但为了加强学生的安全意识，辅导员还需要加强对学生的安全教育，并时刻关注校外租住的学生的情况，及时进行沟通交流和情况分析，对学生进行思想政治教育和安全意识教育。

（三）特殊学生群体的日常生活管理

特殊学生群体指的是学生自身情况或家庭情况具有一定特殊性，与普通学生不同的特定学生群体。主要包括身体残疾的学生、心理障碍或患有心理疾病的学生、家庭经济条件困难的学生、父母离异或单亲家庭的学生、因成绩或其他因素延长学制的学生、受到纪律处分的学生、网瘾学生、少数民族学生等。特殊学生群体的日常生活管理的重点是根据学生的特点，有针对性地进行管理，辅导员抓好此部分工作需要把握以下几个方面的内容。

1. 摸排情况，形成特殊学生档案

抓好特殊学生群体的日常生活管理的前提就是要对学生有深入的了解，虽然特殊学生群体拥有一定的共性，如归属为上述八类情况的某类或某几类，但因为学生具有多样化和个性化特性，所以其表现和具体情况也是完全不同的。辅导员需要深入特殊学生群体，加强和学生的沟通，通过对学生的学习、生活、思想等状况的了解和摸排，及时挖掘不同学生的不同问题，并建立特殊学生档案，有针对性地对学生情况进行更新。

在此过程中需要坚持外松内紧的原则，即交流沟通时要自由轻松，秉承平等、真诚交流的原则，引导学生敞开心扉，表达真实的想法；同时需要加强对学生隐私的保护，避免隐私泄露和传播，对学生产生不利影响。辅导员可以在分析特殊学生情况时，根据不同问题和情况，充分发挥学生同伴的隐

性教育作用和引导作用以及自我管理作用，以促进特殊学生群体健康成长。

2. 有针对性地进行特殊学生管理

不同的特殊学生会有不同的人生际遇，也会有不同的心理特点和思维模式，从而会出现不同的管理难点，因此辅导员在进行特殊学生日常生活管理时需要对学生进行逐个分析，根据不同学生的实际情况采取不同的方式，才能实现有效管理。同时，不同类别的特殊学生群体的特点不同，甚至不同学生的心理承受能力和适应力也有所不同，在进行日常生活管理时要以人为本，需要充分考虑到学生的内心感受，对于适应性强、承受力强的学生，可以采用更为直接的管理形式；对于内心敏感、自尊心强的学生，需要持久性的关心和帮助，投入更多的耐心和感情；而对于有心理障碍或患有精神疾病的学生，则需要邀请专业人员参与，这样出现危机时专业人员可以及时介入并干预，避免发生意外。

3. 切实做到防患于未然

特殊学生群体或多或少会有一定的困难和问题存在，也就容易引发一些意外或事故等，如由心理问题积压造成的自杀事件等，这会对普通学生的身心健康和生命安全的保护以及学校的正常秩序造成极大影响。因此，进行特殊学生群体管理，必须重视潜在的危机，需要相应提高危机防范能力，防患于未然，尽量避免恶性事件的发生。这就需要做到以下几点：首先，要建立以高校为核心的危机干预联动机制，即在危机萌芽出现时多方联动，及时将萌芽控制在可控范围之中，并进行干预促使危机弱化或消失；其次，要建立经常性危机排查和评估制度，即通过对已出现的问题进行及时排查和评估，评判危机发生的可能性，并采取预防措施；再次，要充分运用现代化技术进行危机预防，即通过学生、辅导员、高校的多方协作，运用互联网技术、大数据分析技术等对其中可能发生的危机信息进行收集，以防患于未然；最后，要和各种危机处理机关协作完成管理，如发生盗窃事件，可以与公安机关一起开展工作，避免事件影响扩大和学生损失扩大等。

二、学生日常生活中的良师益友

辅导员是高校基层教育者和管理者，在日常生活中和学生群体的接触最为密切，同时又肩负着多样性任务，扮演着多样化角色，其工作范围内的日常生活管理是和学生关系最为紧密的一项工作，因此成为学生的良师益友，对辅导员的工作会有极大的促进作用。做学生的良师益友，辅导员需要从两个角度进行角色定位，其一是良师，即在学生的学习和成才路上当学生称职的引导者，辅助学生成为社会未来所需的人才；其二是益友，辅导员需要在学生的日常生活之中成为学生的知心朋友，双方真诚相待、真诚沟通，最终陪伴学生健康成长。辅导员想成为学生的良师益友，就需要对学生日常生活中的需求有清晰的了解，从而针对不同的学生采取不同的措施。大学生日常生活中的需求主要分为以下几种。

（一）学习需求

大学生群体中有些学生缺乏明确的学习目标，也没有足够的学习动力，这就造成学生无法养成良好的学习习惯，同时也就缺乏自我约束和自我学习能力。长此以往，这些学生必然会出现厌学心理和情绪，这些学生也被称为学习困难学生。辅导员需要在与学生日常沟通交流的过程中，及时发现此类学生，并根据学生的个性，有针对性地引导其明确学习目标，确立正确的学习方向，从而正常完成高校学业。

（二）生活需求

有些学生在高校日常生活过程中，会因为种种因素无法完成独立生活，主要包括家庭经济情况差因而难以承担学费和生活费的学生。面对这些学生，辅导员需要根据学生的生活需求，采取有针对性的措施，如对经济困难的学生，及时向其普及相应的政策，帮助学生申请助学贷款或帮助其获得勤工俭学机会，促使其通过自身的努力摆脱经济困难。在此过程中，辅导员不仅要从生活需求方面帮助学生，还需要从思想层面进行引导和疏导，帮助经济困难的学生提升信心，帮助其敞开心扉，融入大学生群体之中。

（三）行为和观念需求

有些高校学生在日常生活中缺乏独立性，主要表现为生活自理能力差、缺乏独立生活的能力、没有正确的消费观念等，因为缺乏独立性，这些学生很容易在行为习惯方面产生偏差，如日常生活没有条理，花销大、没有计划，对家长和他人的依赖性过大等。针对这类学生，辅导员需要及时进行思想引导和行为引导，帮助学生建立责任心，培养学生的责任意识，并促使学生积极、自发地学习生活技能。通过责任心的培养，促使学生在行为习惯和思维观念方面有所转变，最终实现学生的心理"断乳"，成为对自己负责、对家庭负责、对学校负责、对社会负责的独立个体。

（四）情感认知需求和人际交往需求

有些学生在日常生活之中会表现出非常明显的不适应性，包括价值取向、社会认知、人际交往和心理转变等方面，而对高校生活的不适应会使其时刻处于一种无所适从、不知所措的状态，这会严重影响学生正常的人际交往和情感表现。辅导员需要挖掘学生出现不适应的根源，并根据源头进行有针对性的引导，可以通过鼓励、参与活动等，加强学生与外界环境的交互，以此促使学生突破自身局限。

（五）职业及择业需求

有些大学生在步入高校之前，一直将学习目标和人生规划的短期目标定为进入大学，但真正进入大学之后，却发现自己根本没有下一步目标，虽然他们都知道最终自身的目标是步入社会就业，但却对人生的发展、职业的规划和设计、择业的方向等没有概念。他们缺乏对未来人生的思考，更因为没有具体的目标，缺乏对就业信息的搜集和整理能力，同时也没有足够的择业技巧，也没有做好就业准备，因此在面临社会严峻的就业形势时会更加不知所措。辅导员需要根据学生的专业特性和兴趣特点，引导学生对未来进行规划和计划，以便学生能够明确未来的人生目标和职业目标，只有帮助学生确定具体的发展方向，才能够激发出学生学习和成才的自主性和主动性。

三、辅导员进行学生日常生活管理应具备的素质

随着社会快速发展，高校学生的发展也开始呈现多样化特征，这就要求辅导员不仅需要承担更加繁重的工作任务和艰巨的责任，还需要承受巨大的压力，拥有相匹配的各种优秀素质。在学生的日常生活管理过程中，辅导员的目标是成为学生的良师益友，这不仅需要辅导员具备扎实全面的理论知识，还需要其具备高超的沟通交流能力以及相应的素质，主要体现在以下三个方面。

（一）良好的师德师风

辅导员想成为学生的良师，就要树立良好的师德师风，这不仅是教师这一职业的需求，还是辅导员能够指导学生的基础。辅导员在高校教师队伍之中较为特殊，虽然角色定位是一名高校教师，但其真正发挥教育功能却并不

局限于课堂中，而是在日常生活之中。辅导员平时和学生接触的时间最多，因此对学生的了解也更加全面和深刻，完成辅导员的工作任务第一步就是弘扬良好的师德师风，只有辅导员时刻遵守教师的行为规范和职业道德，并承担起对学生、对高校、对社会的责任，才能成为学生心中的"良师"，学生在日常生活中遇到各种问题和困难时，才会第一时间寻求辅导员的帮助。辅导员树立良好的师德师风需要做到以下三点。

首先是辅导员需要具备较高的思想政治素质。辅导员的核心工作任务就是学生的思想政治教育，即对学生进行社会主义核心价值观教育，逐步培养学生树立正确的人生观、价值观和世界观，并培养学生坚定的爱国精神和社会责任感。这就要求辅导员自身思想政治素质过硬，只有自身具备正确的价值观念，才能够在教育学生的过程中，引导学生走上正确健康的成长方向。

其次是辅导员需要具备爱岗敬业的精神。相比于高校的专业任课教师，辅导员的工作范畴更广且工作更加琐碎。从外界表现和辅导员自身的感受来看就是辅导员一直在忙，每天都在做无数工作，但一天下来却又不知道忙些什么，因为丝毫感受不到完成目标的成就感，尤其是一个辅导员需要负责处理上百乃至数百名学生的日常事务。从学生的角度而言，自己的任何事都是重要紧急的事务，只有将这些问题解决，学生的成长成才路上才能一路畅通，而且不同学生面对的问题都会有所不同，因此辅导员会面临繁杂且多样的各类事务，辅导员必须能够立足于本职工作，认真对待每一位学生的事务，并认真进行分析和处理，这就需要辅导员具备爱岗敬业的精神，兢兢业业并不畏艰辛，以为国家、为社会培养所需人才为己任，才能够无愧于心并完成教育任务。

最后是辅导员需要具备奉献精神。辅导员的工作范畴广且事务杂，而且所做的绝大多数都是短时间内无法将成效表现出来的工作，如处理紧急突发事件，花费大量时间和精力与学生谈心、做思想政治工作等，以便通过交流了解学生心理、思想、情感、生活、学习等各方面的问题和困难，然后组织各种活动有针对性地对问题和困难进行解决。在这些工作中，需要辅导员投入大量的时间和精力，但却很难产生可见的成果或成就，更不会取得明显的工作成绩。这就需要辅导员具备无私奉献的精神，不能过于计较自身得失。

（二）较高的人格魅力

辅导员只有拥有较高的人格魅力，才能快速消除和学生之间的隔阂，从而成为好友，辅导员的人格魅力主要体现在与学生交往过程中的真诚、信任、尊重、爱护和帮助等。在这其中首先需做到的就是尊重学生。任何一位学生都拥有自己的尊严和权利，也有自身的情感、思想以及需求，只有辅导员将自身处于和学生平等的地位，并真诚交往，尊重学生的人格、思想、个性、不同等，用民主的作风和疏导的方式，以真心换真心，耐心细致，因材施教，避免命令式、教条式沟通，才能够打开学生的心灵，从而成为学生的益友。

另外，辅导员需要对学生充满关爱，爱护之心流于言表，这是教育的原动力，也是彼此之间沟通和建立情感的桥梁。陶行知先生曾说："真教育是心心相印的活动，唯独从心里发出来，才能打动心灵的深处。"也就是说，虽然辅导员和学生之间是管理者和教育者与被管理者和被教育者的关系，但如果辅导员想和学生成为朋友，就需要将自身置于与学生平等的地位，放下自己教师和管理者身份，放下身为老师的威严，多一些真心，这样才能无形中拉近与学生的距离，从而真正走进学生的心中，增加学生对辅导员的亲切感，从而成为知心朋友。也只有成为知心朋友，学生才会向辅导员表达内心深处的真实感受、真实思想。因此，辅导员必须要做到细心对待学生、用爱心感染学生、用耐心接纳学生，这样才能真正成为学生的益友。

（三）知行合一，做好表率

辅导员和学生的接触非常密切，因此一言一行都会对学生产生潜移默化的影响，这就要求辅导员在学生的日常生活管理过程中，时刻注意自身的言谈举止，要做到知行合一，这样才能成为学生的表率，并引导学生走上正确的成才道路。

1. 注意"言"

辅导员在和学生进行谈话和交流过程中，要注意自己说的话，话语不仅要有理论深度，还需要通俗易懂并直指核心，不能只是长篇大论的大道理，让学生听起来空洞无物。这就需要辅导员对学生进行深入了解，在把握学生性格、思维特点和实际问题的基础上，摆出事实，并根据事实梳理其中的道理，力求做到学生能够听得懂且能听得进去，这样才能引导学生主动思考并获得启发，自发去改进和改变。

在交流过程中，辅导员需要注意说话的态度和方式，用平等的语气进行交流和沟通，态度要真诚和蔼，尤其是当学生犯错时，不能一味训斥，而要先摆出事实，然后用学生能够接受的方式对事实进行分析，真诚地指出其中的问题，确保学生能够发自内心地认识到问题，从而主动改正。

另外，当学生主动找辅导员进行沟通时，尤其是遇到问题渴望寻求帮助时，辅导员一定要学会倾听，要学会换位思考，站在学生的角度和立场去分析学生的情况，然后再以朋友的身份进行交流，从自身的经验出发，解答学生的困惑，引导学生主动思考解决问题的方法，让学生能够参与反思和总结之中，这样不仅有利于提高学生对解决方法的接受程度，还有利于锻炼学生解决问题的能力。

2. 注意"行"

辅导员不仅需要对学生进行思想理论教育，即通过言语将道理教给学生，还需要为学生树立榜样，即通过自己的行为引导学生学习。毕竟俗话所说：言传不如身教。辅导员需要以身作则、严于律己，并且言行一致，这样才能够让学生信服并受到正面的影响。因为辅导员和学生的日常接触很多，辅导员的言行举止同样会对学生产生影响，令学生效仿。

四、辅导员进行学生日常生活管理的途径

辅导员进行学生日常生活管理涉及的内容主要是奖惩管理、宿舍管理和特殊群体管理，虽然看似内容简单，但其实涉及大学生在高校生活中的方方面面。辅导员不仅需要在学生成长成才过程中的各个方面、各个环节做好教育和管理工作，还需要根据时代特性和学生的特性，不断转变工作观念，强化服务意识，更需要通过引导激发学生的主体意识，最终实现学生的自我管理、自我教育等。辅导员对学生进行日常生活管理需要从以下几个角度入手。

（一）以学生的实际需求为导向

辅导员需要围绕促进学生成长和成才的最终目的，根据不同特性、不同类型的大学生的实际需求，采取对应的管理措施。学生的实际需求可以大体划分为以下几种。

1. 思想政治教育需求

社会未来所需的人才需要拥有正确的人生观、世界观和价值观，但受到市场经济和世界多样文化的冲击，有些学生的人生观和价值观等出现了扭

曲，对实现共产主义远大理想的目标不坚定，从思想方面偏离了社会主义核心价值观，因此辅导员对学生进行日常生活管理时，需要融入思想政治教育的内容，及时引导学生思想，帮助学生坚定走中国特色社会主义道路的理想信念，帮助学生树立正确的人生观、世界观和价值观，满足社会对未来人才的思想道德需求。

2. 生活指导需求

当代大学生在进入高校之后，因为面对的是新的学习和生活环境，并且绝大多数学生都远离了家乡和家庭，所以会表现出种种不适应。主要表现为以下几点。

一是对高校的学习和生活缺乏足够的了解和准备，尤其是心理准备不足，如缺乏明确的学习目标和生活规划，缺乏有效的时间管理等，从而在进入高校后虚度光阴且无所适从。

二是缺乏人际交往能力和独立生活能力。高校是一个集体生活的环境，和以前的家庭生活环境截然不同，同时许多学生在进入高校之前交际圈极窄，因此和五湖四海的同学之间存在极大的心理隔阂，在交际过程中存在紧张心理或容易因为性格不同和生活习惯差异出现人际交往中的不和谐现象。

三是缺乏正确的生活消费意识。大多数学生的生活费用和学费依旧源自家庭，自身并没有稳定的收入来源和完全独立生存的能力，同时又没有消费计划，离开父母独立生活后容易出现不合理的消费行为，缺乏对生活费用的合理计划和规划，导致捉襟见肘。

四是缺乏必要的安全意识和法律意识。大学生进入高校之前多数活在父母羽翼之下，社会经验明显不足，因此缺乏必要的安全防范意识，容易造成人身伤害和财产损失，同时法律意识淡薄，又习惯以自我为中心，所以容易意气用事，导致打架斗殴事件的发生。

五是缺乏足够的卫生健康知识，包括良好的饮食习惯、合理的运动量、恰当的睡眠时间、卫生公德等。有些大学生缺乏相应的卫生健康知识，因而养成了一些不良的有损身体健康的习惯，如缺乏运动和暴饮暴食而引起肥胖、时常熬夜造成精神不佳等。

辅导员需要根据大学生的生活特性，指导大学生主动适应高校生活，引导大学生积极参与活动，提高人际交往能力并培养尊重他人的品质和艰苦朴素的作风，督促大学生养成良好的作息习惯，注意个人卫生、公共文明和卫生公德，全面促进大学生身心健康发展。

3. 学习和学业指导需求

大学生进入高校后，学习环境、学习方式、学习态度、学习动力以及高校教师的课程教授模式等，都和中学有极大的不同，很多大学生在即将毕业或毕业之后都会感叹自身进入大学后进入学习状态的时间较晚，无形中耽误了很多的时间。例如，有些大学生在进入大学后会认为高校的学业任务会更加轻松，而经历过中学的辛苦学习，感觉进入高校后应该放松，这种滞后的学习观念很容易导致学生为了应付考试而学习，而且没有关于学习的规划和计划等，或者没有学习的目标和学习的动力。

这就需要辅导员积极发挥引导作用，及时对大学生进行学习和学业的指导，需要辅导员从以下几个方面开展工作。一是加强指导专业知识的学习，对学生进行学业指导是一项专业工作，拥有其自身的科学架构和知识体系，辅导员需要加强知识的学习和实践培训，才能掌握相应的学业指导技能，从而有效地对学生进行学业指导。二是开设学业指导专门的课程或开展相关讲座，由辅导员引导学生养成科学的学习方法，并纠正自身的学习态度，发挥学生主体的自主性和自觉性，帮助学生寻找学习目标，进行学业规划，促促学生对自身未来的人生负责；可以结合职业规划和就业指导，及时向学生普及社会形势和相关政策，引导学生进行人生规划和职业规划，并为未来的就业制订计划。三是针对学习态度不端正、学习目标不明确、学习动力不足的学生，进行个别的辅导和指导，通过耐心的引导和真诚的交流，帮助学生树立正确的学习观念。四是策划和开展各种学习交流活动，如可以邀请优秀学长和优秀毕业生分享经验，指导学生掌握恰当的学习方法。五是从学生入学就进行学习规划指导，可以和学生的职业规划相结合，引导学生发挥主观能动性，对自身未来的发展进行思考并制定学习规划，一步步奠定实现职业规划的学业基础。

4. 其他日常生活需求

此外，还包括一些其他需求，包括心理需求、经济需求和职业规划需求及就业需求等。这些内容都需要和学生的日常生活相结合，根据实际情况进行有针对性的教育和指导。例如，学生受到社会发展、市场经济、生活压力等各方面因素的影响，心理困扰和心理压力都越来越明显，因此心理问题频发，辅导员在和学生日常接触时，要及时发现和处理学生的心理问题，保证学生心理健康教育的有效性和实效性；有些学生受到家庭经济状况影响，面临的学费和生活费压力极大，辅导员要做好学生资助和帮扶工作，通过和学生的日常谈心，积极正确地认定贫困学生，并通过细致的工作提高资助和帮扶工作的公平性与及时性，同时要耐心、负责地做好贫困学生的思想工作，疏导学生心理，引导贫困学生增强社会责任意识，激发他们奋斗和成才的决心；当前大学生的就业形势愈发严峻，因此对大学生进行职业规划指导和就业指导尤为重要，辅导员需要发挥自身和学生关系密切的优势，积极引导大学生在初入高校时就对自己的职业进行合理规划，并在此过程中向学生介绍就业政策和社会发展形势，同时加强对学生的就业指导和创业技能指导等，为学生未来顺利就业打下坚实的基础。

（二）打破角色掣肘

自辅导员职业诞生以来，其主要的工作就是进行思想政治教育，然而随着社会的发展和教育改革的推进，辅导员的工作范畴和工作领域一直在不断拓展，这和学生的多样化发展及个性化发展有巨大关系，如今的辅导员的工作已经发展为集教育、管理、建设和服务于一体的工作。

不过，在辅导员实际工作过程中，其角色定位却因为很多因素出现了偏差，主要体现为两类。其一，沿袭传统观念，认为辅导员只需要注重学生的思想政治教育即可，甚至用思想政治教育工作替代其他工作；其二，虽然接纳了辅导员职责具有广泛性的观点，但却有发展为保姆式的服务的倾向，即所有涉及学生的事务都交由辅导员负责，其管理和负责的学生的领域越来越多，从而令辅导员整日忙于奔波却不知自身职责到底是什么，另外学校领导对辅导员保姆式工作的认知，使其将不属于辅导员职责的任务也交于辅导员处理，更增加了辅导员工作的繁杂性。

在如今经济全球化的时代背景下，社会对高校教育形式以及大学生的综合素质都提出了更高的要求，与之相应的，辅导员的角色定位和职责范畴也越来越清晰，其主要表现在三个方面。

一是辅导员角色的多元化发展。辅导员对学生的思想政治教育工作对社会稳定已经产生了积极的影响，发挥了不可替代的作用，因此思想政治教育工作依旧是辅导员职责范畴中的重中之重；另外，学生的多元化发展和社会的多元化发展都推动着辅导员的角色定位向多元化发展，辅导员不仅有教育职能，还需要具备管理职能、建设职能和服务职能，也就是说辅导员的发展既需要注重思想政治教育的引导性和针对性，也需要注重管理工作的科学性和必然性，更要注重校园文化、社团文化、班级文化等文化建设的实效性，最终则需要注重辅导员对学生进行个性化辅导的服务特性。

二是辅导员角色的专业化发展。随着辅导员角色定位的多样性发展，辅导员面对学生的工作内容也越来越细化，而随着各种各样的学生涌入大学，想让不同层次、不同思维模式、不同政治认知、不同家庭背景、不同性格和道德品质的学生，都获得对应的指导和辅导，就要求辅导员能够提高工作的专业性和科学性。这就需要辅导员能够向专业化方向发展，需要针对不同的需求进行专业化提升，成为培养大学生的专家，才能满足社会对未来人才的需求。

三是辅导员角色的现代化发展。这需要强化辅导员的服务意识，体现出辅导员教育工作、管理工作、建设工作和服务工作的现代化特性，如运用现代化科技手段，注重互联网的作用和应用，建立各种网络交流平台，以确保辅导员和学生能够更方便地进行沟通交流，同时促进辅导员工作的展开和工作效能的提升。

（三）深入学生生活

大学生正处于身体和心理快速成长和发展时期，同时也处于青少年到青年的关键过渡期，面临着来自各方面的问题和考验，包括学习、生活、恋爱、交际、就业等，这和中学时仅需要考虑学业的情况完全不同，所以在成长过程中大学生会出现许多思想上的困惑和实际生活中的困难。辅导员要做好学生日常生活管理，就需要和学生建立良好的感情关系，需要深入学生的生活，及时了解和掌握学生在实际中遇到的问题，并随时掌控学生的动态变化，这样才能在学生遇到问题需要帮助时及时引导和辅助，帮助学生解决困惑和实际问题。深入学生生活需要从以下三个方面着手。

首先是深入实际，即明确社会实际，包括教育改革发展现状、高校人才培养情况、大学生成长和发展实际情况、社会政治和经济形势、社会发展对人才的需求情况等。辅导员需要根据上述社会实际情况以及社会不断发展变化的客观现实来开展推进工作，以实际情况的效果来验证工作成效，并根据学生不断变化的情况更新工作方式、工作态度和工作思路，做到真正的与时俱进。例如，根据社会发展的需求并结合学生的兴趣和个性，尊重学生期望的发展方向，从而采取有针对性的培养措施，造就广泛的差异性人才；根据高校的现有人文氛围资源、校园特色资源、教师资源等，培养特色鲜明且专业素质过硬的学生人才等。

其次是深入生活，即真正从大学生的生活中发现问题，到大学生的生活中进行调查，融入大学生的日常生活，再通过实际生活之中的支流沟通掌握学生的具体问题，引导大学生学会生活并解决自身的问题。只有在实际的生活中，学生才会表现出日常生活中的不足和问题，辅导员深入实际生活，才能找出学生的不足，并有针对性地进行引导和辅导，促进学生关注生活细节，不断完善自我。

最后是深入学生，即辅导员需要将自己扎根到学生群体中，让自己与学生打成一片，思学生所思，想学生所想，急学生所急，这样才能够真正服务好学生。辅导员需要学会换位思考，从学生的立场、角度去思考，这样才能够真正了解学生的需求，最终才能成为学生的朋友。在深入学生的过程中，辅导员需要和学生打成一片，如共同参与各种活动，和学生一起分享欢乐、一起承担失落，需要加强和学生的沟通，成为学生的知心朋友，从而更好地了解学生内心的想法；辅导员需要在课堂、宿舍、食堂等各个场景中与学生深入交流，这样才能真正了解学生的日常生活情况；当发现因为各种因素产生心理困惑或心理问题的学生时，如成绩落后、家庭发生变故、家庭经济困难、感情出现危机、交际困难等，要付出真心去关注、关爱、帮助学生，并采用有针对性的引导、辅助的方式，帮助学生走出困境。

另外，不同阶段的学生内心的需求也会有很大不同，如新生入学后最大的内心需求就是快速适应高校生活，而临近毕业的学生最大的内心需求则更偏重于就业、求职、创业、择业等，辅导员需要从不同的角度去分析学生的情况，真正深入学生内心，了解学生的问题，以便更好地帮助学生，引导学生健康成长并成才。

（四）挖掘学生主体性作用

随着社会的发展和高校的教育改革，学生在教育过程中的主体性作用越来越重要，主要指的是学生在高校学习生活过程中所表现出的主观能动性和自主性，其主体性主要体现在对学校生活条件和后勤设施等的要求越来越多，对学习时科目及内容的要求也越来越高，对学校各种事务的管理和活动的参与度越来越高，对社会现状的认知和批判性诉求越来越注重等。

辅导员在进行学生日常生活管理过程中，要将学生视为主体，挖掘学生的主体性作用，培养学生自强自立、自尊自重的自主精神，并增强学生主动适应环境和改造环境的意识，引导学生认识和提高自身主体能力，发掘自身潜力，激发创造性。辅导员首先，需要尊重学生的主体地位，即尊重学生的个性、兴趣和特点，爱护学生的好奇心和求知欲，为学生主体的自主发展创造有利的环境；其次，要培养学生的主体意识，即通过引导和以身作则，加强学生认识自我、发现自我和挖掘自我的意识，促进学生对自身的主体地位、对自身的调控、对自身存在的价值产生自觉意识，辅导员需要结合隐性教育和显性教育，营造良好的校园文化氛围，充分发挥榜样和标杆的力量，促进学生主体意识的培养；最后，辅导员要着重打造一批道德素质高、文化和专业基础强、学习和工作能力突出的学生干部，通过学生干部的引领作用，增强学生自我教育、自我管理和自我服务的意识，同时需要结合现代化手段，运用互联网技术等进行及时的沟通交流，在提高学生干部影响力的同时，提升学生自我管理和自我教育的能力。

第二节　排忧解难·学生资助管理工作

目前，中国高校中依旧存在一定数量的家庭经济困难学生，受到经济因状况的影响，这些学生的学业、心理发展、人际交往、就业等方面都会受到一定影响。学生资助管理工作就是通过对家庭经济困难的学生进行帮助，促使其思想、心理、学业等健康发展，最终成为社会所需的人才。学生资助管理工作就是辅导员在帮助学生摆脱经济困难的同时，开展思想政治教育，保证学生不会因为家庭经济原因而辍学，并切实关心他们的成长和发展，引导学生树立远大理想，并有计划、有步骤地为学生提供更好的发展机会，促进学生健康成才。

一、学生资助涵盖的内容

自新中国成立以来，中国在不同的时期对学生进行资助的目标、范围、标准和方式也有所不同，其不仅是社会经济发展的投影，也是教育发展的烙印。

（一）学生资助政策沿革

从整体来看，学生资助政策大概分为四个阶段，第一个阶段是免费和人民助学金的形式，最初是全体大学生都免交学杂费并能够得到政府给予的人民助学金，全国的标准统一；之后开始根据社会经济发展情况进行调整，家庭富裕，能够承担生活费的学生不再发放助学金，能够承担部分费用的学生承担一部分费用，助学金补全剩余费用，完全无法承担的学生则发放全部助学金。第一个阶段时间跨度为 1952 年到 1983 年，随着社会经济的发展和政治形势的发展，这种学生资助模式出现了畸形发展，且教育成本的增加也限制了高等教育的发展，于是在 1978 年改革开放之后，顺应公民收入大幅提高的变化，学生资助政策开始进行调整，并从 1983 年开始进入第二阶段。

第二阶段的学生资助模式是免费入学、人民助学金以及人民奖学金相结合，即在继续免除学杂费的同时，对非师范高校的人民助学金的资助范围进行紧缩，但针对的是高校中的优秀学生发放人民奖学金，这种模式不仅符合时代精神，还和培养人才的目标相匹配，因此受到了高校、学生、社会的一致认可。第二阶段时间跨度为 1983 年到 1987 年，是中国高校学生资助制度的改革时期。

第三阶段的学生资助模式是免费入学、人民奖学金以及助学贷款相结合，因为随着改革开放的快速推进，国家经济发展速度开始加快，教育规模也相应地开始扩大，平均式的人民助学金弊端越来越明显，对高校学生发展极为不利，因此在 1987 年取消了人民助学金制度，但增加了助学贷款制度。助学贷款是由政府向学生提供的无息贷款，以确保家庭经济困难的学生能够获得帮助，并激发学生的奋发精神，以自身的提高来回报政府和社会。第三阶段的时间跨度较短，为 1987 年到 1989 年，是中国高校学生资助制度的调整期。

第四阶段的时间跨度是 1989 年至今。之所以是从 1989 年开始，是因为这一年是高校教育改革年，之前国家对学生资助采取的都是免费模式，学生不需要承担成本，但随着社会经济的快速发展及社会对高等人才的需求不断增加，高校教育经费严重不足，限制了高校教育的招生规模和人才的大规模培养。因此，从 1989 年开始高校教育开始实行成本补偿政策，即不再对学生完全免除学杂费和住宿费，而是开始实行缴费上学制度。从 1989 年到 1997 年是高校实行招生并轨并实行学生缴费上学改革的主要阶段。从 1998 年开始，国家正式出台了国家助学贷款制度，开始由社会金融机构按市场运作的模式向家庭经济困难的学生发放贷款，国家和个人共同承担一半的利息。进入这一阶段，高校学生资助制度转变为缴纳学杂费、奖学金、助学贷款、减免学费、勤工助学金、补助金等综合的形式。

（二）学生资助所涵盖的内容

学生资助的内容主要有以下六个方面。

第一是国家奖学金。这是国家为了激励高校学生勤奋学习和全面发展，由中央政府设立的用以奖励高校中特别优秀的学生的奖学金，原则上是学生只要符合奖励条件，不论家庭经济是否困难都能够获得，同一个学年之内获得国家奖学金的家庭经济困难的学生，不能同时获得国家励志奖学金，但可以同时申请与获得国家助学金。国家奖学金最基本的申请条件是大学二年级及以上普通全日制高校在校生，只要学生热爱祖国并拥护党的领导，思想政治层面符合要求，并遵纪守法，遵守学校规章制度，道德品质优良，同时在校期间的学习成绩、实践活动能力、创新能力、综合素质等特别突出和优秀，即可进行申请。

第二是国家励志奖学金。这是国家为了激励高校中家庭经济困难的学生勤奋学习和全面发展，由中央政府和地方政府共同设立的针对家庭经济困难但各方面都比较优秀的学生的奖学金。其基本的申请条件和国家奖学金类似，只是增加了针对性，即家庭经济困难且生活简朴的优秀学生。

第三是国家助学金。这是国家为了帮助高校家庭经济困难的学生，由中央政府和地方政府共同设立的助学金，具体的资助标准分 2～3 档，由中央高校分档，并由地方财政部门确定具体标准。其基本的申请条件为热爱祖国并拥护党的领导，遵纪守法且遵守高校规章制度，道德品质优秀且勤奋好学，同时家庭经济困难且生活简朴。在此基础上，高校可以根据自身的实际情况制定详细的条件。

第四是师范生公费教育政策。此项政策主要针对的是师范生，其目的是改革和加强师范教育并吸引更多优秀高中毕业生报考师范专业，从而培养更多优秀教育工作者。因此从 2007 年开始，国家对考入教育部直属师范大学的学生实行师范生免费教育政策，2018 年教育部对相关政策进行了系统全面的规定，将师范生免费教育政策调整为师范生公费教育政策。

师范生在高校四年免除学费和住宿费，并领取生活补助，要求是师范生入学前和高校或生源所在地部门签订承诺协议，即毕业后从事基础教育六年以上，到城镇学校工作的师范生需要先到农村义务教育学校任教两年。

公费教育师范生毕业后一般需要回到生源所在省份任教，并由省级相关部门统筹规划，做好师范毕业生接收工作，确保每一位公费师范生都能够有编有岗；同时省级教育行政部门要负责组织用人单位和毕业生彼此双向选择，若公费师范生前往中西部任教，中央财政会对中西部地区给予一定支持。公费师范生可以同时享受国家奖学金和学校及社会设立的各种奖学金，但不能同时享受国家励志奖学金和国家助学金。

第五是国家助学贷款。这是由政府来主导，由财政部门贴息，然后由财政部门和高校共同给予银行一定的风险补偿金，最终由银行和教育行政部门以及高校共同进行操作，以帮助家庭经济困难的学生支付在校期间的各种费用，学生可以在毕业后进行分期偿还。原则上每位学生每学年最高获得助学贷款额不超过8 000元，全日制的研究生每人每学年最高不得超过12 000元。贷款学生在校学习期间的助学贷款利息全部由国家财政部门予以补贴，但毕业后的利息则由贷款学生本人全额支付，贷款最长期限为20年，还本宽限期自2020年开始从原本的3年调整为5年，即在还本宽限期只需要偿还利息，不需要偿还本金。

国家助学贷款的具体申请条件是中华人民共和国国籍且持有中华人民共和国居民身份证，家庭经济困难的本专科及研究生，且具备完全民事行为能力，学习努力，能够正常完成学业，遵纪守法且道德品质高尚，同时因为家庭经济情况无法筹备到足够在校期间使用的各种费用。

国家助学贷款实行的是一次申请、一次授信、分期发放的方式，即通过审批的学生可以和银行一次签订多个学年的贷款合同，银行需要分年对贷款进行发放，通常在一个学年内的各种贷款银行需要一次性发放。助学贷款可以细分为两类，一类就是以上说的由政府主导、由财政贴息的贷款模式，不需要学生办理贷款担保或抵押，但需要承诺按期还款并承担相对应的法律责任；另一类则是生源地信用助学贷款，这是由学生入学前户籍所在地主导办理的助学贷款，通常由学生本人或学生合法监护人向户籍所在地申请办理，无须担保和抵押。

助学贷款的还款方式分为多种，一种是由学生在毕业前或毕业时一次性或分次还清；一种是毕业后由学生所在工作单位一次性垫还；一种是学生毕业进入工作岗位后，在第二年到第五年期间由所在单位从工资中逐月扣还；一种是毕业后根据学生在工作单位的表现，减免垫还贷款。若学生在高校期间因为触犯了法律、校规校纪等被学校开除学籍或勒令退学，或学生自动退学，那么贷款需要由学生家长负责还清。

第六是勤工俭学活动，即家庭经济困难的学生在高校组织下，利用自身的课余时间通过自身的劳动获得合法报酬，以用于改善自身学习和生活条件的活动。通常情况下学生在学习之余依旧有余力，则可以申请勤工助学，审批之后接受必要的岗前培训和安全教育后，由学校统一安排到校内或校外的岗位上进行劳动。当然，勤工俭学的形式和途径并非统一，有些学生通过家教中心的帮助获得家教的工作，有些学生则通过招聘广告或介绍直接与用人单位联系成为其员工，从而获取一部分合法报酬来补贴自身。

除以上六种资助形式之外，还有些其他的资助政策和措施，如有些高校会开通绿色通道，即高校对家庭经济困难的学生进行审核后，可以批准其暂缓缴纳学杂费等，先入学学习然后由高校来帮助学生申请贷款、提供勤工俭学机会、根据学生情况申请奖学金和助学金等，其目的就是通过对家庭经济困难学生的关怀，运用绿色通道来为其更好地学习和成长提供便利。

二、学生资助工作的基本原则

学生资助工作的最终目的是为家庭经济困难的学生创造更好的学习条件和成长环境，因此整个资助工作过程中始终需要坚持以学生为本的核心原则，并将解决学生实际困难与解决学生的思想问题相结合，在帮助家庭经济困难的学生解决经济方面的问题的同时，引导学生在学习、生活、思想、观念、信念等方面共同提高和成长，以便最终成为社会所需的优秀人才。为了达到以上目标，在资助工作中就需要遵循一定的基本原则。

（一）坚持资助与育人结合的原则

学生资助工作并非简单的经济资助工作，而是一个综合性工作，在解决学生经济困难问题的同时，还需要促进学生健康成长、和谐发展，尤其是随着社会的发展，社会对人才的要求越来越高，并呈现出多样化特征。家庭经济困难的学生因为其成长过程中一直伴随着经济问题，所以产生了很多其他问题，包括心理和思想道德品质方面的问题，很容易和普通学生产生隔阂。

基于此，在开展学生资助工作、解决学生经济问题时，还需要加强对学生的教育，包括爱国教育、感恩教育、自强教育、自立教育等，不仅需要为学生创造基本的生活条件，还需要从多个层面着手促使其能够安心学习并顺利成才，也就是要坚持资助工作与育人工作相结合。具体可以从以下几个角度入手。

1. 加强心理健康教育

家庭经济困难的学生在承受经济压力的同时，也必然经受着心理压力，如有些学生在求学过程中长期承受很大的经济压力，所以性格更加自卑和内向，容易引发心理问题；有些学生在求学过程需要耗费大量课余时间参加勤工俭学从而减缓经济压力，因此会不同程度地影响学业，甚至无法获得奖学金，令学生陷入进退两难的困境，停止勤工俭学就无法承受经济压力，而持续进行勤工俭学就难免会影响学业。

以上这种情况是家庭经济困难的学生最常出现的问题，这也会令学生承受着更大的压力，尤其是因为性格问题和精力问题，很容易让其他普通学生觉得他们不合群，平添了人际交往的困扰。辅导员在帮助学生获得资助的同时，也需要有意识地帮助他们树立科学的人生观和价值观，需要通过心理健康教育调整学生的认知结构，让其能够正视贫困和现实情况，需要引导他们认识到资助永远是有限的，要真正解决经济问题，改变自身命运，还是要依靠自身的努力；另外需要指导学生提高心理自助能力，促使学生能够正确认识自身，寻找属于自己的闪光点，并完善人格，培养自尊、自立、自信、自强的心理品质；可以通过心理疏导，让学生认识到如今的经济困难和磨砺都是人生路上珍贵的财富，只要自己能够不断披荆斩棘，锤炼自身坚韧的毅力和拼搏的精神，不断完善和强化自身，就能够让自身摆脱经济困扰，从而促使学生能够保持乐观的心态，不断提高自己，培养出健康的心理素质，并构建契合自身的生活习惯和社会交际圈。

2. 加强诚信教育

高校对家庭经济困难的学生进行资助，最常见的方式就是各种助学金和助学贷款。在申请助学金和助学贷款过程中，辅导员要加强对学生的诚信教育，如在申请助学金过程中做到诚信申请，在助学贷款过程中做到诚信还贷，尤其是学生的助学贷款通常不需要担保和抵押，这就需要学生在拥有偿还能力时做到诚信还贷。只有拥有正确的理想观念和高尚的道德情操，加强对学生的诚信教育，才能培养出诚实守信、知恩图报、努力拼搏的社会人才。

3. 加强感恩教育

中国民间俗语称："受人滴水之恩，当以涌泉相报。"这说的就是人需要具备感恩精神，即使受人一点小小的恩惠，也需要在拥有能力时加倍回报。为了能够让家庭经济困难的学生能够解决经济方面的后顾之忧，从而专心学业并努力成才，国家和社会采用了多种资助形式，这些资助者最期望的就是学生能够最终成才，并且不寻求回报，但作为接受资助的学生却需要知恩图报。辅导员在学生接受资助的过程中，要运用有利时机对其进行感恩教育，如让受到社会资助的学生能够主动向捐赠方汇报自身的学习和生活情况，并表达自身的感激之情；逐步培养学生的感恩意识，充分发挥自主教育作用，培养学生的使命感和社会责任感，尤其是培养个人责任感，即获得资助后就要承担相应的个人责任，并在成才的道路上愈走愈远；同时，辅导员还可以引导接受资助的学生成立公益协会，并参加各种社会中的公益活动，通过公益协会相互交流，实现多层次的学生引导和教育，最终使接受资助的学生能够健康成长，并接受资助，之后进行自助，最后心怀感恩、不求回报地助人的良性循环体系，构建全方位的资助育人服务体系。

（二）坚持资助与励志结合的原则

资助家庭经济困难的学生的目的是消除他们的后顾之忧，并最终令其奋发进取、励志成才。因此在开展资助工作时，要坚持资助与励志结合的原则，坚持经济资助和精神扶持相结合，坚持物质帮扶与励志教育相结合，通过帮助学生摆脱经济困境，激励他们自强不息、勇往直前，磨炼他们在困境之中坚持理想信念并不断开拓进取的坚强意志。

辅导员可以通过对接受资助的学生群体开展自强评比、勤工俭学表彰、爱心回报社会等多种活动，引导学生树立正确的人生观、世界观和价值观，激励他们即使贫困，也能够正视自身，并自强自立自爱，在激烈的社会竞争中不断完善和提升自我，最终成为社会所需的优秀人才。

（三）坚持资助与勤工俭学结合原则

学生资助工作是为了通过给予家庭经济困难的学生经济资助，免除他们的后顾之忧，同时也需要培养他们的劳动观念和创新创业理念，因此需要坚持资助和勤工俭学相结合的原则，在保障学生没有经济方面的后顾之忧的基础上，引导学生能够通过自己的劳动获取报酬，并最终通过自身的努力去完成学业。

对学生的资助工作只是为了能够让家庭经济困难的学生可以顺利完成学业，辅导员需要引导学生了解到资助不是目的，而是为了能够促使其成长成才，并能够通过自己的劳动和努力，对自己的未来负责。通过勤工俭学不仅可以帮助学生解决部分经济问题，还能够增强学生的劳动观念和劳动意识，即将资助工作由输入型向互助型推进，在对学生进行物质帮扶过程中，精神上培养学生并促进学生培养能力，最终克服不劳而获的思想，并利用自己学到的专业知识，通过诚实的劳动获取相应的报酬。

三、学生资助管理工作的主要内容

学生资助是为家庭经济困难的学生提供经济资助，以使学生能够免除后顾之忧从而更好地学习和成才，最终为社会做出贡献，成为社会未来所需的人才。辅导员的工作之一就是进行学生资助管理，主要工作内容是对家庭经济困难学生的认定与建档，并保证后续资助项目的正确实施，同时需要在学生的高校生涯中对学生进行思想引导和教育，促使其培养正确的人生观、价值观和世界观，并最终成才。

（一）资助学生认定与建档

学生资助管理工作的第一步就是要对资助学生进行认定，需要让有限的资金发挥出最大的效用。辅导员的这部分工作的目的就是要切实保证国家的资助政策和措施能够真正落实到家庭经济困难的学生身上。不过因为高校接收的学生通常来自全国各地，而不同地域的经济条件和学生的家庭条件也有所不同，所以各个地域对贫困家庭的标准也会有所不同。在这样的情况下，高校只能依靠学生生源地的民政部门、街道办事处或乡镇社区等来为学生出具相对应的家庭经济困难证明，但因为对学生进行的经济资助并非由生源地出资，所以很容易出现审查不严的情况。高校只能在证明的基础上，依据学生进校之后的消费水平和生活表现来对经济困难的学生进行认定。这就引发了学生为了获得资助名额而进行竞争的问题。因此，高校需要有一套科学的认定措施，具体可以从以下几个方面实施。

1. 建立认定机构并建档

建立认定机构首先需要确定工作领导，以便全面领导高校对家庭经济困难学生进行的认定工作，可以由高校的学生资助管理机构，并负责组织和管理；其次需要建立认定工作组，可以分院系建立各院系的认定工作组，以院系领导为组长、学生辅导员为成员，负责对家庭经济困难学生进行审核；最后需要建立认定评议小组，可以分年级或分专业进行评议小组的组建，由辅导员担任组长由学生代表担任成员，负责具体学生认定的民主评议工作，此小组成员可以根据学生数量进行合理的配置，但成员必须具备广泛的代表性。

建立好的认定机构需要将申报家庭经济困难的学生资料进行建档，并为后续的认定工作服务，在此过程中需要对建档资料及时进行更新，以确保内容的真实性。

2. 明确合理的认定标准

认定机构需要参照高校所在地居民的最低生活保障水平来制定严格、明确且合理的认定标准，并建立恰当的认定程序，以便完成后续对家庭经济困难学生的认定工作。可以根据高校所在地的经济情况，将认定标准设置为多个档次，分别为一般经济困难、中等经济困难和特殊经济困难等两到三个档次，并依据此认定标准来为学生进行最终的档次认定。

3. 规范学生的认定程序

通常家庭经济困难学生的认定工作，高校每学年会进行一次。高校需要严格按照认定程序来部署认定工作，充分发挥高校设置的多个机构，包括学生资助管理机构、院系认定工作组、年级或专业认定评议小组等，各自不同的职能，完成最终的认定工作。

整个认定程序有以下几个步骤：第一，家庭经济困难的学生本人需要如实填写《高等学校家庭经济困难学生认定申请表》和《高等学校学生及家庭情况调查表》，向学校详细说明家庭的经济状况，同时需要持调查表到家庭所在地的乡、镇或街道民政部门加盖公章来证明家庭经济状况属实。已经被高校认定为家庭经济困难的学生在其他学年进行认定时，若家庭经济状况没有显著改变，可以只如实填写申请表，不用再填写调查表。

第二，高校的认定评议小组需要根据学生提交的申请表和调查表，对学生家庭的经济情况进行综合考察，主要考察内容是家庭人均收入、学生日常消费情况、影响家庭经济状况的因素等。认定评议小组对这些内容进行认真评议后，确认学生对应的资助档次，然后呈报给院系认定工作组进行二次审核。

第三，院系认定工作组根据认定评议小组提交的初步评议结果进行三次审核，如果发现异议可以向认定评议小组提出意见和建议，在征得认定评议小组的意见后进行调整和更正。当院系认定工作组通过审核后需要将资助学生的名单和档次进行公示，公示需要采用恰当的方式和保证适当的范围，公示后可以将公示结果呈报给高校学生资助管理机构进行最终审核。

第四，高校学生资助管理机构汇总各个院系审核后的学生名单和具体情况，形成《家庭经济困难学生汇总表》，并呈报给领导组进行最终审批。在此过程中需要对汇总表进行信息归档，根据高校学生资助管理机构的管理系统的要求进行审核管理和数据库建设，并随时对信息进行更新。

在此过程中，辅导员需要对资助学生进行诚信教育，当学生家庭经济状况产生显著变化时，需要及时告知高校，以便高校能够及时进行调整；同时各个院系每学年也需要定期对名单上的学生进行资格复查，可以采用不定期、随机抽选的方式，运用电话、互联网、实地走访等多种方式进行情况核实。

（二）国家资助项目实施

学生资助项目之中，国家资助项目由国家财政出资设立，属于专门的资助项目，通常由国家根据各高校的学生人数和生源地的情况来确定资助金额，并且会对办学水平较高的高校或农业、林业、水利、地质、矿产、石油、核能等国家特殊需求的学科专业等进行相应的倾斜，即这类高校和学科专业会获得更多的资助。国家资助项目有四项主要内容，包括国家奖学金、国家励志奖学金、国家助学金以及师范生公费教育。其实施通常分为以下四个阶段。

第一阶段是根据国家相关文件和高校的实际情况，对不同的国家资助项目进行对应的评审和管理，尤其是国家相关文件不仅是国家资助项目的政策导向，同时也是一种潜移默化的引导，即能够引导学生向国家和社会所要求的方向发展。因此，在第一阶段高校可以让辅导员组织学生对相关文件进行学习和宣传，以便学生对政策导向有深入的了解。

第二阶段是高校根据不同院系对参评学生数量进行名额划定，并适当向品行端正、学习优异、自强自立、艰苦努力的学生进行倾斜。辅导员需要指导符合条件的学生根据自身条件进行申报，如实填写各种申请表。在此过程中，辅导员要引导学生向国家和高校要求的方向努力，并培养学生的感恩之心和诚信品质。

第三阶段是对申请学生进行评审和公示。此阶段的流程同样需要高校的各个资助管理部门参与，不过最终公示的名单需要呈报到全国学生资助管理中心进行确定，并按照隶属关系报送中央主管部门或教育厅和财政厅进行备案。

第四阶段是各中央部门和财政厅接到高校上报的名单后，在 15 日之内将资助资金全部拨付给高校。高校对资助资金进行统一发放，其中国家助学金通常由学校按月发放给学生或直接打入学生的伙食卡中，保障学生基本生活。在此过程中高校要加强管理并认真做好评审和资助资金发放工作，确保资助资金能够真正专款专用，用于资助品学兼优的贫困学生，同时要接受相关财政部门和主管机关的检查和监督。

国家奖学金的额度通常为每人每年 4 000 元，每年用于资助 5 万名贫困学生；申请和获取国家奖学金的家庭经济困难学生可以申请并获得国家助学金，规格为每人每月 150 元，每年按 10 个月进行发放；获取国家奖学金的学生不得同时申请和获得国家励志奖学金，国家励志奖学金的资助金额为每人每年5 000元。

除以上这些内容，国家资助项目中还包括生源地信用助学贷款项目以及助学贷款项目，其中生源地信用助学贷款按年度申请、审批和发放，原则上每人每年申请的贷款不超过6 000元，主要用于解决学生在校期间的学费和住宿费问题，申请生源地信用助学贷款的学生不得申请国家助学贷款；国家助学贷款额度根据学生情况有所不同，如本专科生每人每年贷款额度不超过8 000元，硕士研究生每人每年贷款额度不超过12 000元。

（三）社会资助项目实施

社会资助项目是由金融机构、社会团体、企事业单位或个人出资设立的针对家庭经济困难学生的专项资助项目，通常根据出资者的意愿以及高校的实际情况进行资助方案的制定和实施。

社会资助项目的实施也分为四个阶段：第一阶段是为了规范管理社会资助项目和资金，确保项目正常实施，需要社会捐赠方和学校明确各自的责任和义务，并签订资助协议和相应的实施细则。协议书通常需要包括且不限于以下几项，一是明确社会奖学金和助学金的对象和实施范围；二是确定奖学金和助学金的金额、认定标准、资助人数以及相关期限；三是明确获得奖学金或助学金的学生的条件以及相对应的优先获得条件；四是明确奖学金和助学金的发放和管理模式；五是对获得奖学金或助学金的学生进行后续教育管理等。

第二阶段是社会奖学金和助学金的申请和评审标准，通常需要将社会奖学金和助学金的实施范围和对象以及标准等在参评的学生群体中进行宣传，使所有有资格的学生都能够有机会参与，然后鼓励所有学生根据条件进行申报。在评审过程中需要接受各方的监督，严格按照协议和实施细则进行评审。

第三阶段是确定审核后的学生名单后，高校需要根据捐赠方的意愿和需求，进行规模不等的奖学金和助学金颁发仪式，一方面对获奖的学生进行表彰，另一方面对捐赠方进行隐性宣传。社会奖学金和助学金比较适宜的发放形式是通过银行转账，不适宜采用现金发放，以避免发生不必要的意外。

第四阶段是高校和获取奖学金、助学金的学生需要及时向捐赠方反馈资助资金的发放情况和使用情况。这样做能够加强对资助管理机构的监督，可以令捐赠方及时明晰捐款的走向和运用情况，同时还可以在一定程度上培养学生的感恩精神。

（四）高校资助项目实施

高校资助项目就是高校按照国家的相关规定，从自身收入之中抽取一定比例的经费用于免除学生的学费、勤工助学、校内无息借款等，这需要高校根据自身情况实施。高校对家庭经济困难的学生的资助主要有以下几种形式。

1. 减免学费

对家庭经济特别困难以至于无法缴纳学费的学生，可以享受国家制定的减免学费政策。例如，家庭经济困难的烈士子女及优抚家庭子女（包括退役军人、残疾军人、因公牺牲军人、现役军人等所有军人的子女）可以享受学费减免政策，同时可以在同等条件下优先享受国家和社会以及高校所提供的各种资助；西部开发助学工程的学生，这是国家实施西部大开发战略帮助西部培养人才的工程化教育目标，即资助西部省区品学兼优、家庭贫困的优秀学生，减免其高校学费的50%，给予这批学生每人每年 5 000 元的资助，并为其提供助学贷款等；家庭特别困难或家庭遭遇重大自然灾害的学生，可以根据学生具体情况减免其学费，尤其是一些因为遭受重大自然灾害导致无法缴纳学费的学生，以及孤儿和残疾学生等，会给予这些学生困难补助、优先安排勤工俭学机会，同时减免学费，保证其能够顺利完成学业。

2. 勤工俭学

勤工俭学是高校进行学生资助工作的重要组成部分，通常是学生在高校组织下利用课余时间进行勤工俭学，通过劳动来获取合法的报酬以支付学习和生活开支。勤工俭学不仅是资助家庭经济困难学生的有效途径，还是提高学生综合素质和锻炼学生职业技能、提高学生就业能力、培养学生职业道德和社会公德的主要途径。

勤工俭学需要建立在学生学有余力、自愿申请、信息公开、遵纪守法且竞争上岗的原则基础上，同时要保证扶困优先，即家庭经济困难的学生满足基本条件后可以优先获取勤工俭学机会。学生可以在保证不影响自身正常学习的前提下提交勤工俭学申请，并接受勤工俭学岗前培训和安全教育，然后由学校统一安排到校内企业或合作企业的岗位上进行适当的锻炼，并通过这种合法的工作方式获得相应的报酬。学校在安排学生勤工俭学时需要和学生的专业、学业有机结合，以鼓励学生从事智力型、科技型活动。高校需要按照国家的相关规定从高校收入之中提取一定比例的经费用于勤工俭学，可以建立勤工俭学基金，专门用于支付校内勤工俭学活动中学生的劳动报酬，此部分经费需要实行专项管理，不得随意挪用和挤占。

学校还可以通过和社会机构、企事业单位进行合作来为学生提供勤工俭学机会，如让学生在最后一学年进入社会机构或企业等用人单位进行实习。在此基础上，高校还可以和企业合作，逐步建立和完善半工半读制度，一方面实现学生资助，另一方面使学生能够更好地根据社会需求制订学习计划和调整学习方向等。

3. 困难补助

困难补助是针对获得国家助学金和助学贷款后，学习和日常生活依旧非常困难，或因为突发事件导致经济依旧困难的学生，高校可以根据学生的实际情况给予一次性困难补助。

通常这种补助主要用于以下几种情形，一是学生本身家庭经济困难，又遇到了突发意外事件，从而导致经济来源受到极大影响从而造成学习和基本生活无法得到保障；二是学生家庭经济困难，又遇到意外事件受伤或受疾病侵扰，生活无法保障而且支出变大，且家庭根本无力承担此部分开支；三是家庭经济特别困难，尤其是新入校学生，甚至在入学后根本无法满足基本生活需求，如进入寒冬却缺少御寒用品等。针对这种情况，高校需要采用人性化的资助管理，对学生进行适当的困难补助，使其能够顺利完成学业。

4. 绿色通道制度

为了保证家庭经济困难的学生能够顺利入学，教育部、发改委和财政部规定，各高校必须建立绿色通道，对家庭经济困难、被录取入学的学生，一律要优先进行入学手续的办理，在核实学生情况后，采取不同的方法对学生进行资助。

绿色通道需要保证畅通无阻，如在发放学生的录取通知书时需要附《高校学生家庭经济情况调查表》和相关证明来确定学生是否需要走绿色通道，符合绿色通道的学生可以先办理学费缓缴和入学手续。

高校可以根据学生的优势和特性有针对性地提供资助，如通过互联网平台进行资料收集和整理，并结合社会中的各种活动，按照学生的个人爱好和特长为其制订提升计划，促使学生能够发挥自己的优势，通过参加活动来获得奖励和资助等。另外，高校还可以根据自身特点，设立各种金额不等、和学生专业以及创新能力相关的研发奖励和奖学金及助学金，鼓励学生发展特长并进行创新，引导学生全面发展，在提高自身各方面素质的同时获得资助。

第三节　坚实后盾·学生危机事件管理

高校学生危机事件通常指的是因为某些具体原因或综合原因导致的高校内部突然发生甚至迅速演变或激化为大规模的、影响校内稳定和校内治安及秩序，最终发展为危害社会安全和政治稳定的各种事件。此类事件中可能会造成高校师生员工等身体健康严重受到损害乃至死亡，心理健康严重受损乃至出现心理疾病，或者高校内公共财产受到损害或学校名誉损毁。高校学生危机事件发生会严重影响社会的和谐、高校的稳定发展以及学生个体的成长，因此针对学生危机事件的管理一直是学校学生管理工作的重点。

一、高校学生危机事件的特点

高校中发生频率较高且影响较大的学生危机事件主要包括两类，一类是偶然导致的不可抗力事件，主要是各种自然灾害，如地震、洪水、火山喷发等，此类危机事件最需要做的是根据情况进行预演训练和针对性训练，如高校处于地震多发带时就需要有意识地对高校学生进行多次地震应急演练，在日常生活和教学中要注意进行地震灾害知识普及、地震预演排练等，避免遭遇地震灾害时学生无所适从，同时能有效保障师生安全。另一类则是人为导致的危机事件，包括校内安全事故（包括火灾、有害物化学泄露等）、学生心理问题暴发、学生群体性活动、医疗事故及传染病暴发等。

不管哪类危机事件，都是以高校学生为主体，都会产生较严重的后果，尤其是人为导致的危机事件中，很容易在短时间内发生并演化成大规模事件，从而对高校正常秩序乃至社会秩序造成严重影响、冲击以及危害。综合而言，高校学生危机事件具有以下六个特点。

（一）事件的突发性

事件之所以会突发，主要就因为引发事件的源头问题没有得到很好的解决，之后进行积压并扩大化，最终在达到临界点之后突然爆发。也正是事件的突发性造成事件具体的发生地点、发生时间、产生的影响等都很难预测，而且当突发事件出现后，其变化会非常迅猛，具有很强的突然性和快速性。

（二）诱发因素多样性

随着社会的快速发展，全球化和信息化进程的不断推进，以及改革开放的日益深入，社会中充斥着各种信息和各类文化，这使各种思潮有了立足之地，并且随着互联网技术和通信技术的发展，各种思潮开始通过各种渠道传入高校。在这样的时代背景下，高校的学生自然会处于思潮的冲突、观念的碰撞、信息的交汇和体制变化之中，又恰好是对信息最为敏感的群体，再加上自身思想观念并不成熟，因此很容易引发各种问题。

外有各种社会变化和变革，内有学生的个性化和思维冲突性，内外因素的融合使高校学生很难在非常稳定的观念体系下快速成长，从而使学生群体很容易受到影响，进而诱发学生危机事件。通常情况下，高校学生危机事件是以一个具体的问题或事件、因素为诱因，之后在社会背景和学生特性的推动下，逐渐产生了量的积累，最终发生质变。这个在源头出现的问题、事件、因素就是学生危机事件发生的导火索。然而这个诱因并非固定的，因此很难进行预测，最终这个诱因所引发的事件的态势、影响、规模、爆发节点等也都难以进行掌控，所以学生危机事件不但诱发因素具有多样性特点，而且引发的危机事件也具有多样性特点。

（三）事件影响的扩散性

当高校发生学生危机事件，其事件产生的原因和演变情况会很快扩散传播，从而引起社会的广泛关注，主要有三个因素：其一是教育历来都广受社会群体关注，作为培养社会人才的主要场所，高校受到的关注无疑更大，其不仅受公众关注，还受媒体和政府的关注，因此当高校出现学生危机事件时，很容易就会引起社会的反响并成为热点；其二则是互联网时代来临，信息传播越来越便捷，再加上媒体的推动，很容易让事件快速传播，从而传播到整个高校所在城市，乃至全国；其三则是现今学生的思想更活跃且主体意识更强，同时也更加个性化，所以作为事件主要参与者的学生会更愿意和敢于表达自己的意见和思想，加之学生群体本就思想发展不够成熟，因此在进行思想表达时很容易进行主观臆断，从而令小诱因无形中被放大，从而带来更严重的影响。

（四）事件后果的危害性

高校学生危机事件不管规模多大，也不论何种性质，都会产生非常大的危害，其危害性主要体现在社会危害、高校危害和学生及民众危害三个方面。只要发生学生危机事件，受到冲击最大的必然是高校，不仅会影响高校正常的教学和生活秩序，甚至还会对高校的财产造成损失，对高校的声誉产生不良影响；如果事件涉及国内外重大政治问题或涉外事件，不仅会对事件出现的高校和城市产生影响，还极有可能会演变为更大规模的地域性或全国性事件，或者会产生极强的辐射效应引发更大的界别性事件，波及整个世界的相关领域，这就是所造成的社会危害；学生危机事件也有可能会引发相关矛盾的爆发，从而对社会乃至民众产生影响，极其容易造成大范围的心理恐慌，最终导致社会秩序混乱。

（五）参与主体的活跃性

通常高校学生危机事件的参与主体是大学生，其本身就具有非常强的思维活跃性，并且具有群体性和易受鼓动性特征，很容易被激发。正是因为这种思维活跃性，发生事件时学生能够对事件产生非常快速的反应，并受到群体性和易受鼓动性特征的影响，直接在不明所以的情况下积极参与，最终使事件越来越具有影响力。另外，大学生通常处在青年期，具备该年龄段特有的热情和冲动，因此很容易出现盲从行为，在事件诱因的推动和性格的影响下，大学生很容易用外部冲突的形式来解决问题，从而将个体的言语倾诉、行为干涉，发展为群体冲动和群体发泄，最终对高校和社会乃至自身造生极大的危害。

（六）处理事件的复杂性

高校学生危机事件具备诱因多样、扩散性强等特点，因此会对学生、高校、社会造成极大的影响，也正是因为这种影响波及范围很广，所以处理学生危机事件时不仅需要考虑高校的内部问题，还需要考虑高校与社会环境之间的关系，而这种关系通常既复杂又难以处理。

处理事件之所以复杂，主要有两个方面的原因。一方面是学生危机事件的诱因有可能是一系列政治、社会、文化层面的矛盾及问题的积压和激化。这些诱因不仅会影响高校的稳定，在解决这些矛盾和问题时还需要耗费大量的时间，甚至会涉及多个社会领域，而且通常无法凭借高校的一己之力将其解决。另外在处理事件的过程中，学生群体通常会提出相应的要求，这些要求具备合理性，但通常也会带有一定的违法性，这就使处理事件的难度变得极高。

另一方面则是随着社会的快速发展，会形成学生家庭多样化、生活经历多样化、价值取向多样化的状态，最终造成学生群体呈现出多元化特性，这使高校内部关系以及外部关系都变得更加复杂，不但高校和社会之间的关系需要进行维护和处理，而且师生之间的关系、学生之间的关系、学生与家庭之间的关系等也需要进行维护和处理维护和处理。再就是绝大多数学生对事件行为的合法性和合理性认识不足，明显具备法不责众心理，这些问题都使处理事件变得更加复杂。

二、高校学生危机事件主要类型

（一）政治类

政治类危机事件指的是事件背景带有浓厚的政治色彩，最主要的特点是群体性强、事件扩散速度快、社会影响大，通常事件中交织着多种矛盾冲突。一般事件先在学校内发生，然后由于学生的群体性，会快速扩散到其他学校乃至社会。政治类危机事件通常初衷很好，如爱国热情、民族团结等，但由于学生的盲从性和冲动性，很容易产生群体性聚集并在行为方面出现越轨。最具代表性的就是以爱国为由的各种抵制行为。

（二）自然灾害类

自然灾害类危机事件即高校遭受地震、洪水、泥石流、火山爆发、冰雹、海啸、台风等自然灾害，影响高校师生人身安全和高校正常秩序。因为自然灾害类危机事件是自然作用下产生的事件，所以其突发性和破坏性极强，尤其是地震等，很难准确预测其发生时间。通常情况下，自然灾害被称为不可抗力事件，高校人员极为聚集，发生自然灾害后不仅会对高校的建筑设施等造成极大破坏，同时还会造成严重的人员伤亡；而且自然灾害引发的危机事件还有一个特征是恐惧情绪蔓延，学生群体心理承受能力偏低，尤其在群体聚集后容易出现集体恐慌或集体失控的事件。

（三）公共卫生类

公共卫生类危机事件的特点是突发性强，尤其是未知传染性疾病发生很容易被忽视，但一旦爆发就具备传播速度快、传染范围广、危害性大等特点，包括传染病、食物中毒等卫生事件，最具代表性的就是 2003 年的非典型肺炎（简称非典，SARS）疫情、2020 年的新型冠状病毒肺炎疫情。

由于高校通常采用的是寄宿制，聚集性较强，尤其高校新生报到入学、开学集中返校等会极大增加学生的聚集和流动，所以很容易成为传染性疾病暴发的高危场所。2003年非典疫情肆虐，中国很多高校采取了校园完全封闭式管理，极大地避免了因为学生流动和聚集造成的疫情扩散；2020年新型冠状病毒肺炎疫情中，很多高校同样采取了完全封闭式管理，从根源处避免了疫情的扩散和传播。

（四）学校管理类

学校管理类危机事件指的是高校内部管理过程中存在某些方面的问题，却没有得到及时且有效的解决和疏导，问题积压造成质变，形成危机事件，通常表现为学生群体反抗行为，如集体罢课、集体罢考、集体上访、集体游行、打砸高校公共设施等。

这类事件的出现主要是由于高校管理不善且处理不及时，同时大学生又较为冲动，很容易不顾后果采取一些非常规的方式来表达自己的需求和想法。相比较而言，学校管理类危机事件的预防和解决，主要靠的是高校自身能够高效管理，并及时对学生的合理需求进行综合考虑和解决。

（五）治安案件类

治安案件指的是违反治安管理法律法规但尚不够刑事处罚的各种行为，主要有校内人员实施和校外人员对校内人员实施两种事件。此类危机事件最大的特点是参与者少但影响恶劣，会严重破坏高校治安和秩序，如打架斗殴、绑架勒索、偷窃抢劫、网络攻击等。

（六）心理疾病类

高校中的大学生出现的心理问题绝大多数是心理困扰，只有少数学生存在心理障碍，极少数学生存在心理疾病。学生的心理问题不断积压，又得不到适当的疏导，就容易形成心理疾病，最终发生行为激化的危机事件，包括自残、自杀、离校出走等。例如，高校学生自杀事件，虽然这是学生的个人行为，但高校具有人员集中、社会关注度极高的特点，因此当高校发生学生自杀事件时就很容易给高校带来消极影响，甚至会引起学生的集体恐慌或家长及社会的恐慌，从而对高校声誉产生消极影响。

（七）偶发类

偶发类危机事件主要分为两种，一种是校园设施安全引发的事件，包括实验室安全和建筑物安全等。实验室通常会有一些有毒有害物质，同时各种物质发生化学反应也容易产生有毒有害物质，稍有疏忽就很可能会出现不可控的事故；另外实验室有时还会进行各种生物类实验，如解剖等，有时因为生物类实验原料携带不易察觉的病菌或细菌等，若实验过程中操作不当，就容易引发危险。另一种是意外类事件，包括运动伤害、火灾、电灾等，都具有极强的偶然性。

三、引发学生危机事件的关键因素

（一）个人因素

高校学生危机事件有很大一部分最初都是由个人因素引起的，包括个人的心理、身体状况、思维情绪、认知等各个方面。当代大学生享受了改革开放的成果，且恰逢互联网时代，各种信息、文化、思潮不断交织，因此对大学生的影响极大。大学生所处的时代造成他们的成长路上没吃过苦，因此自立自理能力都较差，且因为遇到的困难较少，生活顺畅，所以心理承受能力也较差；同时又因为处于互联网时代，大学生思维非常灵活且兴趣广泛，好奇心重又喜欢尝试新鲜事物，自我防范和自我保护意识相对比较淡薄。这就造成大学生辨别能力较差，对消极负面思想的抵抗能力较差，而且当今社会的竞争激烈，就业形势又极为严峻，所以学生承受了极大的心理压力。较差的心理承受能力和调节能力，再加上较大的心理压力，就会造成不同程度的心理问题和心理障碍。如果这些问题不及时进行疏导和解决，不仅会影响大学生的身心健康，还会成为危机事件的主要原因。

（二）家庭因素

在进入高校之前，绝大多数大学生主要的成长环境就是家庭，家庭环境对学生的成长乃至一生都有着基础性的影响。家庭教育并不具备系统化特点，不同的家庭会采用不同的教育方式，这种教育差异性是形成学生独特性格和道德品质的基础。长期家庭环境的熏陶会令大学生形成较为固化的性格、习惯的生活方式、特定的生活理念和不同的认知模式。

在家庭环境中，残缺的家庭结构、恶化的家庭关系、紧张的家庭氛围、父母的不当管教等，都会对学生的心理和行为产生重大影响，尤其是父母离异、家庭负债、家庭环境剧烈变化等情况，很容易引发学生心理的急剧变化，从而产生心理危机，进而引发行为危机，如出现自虐、自杀、伤害他人、违反法律等行为，最终发展为学生危机事件。

（三）高校管理和服务因素

从 1999 年全国高校扩招至今，高等教育在二十多年的时间里发生了巨大的变化，尤其是高校规模和学生数量方面，都产生了较大的扩张，但教学内涵、人才培养模式、教学方法、教学内容等核心因素却无法快速匹配。而且绝大多数高校都是独立运作形式，不同的高校会采用不同的管理方式和服务模式。随着教育体制改革的深化，原本的经验式管理模式已经无法适应急剧扩大的规模，甚至有些高校缺乏服务理念。

在这种情况下，高校在进行管理过程中就容易存在问题得不到及时、快速、有效解决的情况，又因为服务意识淡薄，就容易对学生提出的问题不关注、不重视。当问题不断积压，就容易引发各种学生危机事件。

（四）社会因素

社会的快速发展同样会对高校以及学生产生巨大的影响，尤其是随着社会的转型和经济的发展，社会结构的重大调整，多元文化交汇使社会利益诉求也开始呈现出多样化特性，这些都对高校的安全稳定造成了一定的影响。例如，社会不同阶层的群体收入差距矛盾，必然会对高校产生影响，尤其是会触及高校师生的切身利益；同时政治体制改革的推进也会对政治敏感的高校造成冲击，从而影响高校师生的情绪。

诱发学生危机事件的社会因素主要体现在三个方面，其一是政治因素，即各种带有浓厚政治色彩的矛盾出现，对高校学生产生影响，从而引发危机事件；其二是环境因素，其中包括社会治安因素和自然灾害因素两种，社会治安因素主要体现在安全危机意识不足造成的治安漏洞，从而引发的学生危机事件，自然灾害因素则主要体现在地震、洪水等引发的高校环境设施遭受破坏、师生人身健康受到损害等事件；其三是经济因素，尤其是在经济状况不景气时，原本就业压力就大的学生就业会更加困难，就很容易引起学生的行为激化，从而出现示威、游行等事件。

（五）民族因素

中国是一个多民族国家，不同的民族有不同的文化、习俗和信仰，这种不同使人们在遇到经济利益矛盾、民事治安问题以及执行政策等过程中会产生不同的处理方式和不同的观念，也就容易出现矛盾和冲突，最终发展为危机事件。因此在执行各种政策的过程中，高校一定要妥善处理各种民族问题和关系，在大方向上必须维护民族团结和国家统一，在小方向上则需要及时解决民族问题，避免引发学生危机事件。

四、高校学生危机事件管理的基本原则和工作机制

高校学生危机事件通常会具有很大的危害性，而且涉及人员众多、声势浩大且影响广泛，一旦处理不当，很容易激化矛盾，从而造成更严重的后果。学生危机事件的危害程度取决于事件的影响范围和诱因的性质，同时还取决于高校以及辅导员对事件的认识，以及能否采用有效的预防措施和处理手段。辅导员作为与学生接触最多的角色，必须明晰危机事件管理的基本原则和工作机制，以便能够有效从源头上避免危机事件发生，另外也要能够在发生危机事件时及时正确的应对。

（一）危机事件管理原则

学生危机事件管理需要从预防和处置两个层面把控，应该遵循以下四个原则。

首先，坚持以预防为根本并及时控制的原则。通常学生危机事件的诱因是一个较为基本的问题或事件，如果能够在诱因出现时就及时发展、及时报告并控制、及时解决，就能够将危机事件遏止在萌芽状态和初始阶段，避免对学生、高校和社会产生不利的影响。辅导员是学生在高校日常学习和生活中接触最多的人，辅导员需要根据对学生的了解，及时发展学生的心理问题和困惑，并进行心理疏导和心理健康教育，以便从根源上遏止学生危机事件的发生。若发生危机事件，辅导员需要迅速到现场，并迅速将相关情况向高校领导报告，还需要积极组织高校内部防控网络，将事件尽量控制在基层和学校内部，以便为解决问题或矛盾创造条件，尽量避免事件失控。

其次，坚持积极疏导并迅速控制事态的原则。在危机事件发生后，辅导员需要秉持尊重学生的原则，把握时机，及时对学生进行疏导。通常学生危机事件的诱因都和学生自身息息相关，辅导员需要打开学生的诉求渠道，用真心去接触学生，以引导学生将诉求表达出来，从而发现诱因，达到制止和平息事态的效果。

在此过程中，辅导员需要做到"三可三不可"，并防止"四个转化"。"三可三步可"即可散不可聚、可顺不可激、可解不可结。可散不可聚就是要尽量引导学生群体分散，并将群体意识逐步分解为个体意识，从而令学生

个体能够逐步脱离群体并退出现场，达到阻止事态恶化的目标；可顺不可激就是以顺应和认可的方式去分析学生的问题，并促使学生表达诉求；可解不可结就是要尽自己所能对学生的诉求进行解决，并正视问题和矛盾的存在，即使无法快速解决，也需要稳定学生情绪。防止"四个转化"就是要防止个体问题转化为群体共性问题，防止局部问题转化为全局问题，防止经济问题转化为政治问题，防止非对抗性矛盾转化为对抗性矛盾。防止"四个转化"主要目的就是避免事态激化，需要根据问题和矛盾进行适当的弱化。

再次，要坚持区别对待并依法处置的原则。在处理危机事件时辅导员首先需要区分事件的性质，并根据事件性质实施对策，做到有理可依、有法可据。区分事件性质需要从三个层面进行，一是先从大方向对危机事件的诱因进行区分，辨明其归属哪类事件；二是需要冷静地寻找问题的症结，找到引发危机事件的主要矛盾和问题，这样才能有针对性地采取解决措施；三是需要梳理引发事件和卷入事件的学生构成，需要对不同的学生采取不同的应对措施，尤其是因为个体事件萌发激化形成的危机事件，需要将个体事件单独列出处理，而其他参与学生则需要动之以情、晓之以理，避免卷入其中。

另外在处理危机事件的过程中，辅导员必须做到不能自乱方寸，要冷静面对并保持心理优势。在学生危机事件尚未大范围激化时，辅导员的介入必然会给学生群体一种对立的感受，这时就需要进行双方心理较量。辅导员需要有针对性地进行处理，保持镇定和冷静，避免鲁莽急躁，行为要以静制动、以冷对热，从而及时将事态控制在一定范围内；另外就是在和学生交流沟通的过程中，切忌随意承诺条件，以免授人以柄，陷入被动。辅导员不能为了压下危机事件就信口开河，甚至随意表态，而应该以缜密的思维和精准的表达，以逸待劳，避免事态激化。

最后，坚持统一指挥和联动响应的原则。此原则建立在高校建立起健全的危机事件预防和处置机构、工作机制和应急预案的基础之上，高校需要明确危机事件出现时各部门与人员的相关职责，并针对不同的事件设计对应的预防和处置预案，制定对应的控制事态和平息事态的保障措施。在建立健全的机制的基础上，发生危机事件要依托健全的机制快速联动响应，各部门和有关人员要及时按职责进入岗位，各负其责，开展工作，并接受统一指挥，确保事态能快速得到控制和平息。辅导员既需要接受高校的统一指挥，还需要成为学校领导层和学生之间的桥梁，及时将学生的诉求反映给学校领导，加强学校领导层和学生之间的沟通，以确保能够从根源上解决问题，降低事件对高校的危害。

（二）危机事件管理机制

高校危机事件管理机制的建立需要针对危机事件前、危机事件中和危机事件后三个不同阶段进行制定，尽量做到尽早发现、及时控制、妥当善后。

1. 建立危机预警机制

危机预警的前提是需要统筹和规划高校各个部门与人员在危机事件中的职责，还需要将应对危机事件的资源进行预先安排，并建立规范化操作程序。需要从以下四点入手：一是明确高校内哪些事件的发展容易引发危机事件；二是根据高校各院校特点，确定可能发生的危机事件情境并进行具体分类；三是根据危机事件情境的分类来设置相应的控制和管理人员；四是参考国内外各类高校危机事件处理的程序，制定和高校契合的危机事件处理方案。

在统筹和规划好具体事项后，辅导员作为危机事件预警机制的最前沿参与者，需要切实做到尽早发现，这就需要辅导员做好以下五项工作：一是在日常工作过程中，要保持高度敏锐性和洞察性，通过科学有效的方法及时掌控和收集各种可能诱发危机事件的信息；二是需要对收集到的信息进行分析和识别，即将这些有可能诱发学生危机事件的信息进行梳理和甄别，并及时核实情况，去除虚假信息并避免主观臆断；三是根据分析和识别，结合学生的基本素质、心理情绪、规模构成等情况，将核实的信息诱发学生危机事件的可能性、发展趋势等进行评估和预测，以便进行应急响应准备；四是将可能诱发学生危机事件的信息及时汇报，要力求信息真实、详尽、准确，并将分析、评估、预测内容一同进行汇报；五是根据分析得到的信息，不论其是否会诱发危机事件，都要有针对性地对学生进行教育疏导，安抚和稳定学生的情绪，在合理的范围内尽量帮助学生解决问题，并随时关注学生情况，防止或减少危机事件的发生。

2. 建立应急响应机制

建立危机预警机制的目的是减少或避免学生危机事件的发生，但学生毕竟是鲜活的个体，其情绪和思维、个性及行为不可能完全可控，因此高校还需要在建立发生危机事件时，能够快速反应并快速处置的应急响应机制，以便在最短的时间内控制事态并解决问题。

建立应急响应机制是为了能够快速反应并快速做法决策，从而解决问题，因此信息传递的及时、准确与否，就成了决策及时、正确与否的关键。高校可以积极运用现代信息技术来保证信息的畅通，如通过 QQ、微信、可视电话等，及时对危机事件的情况进行了解。辅导员可以通过以上信息技术传递相关信息，实现点对点的信息无缝对接，从而使危机处理人员能够拥有足够的信息进行决策处理。

另外，传统的汇报机制是层层汇报的形式，不仅浪费时间，还责权不清，容易错失事件处理的最佳时机，因此可以通过信息技术，采用扁平式信息流通架构来确保汇报及时有效，如辅导员直接对接校级或院系级危机处理机构。校级和院级危机处理机构彼此之间需要确保可以及时沟通交流并做出决策。若危机事件涉及社会因素，则校级危机处理机构需要及时向教育厅有关危机管理部门汇报，确保事态可控性。

3. 建立善后处理机制

通常情况下，学生危机事件一旦发生，即使能够及时处理并稳定和控制好事态，也会对高校带来一定的负面影响，因此高校需要建立善后处理机制，一方面为了快速恢复学校的正常秩序并稳定学生的情绪，另一方面则需要做好物质损失准备和学生心理辅导工作，巩固危机事件处理结果并避免矛盾再次激化。

善后处理通常需要从两个方面进行，一是对卷入危机事件的当事人进行适当的处置，其中需要对造成危机事件的校内人员进行必要的教育和处罚。在此过程中需要严格遵守法律法规和校规校纪，若当事人触犯刑法则，需要积极配合公安机关取证调查，绝不姑息；另外则需要对危机事件的受害者进行妥善安抚和安置，若受害者受到身体伤害，要及时进行救治，尤其对于暴力危机事件中的受害者，高校辅导员和相关领导需要及时探望并听取建议和意见，做好善后处理工作，同时还需要匹配相关的心理疏导工作，积极做好受害者心理辅导，引导其快速从事件带来的影响中走出来。

二是需要尽量减少危机事件对学校名誉产生的负面影响，以维护高校形象。在对外宣传的过程中，要积极引导媒体对危机事件进行客观真实的报道，而对内则需要积极开展学习教育活动，让全校师生全面了解危机事件的情况以及前因后果和处理情况，及时疏导师生的情绪和心理，消除危机事件所带来的心理阴影。

互联网时代，信息的传播速度空前迅速，因此高校的善后处理必须要及时且准确。最佳的方式就是建立媒体发言人制度，在危机事件发生和处理之后，及时向媒体公布准确且全面的信息，这样远比封堵信息额效果要好。在危机事件发生后高校需要派出专门的媒体发言人积极和媒体进行沟通，以快速消除公众对危机事件的质疑，并增进公众对危机事件处置结果的了解，最大化消除危机事件对高校所产生的负面影响。

五、高校学生危机事件的应对方法

辅导员作为高校学生教育管理工作的基层，在面对学生危机事件时必然是深入一线的工作者，为正确应对学生危机事件，还需要掌握一系列有效的应对方法，以便及时对事件进行处理和控制，为高校危机事件管理工作创造条件和机会。

（一）掌握信息

辅导员在日常工作中和学生的关系最为密切，因此工作过程中需要有意识地通过各种方式和途径充分掌握学生的状态和情况，掌握学生的信息，这样才能了解其心理状态、学习情况、生活状况、人际交往状况、思想状况、爱好特长、性格个性等。对学生了解越深入，辅导员就越能够把控学生参与或诱发危机事件的概率，同时还可以在此过程中对思想较为偏激、言行较为冲动、思想认识有偏差的学生进行重点关注并及时进行教育引导。

信息掌握越全面，在出现危机事件后越能够做到心中有数，从而有针对性地进行处理和疏导。辅导员可以通过互联网对学生进行深入了解，如对学生的朋友圈、动态等进行关注和了解，从而有效分析学生的具体动态。

（二）及时报告

辅导员需要凭借自身与学生的密切关系，及时了解学生的要求和情感等，掌握第一手信息，从而把控学生的最新动态。通常情况下，若辅导员能够和学生处好关系，学生出现问题时第一时间想到的和联系的会是辅导员，这时如果辅导员能够对学生危机事件的苗头和趋势有把握，就需要及时进行汇报，并稳定学生情绪，避免事态恶化。另外，涉及学生危机事件的信息，辅导员通常无法独自进行处置，及时报告能够令高校应急机制快速反应并采取针对性措施。

（三）培养骨干帮手

辅导员需要积极培养学生干部来作为帮手，尤其是在出现学生危机事件后，辅导员要稳定学生情绪，要引导学生提出诉求，还要避免事态恶化，甚至照顾每个学生，辅导员单独一个人难以做到，因此必须依靠帮手来协助自己的工作。辅导员在日常工作过程中，可以选择素质高、思想政治觉悟高、能力强的学生进行培养，还可以引导学生骨干一同参与学生事务管理，令他们体会到学校的工作意图和工作流程，并理解学校的难处等，这样在出现危机事件时，这些学生骨干就能够及时进行信息传达并稳定学生情绪。

（四）舆论引导

如今社会已经进入互联网时代，高校学生通常会通过网络发表言论、表达思想等，而且因为网络的便捷性和虚拟性，学生表达的内容等通常会更为真实，辅导员需要做好信息了解和舆论引导工作。辅导员可以有组织、有目的地引导学生进行网络上的探讨，解答学生疑惑，澄清事实，并正确引导学生的网络言论。在此过程中，辅导员还能够及时掌握学生的思想动态，尤其是学生危机事件发生时和处理后，辅导员需要及时关注网络信息，在职责范围内进行舆论引导，避免网络出现造谣和抹黑的负面信息。需要注意的是辅导员在进行舆论引导时，不能擅自发布未经学生个体授权的相关信息，避免因为信息发布问题激化矛盾。

（五）心理战术

通常情况下，学生危机事件的参与者众多，但参与时具体的心理状态却不尽相同，辅导员在处理学生危机事件时要合理运用心理战术，以不同的处理方式来进行处置，以避免事态恶化。危机事件中参与者一般有两类心理，一类是持对抗心理的学生，这类学生数量较少但十分活跃，并具备一定的号召力，往往是事件的组织者或领导者；另一类则是持从众心理的学生，他们多数对事件后果顾虑较多，属于事件的附和者，但并非事件矛盾和问题的主要影响者。对于持对抗心理的学生，辅导员要主动协助危机处理机构设法将其与群体分开并进行个别教育；而对于持从众心理的学生，辅导员则需要从关心爱护的角度进行心理引导，避免其从众，从而尽量控制事件的规模，弱化事件的影响，为处置事件创造时机。

（六）争取家长配合

高校发生的危机事件中，有一些通常会引起学生家长的关注和反响，如政治性危机事件，家长会较为关注孩子的安全和情况；高校管理引发的危机事件，家长有可能会在幕后对学生进行支持。发生危机事件后，辅导员需要尽力发挥自身作为高校和家长沟通桥梁的作用，适时与学生家长取得联系并说明情况，尽可能获得家长的支持和配合，并引导家长对学生进行劝导，以控制事态。

辅导员在和家长沟通过程中一定要注意方式方法，态度要端正、诚恳，以实事求是的态度向家长阐明事件的情况，将心比心，做好解释工作，并动之以情、晓之以理，以争取家长的配合。

第五章

高校辅导员的建设工作专业化

第一节　格局建设·党团学组织的建设

高校存在着各种各样以学生为主体的组织，在各种组织中大学生既是组织的主体，又是组织的管理对象，而且随着社会的快速发展，高校开放式办学模式的推进，高校中学生所参与的组织活动的范围进一步得到了延伸，甚至由校内组织扩展到了校外组织和网络组织。

高校的各种大学生组织都是学生自愿参与并组建的群体性团体，其不仅是校园文化的重要载体，也是开展学生思想政治教育工作的重要渠道。从根本上来讲，各种大学生组织就是学生的第二课堂，因为其形式多样、活动丰富多彩，不仅丰富了学生的业余生活，还能够在一定程度上营造活跃校园的氛围，提高学生综合素质。大学生组织是真正意义上由大学生自发组建，并实现自我教育、自我管理和自我约束的组织，是学生课外生活的主要阵地。

一、高校大学生组织的类型

（一）性质分类

高校的大学生组织按照其性质大体上分为三类，一类是学生党组织，其主要职责是宣传和执行党的路线方针政策，根据上级党组织的决议推动学生团结进步，并针对学生进行思想政治教育工作，另外则是完善党员发展工作，最终培养高素质的党员队伍；一类是学生团组织，其主要工作是对团员进行思想建设和作风建设，培养团干部队伍，坚持党的领导，抓好共青团对学生服务体系的建设和巩固基层团组织；一类是学生会组织和学生社团组织，这类组织不仅组织形式多种多样，还具有不同的功能和特性，但都属于学生自愿自发组建的组织。

（二）模式分类

高校的大学生组织按照组织模式进行分类，可以分为功能型组织、项目型组织和兴趣及友谊型组织三类。

功能型组织比较明显的特征就是成员之间具有严格的隶属关系和比较正式的职位规范，其组织的基本目的是为了能够满足某种稳定、持续、重复且必不可少的常规性需求，因此为了保证组织能够高效运作并发展，其组织活动范围、行为准则、思想规范等都具有详细的规章制度。比较具有代表性且常见的功能型组织就是党支部、团支部、班级、寝室、学生会等，其中班级和寝室属于任何学生都需要归属的学生组织，因此也可以称为必备功能型组织。

项目型组织通常不是根据某种特定的目标或功能进行组建的，而是根据某些特定且具体的项目进行组建的。通常项目型组织需要在预定时间之内按照预定的标准和效率，完成某项具体的工作项目，比较常见的项目型组织主要有创业团队、科研团队、各类学生工作室等。通常这类项目型组织在完成某些特定项目和任务之后就会自动解散，并不具备稳定性和持久性。

兴趣及友谊型组织则是由一些具有共同的兴趣、共同的爱好、共同的利益、共同认知的学生自愿组建的，组织内部的活动规则通常被明确规定，成员角色也都是规定性角色，这种组织主要是为了满足学生的社会性心理需求，不但内部关系变化不定且无序，而且聚散存亡也具有很强的偶然性、临时性和随机性。此类组织比较常见的有学生协会、联谊会、同乡会等。

二、高校大学生组织的功能

高校大学生组织的形式和性质多样，因此其功能也非常多样，不仅能够促进学生的全面发展，还可以促进校园文化的建设，更能够促进社会主义精神文明建设和现代化建设。

（一）促进学生的全面发展

高校大学生组织中，党支部、团支部、班级等集体性、规范性组织能够对大学生进行思想政治教育，以培养学生树立正确的人生观、价值观、世界观；学生会、科研组织、学生工作室等组织能够帮助大学生全面提升自身的素质，从而成为大学生素质教育的第二课堂；而创业团队、学生协会、联谊会等，则能够架构起高校和社会沟通对接的桥梁，从而加强学生对社会的了解和认识，成为大学生社会教育的前沿阵地。

1. 思想政治教育阵地

思想政治教育是高校教育的重要组成部分，不仅是中国特色社会主义高等教育的具体体现，还是坚持社会主义发展观和培养社会主义未来人才的重要保证。以往的思想政治教育多数是理论教育和说服教育，而学生思维灵活、心性活泼，所以辅导员的苦口婆心却很容易令学生感觉厌烦和排斥，最终使学生和老师之间互相不理解，很难令思想政治教育顺利进行。

大学生进入高校后，必然会参加各种大学生组织，而且通常情况下一个大学生必然会加入数个大学生组织，这就为改变高校思想政治教育的被动灌输局面创造了绝佳的机会。辅导员可以和大学生打成一片，并将思想政治教育的内容和工作融入大学生组织的建设和发展过程中。例如，可以将思政大道理以小活动的形式展现，将爱国主义情怀融入学生组织举办的各种演讲赛、辩论赛、征文赛、党团活动乃至班会中，从而让学生在具体的活动中潜移默化地接受思想政治教育。一方面能够引导学生对社会热点问题进行了解和思考，从而化解学生心中对思想政治的困惑，另一方面则能够在活动中将理论和实践进行结合，促进学生提高服务意识和社会责任感，在活动之中学会明辨是非，自觉树立正确的人生观、世界观和价值观。

2. 综合素质教育阵地

随着社会的快速发展，中国高校教育也开始进行转型，从原来的专业教育和职业技能教育转变为专业基础、基础技能教育以及全面综合素质培养，以便为社会培养复合型人才。但受到长期传统教育理念的影响，如今大学生多数学习成绩优秀但心理脆弱、能力较差、生活技能缺失等，实际能力和情况与社会的实际需求存在很大差距，因此高校教育必然需要承担起培养大学生全面综合素质的任务。

大学生较为常见的素质问题就是虽然生理上已成人，但心理却不够成熟，有些大学生还没有足够的生活自理能力，缺乏独立自主意识，甚至无法约束和控制自身行为，所以在宽松且需要自觉的高校环境中很容易迷失自我。这种基本素质缺失给高校教育带来了极大的挑战，但高校教育根本不可能开设相关课程为学生补齐素质教育短板，所以只能依靠学生自我提高和自我锻炼。高校中的各种学生组织恰好能够成为大学生锤炼自我素质和提高综合素质的平台。

首先，学生组织能够培养大学生的协作意识和团结精神。当代大学生普遍拥有以自我为中心的倾向，而且表现出不会与人交往、自我封闭且对外界环境感到陌生、与人合作的意识差且不懂协作等特点。而大学生组织是以学生为主体的组织，需要大学生自我管理、自我服务、自我完善，组织的申请和组建、组织架构设置、规章制度制定、人员招募、职责分工等事务都需要由学生自己出面来解决，辅导员在此过程中可以进行适当的引导，但具体事务都需要由学生主动解决。也就是说，大学生组织的建立以及之后的每一项活动，都能够培养大学生的协作能力和团结精神，尤其能够培养大学生的人际交往能力和组织协调能力。参与大学生组织的学生能够在组织开展活动的过程中，潜移默化地锻炼自身的能力。

其次，学生组织能培养大学生的专业素养和创新能力。高等教育是专业教育或职业教育，大学生接受高等教育的最终的目的还是能够在未来找到一份理想的工作，但相对而言，大学所传授的各种知识依旧以理论为主，缺乏相应的实践活动对理论知识进行验证和巩固。大学生参与的学生组织多数会和自身专业或兴趣爱好相关，如一些科研组织、创意社团、社会调查组织等，进入这些组织中大学生会不断参与各种相应的实践活动，不仅能够培养学生的协作精神和团队意识，还能够通过实践活动加强学生对专业知识的学习和内化，也能够促使学生形成反思和总结的习惯，从而将知识转化为属于自身的知识和能力，有效提高学生的专业素养；同时在参与各种实践活动过程中，学生还能够通过跨专业、跨领域的实践，加强和不同专业、不同特性的学生的沟通，使彼此相互学习、相互补充，拓宽视野和实现知识层面的目标，甚至可以通过彼此的交流沟通，促使学生将一些创新想法进行验证和实践，从而提高学生的创新能力。

再次，学生组织能够培养大学生身心平衡和健康发展。毛泽东说："身体是革命的本钱。"健康的身体素质是展示能力、进行社会建设的基础，但如今基础教育阶段更注重知识的学习，体育类课程被人为压缩，从而造成学生的身体健康水平相对较低以及身体素质相对较差，这无疑会对学生的未来工作造成影响；另外，大多数学生的心理素质水平同样较低，有些表现为心理脆弱，对挫折和困难承受力差，有些表现为适应力不足，面对新环境、新形势无所适从、不知所措，甚至有些在面对问题和困难时会出现过激行为或极端反应等。以上都反映了当代大学生身心健康和平衡发展尚有很大不足，而学生组织在促进学生身心健康方面有很重要的补充作用，尤其是一些学生组织开展的各种文体活动，包括运动会、趣味运动、球类比赛、文艺晚会、演讲辩论等，学生参与积极性大且参与者众多，不仅能够锻炼学生的身体素质和心理素质，同时还能够排解心理压力、调整心态等，既能够令身体素质越来越强，也能够令心理更加放松从而健康发展。

最后，学生组织能够培养大学生的人文素质。中国具有数千年的悠久历史，形成了非常浓厚的人文底蕴，绝大多数学生虽然具备足够的专业知识，但在人文素养方面却明显不足。比如，有些学生对历史、国学知之甚少，有些学生对基本的礼仪不了解，有些学生对中国的风俗文化、民族文化了解不足。学生人文素质的提升，除了依靠高校开设各种人文社科选修课程之外，还有一个方式就是依靠学生组织来开展相应的活动，如通过文学社、音乐协会、书法协会等，开展各种人文基础的活动，学生可以根据自己的兴趣爱好参与，并在此过程中感受人文气氛，增加人文知识，提高自身的人文素养。

3. 模拟社会教育阵地

绝大多数大学生在进入高校以前，极少接触社会和了解社会，但大学生进入高校学习最终的目的就是能够顺利步入社会并成为社会所需的人才，这就需要学生能够在高校期间尽量全面认识社会并适当接触社会，为自己未来步入社会打下坚实的基础。学生组织本身就是大学生模拟社会组织组建而成的，如各种组织都会制定各种组织内部的规章制度和相关纪律，学生参与各种组织可以逐步养成自觉遵守规章制度的习惯，也易于培养良好的社会行为规范，从而让自己更加成熟；另外，学生组织开展的各种活动中，有很大一部分需要参与者真正进入社会，走向社区、企业、农村等，不仅能够提高学生的交际能力，还能够为学生提供深入了解社会和接触社会的机会。在此过程中学生可以根据自己的认识和了解，及时调整自身的成长方向，以适应社会的需求和发展。

（二）加强和完善校园文化建设

高校在加强和完善校园文化建设过程中，学生既是组织者又是参与者，尤其是各种学生组织所开展的各种有益活动会无形中对高校校园文化造成影响，令校园文化更加积极向上、多姿多彩，从而形成良好的育人环境；同时良好的育人环境也会潜移默化地对学生产生影响，让学生在无形之中受到教育。

高校和学生之间的关系并非简单的管理和被管理的关系，而是相互促进、相互完善的关系，大学生组织的各种活动，不仅能够架设起学生和高校之间沟通交流的桥梁，还能够架设起高校和社会之间沟通的桥梁，促进学生能够更深入了解社会，同时社会的发展也会对高校的发展产生促进作用。高校可以通过学生组织来了解学生的需求和特性，同时也能通过各种活动加强高校和社会的交流，如了解家长、企业、社会对高等教育和未来人才的需求，从而避免发展的盲目性，更加明确培养人才的方向，以便为社会输出更多更优秀的人才，还可以帮助学生解决就业问题。

（三）促进社会主义精神文明和现代化建设

大学生组织形式多样，并且开展活动时涉及的领域极为广泛，不仅会与学生的专业紧密联系，还会和学生的兴趣爱好相结合，同时也会和社会发展中的先进理念相挂钩。这不仅会加强学生的参与意识，还会在无形中增强学生的社会责任意识，并提高学生的综合素质。尤其是大学生组织的负责人和骨干，不仅需要自己来建构完善的学生组织，还需要根据学生的需求、高校的需求以及社会的需求，策划各种对应的活动。由于大学生的思维更加灵活且具备极强的探索精神，因此大学生组织开展的活动在很大程度上会在无形中促进社会主义精神文明建设和现代化建设。

三、辅导员针对高校党团学组织建设对策

高校学生组织多数是由学生自愿自发组建并开展各种活动的，辅导员在学生组织建设过程中，需要充分发挥自身与学生关系密切的优势，通过适当的引导和辅导来确保各种学生组织能够发挥最大的效能。以下介绍一些辅导员在高校党团学组织在建设过程中的方法和对策。

（一）遵循一定的建设原则

辅导员在引导学生组织建设的过程中，需要遵循一定的建设原则，以确保学生组织能够健康发展并发挥其效用。首先，要遵循科学性原则。辅导员需要引导学生坚持以中国特色社会主义重要思想为指导，秉承理论与实践相结合的观念，采用科学的管理方法和手段，实现学生组织建设的科学化。例如，辅导员可以开展学生组织建设研究，并在高校的支持下组建研究团队，以科学发展观来指导学生组织的建设。

其次，要坚持正确的方向的原则。即辅导员在引导学生组织建设过程中要坚持正确的政治方向，确保学生组织的建设和活动与培养社会人才紧密结

合，促使学生组织真正成为学生思想政治教育的第二课堂和第二阵地。

再次，要发挥学生民主性原则。辅导员需要充分调动学生在组织建设过程中的主动性，引导学生树立民主作风，培养学生的民主精神。例如，在制定学生组织的相关管理条例和规章制度时，要充分发挥学生的创造性和积极性，为学生提供广阔的发展空间；在学生组织建设过程中，辅导员只能适当引导，不能过多干预，保证给予学生足够的自由；选拔学生组织的领导者和负责人时，辅导员需要引导学生在考核、选拔、招新等方面发挥民主作风，最好能够使工作程序透明、结果公示，从而加强学生的团结和自主意识。

最后，要秉承实事求是的原则。学生组织的主体和客体都是学生，而作为思想更加灵活的青年，他们会更加注重效果和实际。因此，在学生组织建设过程中，辅导员要引导学生以求真务实的精神去组建组织，同时要结合社会对人才的实际需求情况、社会企业对学生的具体要求情况等，指导学生组织有的放矢地开展各种活动，确保这些活动能够真正锤炼学生素质、增强学生能力等。

（二）培养学生团队精神

任何一个学生组织都不是由单人支撑，辅导员要在学生组织建设过程中引导学生培养大局意识、服务意识和协作意识，促使学生相互支持、共同奋斗，从而培养学生的团队精神。培养团队精神的基础就是学生组织能够尊重每个学生的习惯、爱好和兴趣等，彼此合作，克服大学生的自我中心思想，学会和他人合作、与人和谐相处，最终通过合作和团队的力量克服各种困难。这个过程能够潜移默化地培养学生的团队意识，并增强学生在组织中的主人公意识，从而促使学生为组织的发展和完善出谋划策，以组织的成功为最终目标。

（三）加强学生组织基础建设

学生组织要发挥思想政治教育的第二课堂和第二阵地作用，就需要从基础建设方面入手，辅导员需要从学生组织的发展规划、制度建设、干部选配等方面进行引导，充分发挥学生组织的思想政治教育功能和综合素质培养功能。

1.加强对学生组织的管理力度

虽然学生组织多数由学生自主自发组建，但依旧需要高校从学校发展层面加强对学生组织的管理力度。最佳的做法就是由高校牵头建立学生组织建设与发展领导小组，积极吸纳高校各部门负责人参与，并以辅导员为桥梁指导学生组织的管理工作。例如，辅导员依据领导小组研究的发展规划和工作议程，引导学生组织的负责人和组织人明确组织的发展方向和模式，并通过积极沟通及时解决学生组织建设和发展过程中遭遇的问题和困难。

2. 搞好学生组织调研

因为学生组织多数由学生自发组建，所以高校对学生组织的具体情况和学生的参与情况掌握度不够，所以辅导员需要发挥自身优势，对学生组织的基本情况进行深入了解并进行调研，确定学生组织面临的问题和影响程度，再有针对性地对其进行分析和解决，以保证学生组织能够朝着正确的方向健康发展。做好学生组织的调研能够减少组织发展的盲目性，提高组织的第二课堂的教育功能。

3. 抓好学生组织制度建设

高校学生组织形式多样、种类繁多，这也造成学生组织的发展和完善程度参差不齐，尤其是制度建设方面，有的组织可能较为规范，但有些组织可能没有明确的规范且管理混乱。因此，加强学生组织基础建设一个非常重要的任务就是辅导员指导各个学生组织制定并完善组织内的规章制度，包括其中的活动章程、奖惩制度、选举制度、活动策划制度等，这样才能令学生组织的活动和工作有规可依。

4. 做好发展指导和后勤保障

学生组织的健康发展离不开正确的发展指导和高校层面的支持，但除了党团组织和班级以及学生会之外，其他组织通常很少得到发展指导，因此很多学生组织虽然组建的初衷很好，但却没有能够生存发展下去的方法。辅导员可以利用自身与学生之间关系密切这一优势，和学生组织成员一起找到组织的优势和特点，并减少组织产生的负面影响，指导学生组织健康发展，同时将这些学生组织纳入高校的管理范围之中，令其能够和高校共同发展。比如，学生组织在开展活动时若在场地或经费方面遇到困难，高校可以根据活动情况，根据实际财力和高校资源，给予组织合理的经费和场地支持。

5. 指导学生组织创新活动形式

学生组织的形式多样，其开展的活动同样多种多样，但真正能够吸引学

高校辅导员工作专业化发展多维度研究

生广泛参与的活动却少之又少，如有些学生组织在新生入学之际热闹非凡，但真正开展活动时却有很多学生纷纷退出组织。这其中最主要的问题就是学生组织开展的活动枯燥无味、千篇一律，不但活动的内容多年不变，没有根据社会的发展和学生的变化进行调整，而且多数活动的形式过于程式化，对学生没有丝毫的吸引力，而有些竞赛类活动做不到公开透明，也容易让学生失去参与的欲望。

针对这一情况，辅导员需要适当引导学生组织改变策划活动和开展活动的模式，从四个方面创新。首先，活动主题要新颖，不论是何种学生组织，在策划活动时都需要对活动主题进行研究，主题不仅要符合社会发展的需要，还需要符合高校教育改革发展的需要，同时也需要和组织发展方向、学生群体的兴趣习惯相匹配；其次，活动策划和规划要严谨细致，不能出现纰漏，这需要辅导员指导策划者对活动安排以及活动开展过程中可能出现的问题进行总结和分析，找到恰当的应对手段和方法，还可以针对活动策划的方向对学生进行针对性培训，以提高学生的策划能力；再次，活动的形式要足够活泼，学生群体热情好动且朝气蓬勃，因此任何活动都需要避免程式化和死板化，需要通过别致的活动形式来提高学生的参与兴趣，辅导员可以发挥学生群体的多样化特性，征求和收集学生群体的建议和意见，并在此基础上进行适当的完善和调整，来得到活泼的活动形式；最后，活动的过程和结果需要公开、公正、公平，如可以将活动的经费开支、活动过程中的各种记录、活动结果等进行公开，采用公开展示的形式来确保公开、公正、公平。

（四）引导学生理性选择组织

大多数学生在高校都会加入各种学生组织，其中加入两个及以上学生组织的学生能够达到一半以上。有些学生认为参加的组织越多、参加的活动越多，就越能提高自身的能力。虽然从提高综合素质角度来看，这种观念并没有错误，但将组织活动放到首位，而将学习任务和学业放到次要位置，就成了本末倒置。

辅导员作为学生的引导者，需要在学生选择组织的过程中进行适当的正确引导，让学生摆正学习任务的位置，同时要让学生知道参加的活动和组织并非越多越好，而是需要在不影响学业的基础上，对自身的兴趣、爱好、发展方向、个人规划、性格特性等各个方面进行综合考虑，然后进行选择，避免一味贪多求全而耽误时间和精力，最终得不偿失。辅导员可以从以下几个方面去引导学生对组织的选择。

1. 从高校层面规范非正式组织

非正式组织之所以为非正式组织，是因为其通常会游离于高校和老师的管理范畴之外，但其对学生的影响却不可小觑。尤其是一些兴趣类组织，不仅对学生培养学习积极性、养成良好习惯、提高人际交往能力等方面有极大促进作用，还能够加强学生遵守相应规章制度的意识、提高学生对自身的认识等。高校需要通过对非正式组织的规范和引导，扩大这些组织的正面影响。首先，高校要关注和重视非正式组织，将其纳入高校管理工作范围内；其次，以辅导员为桥梁，加强对非正式组织负责人的培训和教育引导，增强其健康成长、加强素质锻炼的意识，以便发挥负责人的正面引领作用；最后，要将思想政治教育融入非正式组织的活动之中，通过各种活动潜移默化地实现对学生的正面教育。

2. 引导学生理性参与校外组织

校外组织是社会发展和进步以及高校教育改革的必然产物，其目的是为了满足高校学生自我实现的需要。参与校外组织能够锻炼学生的综合素质，加强学生对社会的认识和了解，同时也能锻炼学生的交际能力。但相对而言，校外组织运作的规范性不强且人员良莠不齐，存在一定的隐患。辅导员需要指导学生提高政治警惕心以及辨别能力，引导学生对参与校外组织的利弊进行理性分析，并明确自身的发展需要，妥善进行选择。

3. 引导学生科学参与网络组织活动

在互联网时代，高校中逐渐兴起了网络性质的各种组织，网络的虚拟性和不可控性极大地增加了教育和管理的难度，但网络组织对学生的影响力却越来越大。在这样的背景下，通过适当引导，让学生科学参与网络组织的各种活动，就成了学生组织管理的新任务。首先，需要从国家层面加强对网络组织的监管力度，尽量为学生创造积极向上、健康文明的网络环境；其次，社会要承担起舆论责任，为网络组织的健康发展营造良好的环境，如加强社会公众对不良网络组织的举报意识，极力打造安全稳定的网络环境；再次，高校需要组织人员对高校网络组织进行摸底调查，并对参与网络组织的学生进行跟踪调查，及时进行正面引导；最后，辅导员需要引导学生在网络组织面前保持清醒的头脑，提高学生辨别网络组织好坏的能力。

（五）引导并提升学生组织的文化属性

随着学生组织的建立和长期发展，逐渐会形成一套被全部组织成员普遍认可的行为规范和价值观念，最终成为组织的形象、精神乃至品牌，这就是组织文化。学生组织文化是高校校园文化的重要组成部分，同时也是社会主义文化的一部分，不仅对学生的成长影响巨大，还会对社会产生一定的影响。因此，高校有责任引导学生组织提升文化属性，以确保其健康正确的发展和完善。

辅导员需要从以下三个角度进行引导。其一是要以科学的思想理论为指导，对学生组织的目标、宗旨、内容、形式等加以引导，确保学生组织的发展方向正确，最核心的宗旨是培养学生树立正确的人生观、世界观和价值观；其二是在学生组织中融入思想政治教育，学生组织，其中的成员虽不局限于同班、同专业、同年级、同院系乃至同学校，但组织却能够将各个学生联系到一起，使其相互学习借鉴。辅导员需要通过对学生组织负责人的培养，将思想政治教育工作融入各个组织中，以便潜移默化引导学生健康成长；其三是引导学生组织形成特色文化，不同的学生组织内容不同、宗旨不同、形式不同、方向不同、活动也不同，想让学生组织持久发展，就需要辅导员引导组织善于总结自身的特色，然后有针对性地策划和开展活动，最终形成具备自身特色的组织文化。例如，同乡会通常会以家乡为核心进行组建，辅导员要引导同乡会根据家乡的习惯、文化特色，结合高校的特点和学生的时代特性等，有针对性地策划和开展活动，使同乡会不仅能叙乡情、解烦恼，还能促进学生相互帮扶、相互学习、相互提升。

第二节　方法建设·学生学风建设

学生在高校最基本的任务就是学习，不仅学习各种专业知识、理论知识，还需要通过学习形成正确的思想观念，并提高自身的道德品质，最终成长为社会所需的优秀人才。学风建设则是高校实施教育质量工程的重要途径和主要内容，高校通过营造良好的校风和学风，可以在很大程度上影响和激励学生，提升其学习的主动性和积极性，从而促进学生增加专业知识，提升思想道德修养并形成高尚的道德情操。

一、学生学风建设的内涵

（一）学生学风的基本概念

对于学风的概念，不同的领域会有不同的解释，现代汉语词典的解释如下：学风是学校的、学术界的或一般学习方面的风气。[①] 风气是指社会上或某个集体中流行的爱好或习惯。[②]

对于学生学风建设，有学者认为学风建设就是学生在教师教育引导下从事学习活动，按照要求获得知识和技能并提高思想认识与觉悟，培养良好心理素质和道德品质，养成良好作风和学习习惯的过程中所形成的氛围，也就是学生学习风貌的表现和概括。

认识和理解学生学风需要从三个角度入手，一是学风必然和学习活动密切相关，其涉及的问题和内容都具有较强的指向性和针对性；二是学风在不同领域的表述有所不同，但实际上具有共性，即具备目的明确、形式多变、主体清晰的特点；三是学风具有很强的引导作用和潜移默化的影响作用。对于高校而言，学生学风是学生的价值观在学习各种知识方面的表现，包括学生对学习做出的价值判断，之后在日常学习行为过程中的具体行为和态度表现。因此，高校学风建设的过程就是引导学生树立正确价值观的过程，最终的目的是通过引导式教育，令学生在学习态度、学习目的、学习价值等方面做出正确的判断，从而自发完善自身的学习行为，最终形成群体综合表现和综合认知。

（二）学生学风建设的主体

关于学生学风建设的主体问题，有多种不同的观点，涉及高校教育过程中的各类人员，包括高校管理者、专业课教师、辅导员、学生四类。学风建设主体的观点主要有四种，一是高校管理者主体论，二是教师主体论，三是学生主体论，四是多重主体论。

高校管理者主体论的观点是高校学风在建设中，高校管理者是主体，起主导作用，包括教育部、教育厅、教育行政机关、教育管理工作的校长、高校

---

① 中国社会科学院语言研究所词典编辑室. 现代汉语词典（第7版）[M]. 北京：商务印书馆，2016：1488.

② 中国社会科学院语言研究所词典编辑室. 现代汉语词典（第7版）[M]. 北京：商务印书馆，2016：390.

院系领导等。高校管理者不仅具备政策理解优势和政策实施优势，还是政策的主要执行者，其对学风建设的认识和重视程度直接影响学风建设的最终实效。

教师主体论的观点是高校教育过程中，专业课教师和辅导员虽然在具体工作职责方面有所不同，但其不仅会在教学过程中向学生传授各种知识，还会通过言传身教的方式，教给学生各种做人和做事的道理和准则，教师的价值理念、思想态度、言谈举止、认知层面都会对学生产生巨大的影响，尤其在学习方面更是如此。因此，教师在高校学生学风建设中形成主体地位。

学生主体论的观点是学生是高校教育过程中的参与主体，学风建设的目的是解决如何培养人的问题，即如何培养大学生树立正确的人生观、价值观、世界观，并正确看待学习和人生的关系，认识自身的未来发展和社会发展的关系等。也就是说，因为有了学生的参与，才有了学风建设的最终价值，学生是学风建设的工作载体，只有学生发挥自身的主观能动性，接受高校教育的引导并和高校环境形成互动，最终才能营造良好的学习氛围和学习环境，也就形成了学风。

多重主体论的观点则是学风建设并非由单一主体完成，而是由教师、学生乃至高校管理者共同参与的。从这些观点可以总结出，不同的主体会对学风的建设产生不同的影响，如高校管理者主要起的是导向作用，在学风建设中其作用是把控建设方向；教师则主要起的是引导作用，不论是专业课教师还是辅导员，都是通过教育方式和手段对学生产生引导，促使其向正确的方向发展；学生主要起的是能动作用，作为接受教育的主体，学生的主观能动性是表现学风建设程度和效果的最佳载体。也就是说，在学风建设过程中，各个主体都有着至关重要且不可替代的作用。

（三）学生学风建设的特性

1. 时代性

学风建设具有非常鲜明的时代特征，在不同的历史背景下，不同的时代中，学风建设会被赋予不同的内涵，当它们发生变化后，学风建设的内容和载体也都会出现变化。例如，随着互联网时代来临，传统的板报宣传已经被网页、微博、微信等新传媒宣传替代；高校教育学分制的实施使传统的班级模式也被快速淡化。另外，学风建设通常具备持久性特征，是一个不断积累、完善的过程，这一方面会受到时代特征的影响，另一方面则受到学风建设主体认知的影响。

2.稳定性

学风建设是持久的过程，学风建设一旦完成，即形成学风之后，在一定的时间内通常不会出现太大的变化，这就是学风建设的稳定性特征。优良的学风一旦形成，就能够对学生产生具有长效性的引导和影响，并使学生受益终身。同样，不良的学风一旦形成，就很难在较短的时间内进行改变。

3.群体性

学风的形成和发展并非由单一个体完成，而是通过群体相互影响并产生作用，最终产生质变所形成的，是群体行为方式和思维态度的外在体现。不过在学风建设过程中，群体中的任何个体都是行为主体和态度主体，都可以发挥自身的主观能动性。从个人角度而言，学风就是个人的学习风格。

4.目的性和层次性

学风建设通常具有具体和特定的目标，具有很强的指向性，但同时学风建设过程中也具有一定的层次性。例如，高校管理者重视学风建设是为培养社会主义接班人和建设者创造良好的环境；教师关注学风建设是为了引领学生朝着正确的方向发展，并在人生路上能够健康成长；学生参与学风建设是为了能够融入校园环境，并促使自身所处的高校更加契合自己发展的需求。因为层次性不同，学风建设过程中的建设方法、内容等也会有所不同，但整体而言，学风建设的大方向是相同的。

另外，学风建设过程中的层次性还表现在参与建设的主体的不同层次方面，如高校有各种不同的发展方向，有研究型、教学型、应用型等，其承担的教育任务不同，就会形成不同的层次；而同一类型和发展方向的高校，建校历史、生源情况、师资状况、资源等条件也会有所不同，同样会呈现不同层次；同一所高校中不同的教师和学生在学风建设中会有不同的职责，因此也会形成不同的层次；在学风建设过程中不同的侧重内容、不同的建设方式，也会造成不同的层次，最终学风建设的成果也就会表现出层次性。

二、学生学风建设的主要内容

学风建设是一个系统性工程，辅导员作为高校学生的引导者，需要尽到自己的职责，引导学生参与到学风建设中，并在此过程中帮助学生明确学习目的，并指导学生掌握学习方法，激发学生的学习兴趣，最终培养学生形成良好的最适宜自身的学习习惯。

（一）帮助学生明确学习目的

学生的学习目的就是通过学习达到想要达到的结果和目标。学生在学习过程中，爱好、兴趣、愉悦心情等内在因素会对学习过程和学习行为产生影响，同时社会期望、学习结果、外界评价等外在因素也会使学生的学习行为产生变化。不同学生的学习目的也会有所不同，这一方面受到学生经历、家庭、社会的影响，另一方面则受到学生自身特性的影响。综合而言，学习目的可以分为两类，一种是直接学习目的，一种是间接学习目的。

直接学习目的由学生对学习活动或学习内容产生的兴趣、好奇、探索和攻克问题产生的愉悦感和成就感综合形成，包括对内容的兴趣、个人发展的需求、个人价值的实现等；间接学习目的则多数由学习活动最终产生的意义引发，包括赢得他人的尊重和赞赏、完成他人的期望和获得认可、未来拥有出彩的职业、社会建设和发展的需求等。

辅导员帮助学生明确学习目的可以从以下几个方面入手：首先，需要加强理想信念教育，以爱国主义、集体主义为主要内容，加强对学生的荣辱观和社会责任感的教育，引导学生树立正确的人生观和价值观，从思想层面明确学习目的；若学生的学习目的完全指向个人，则需要引导学生认识个人与国家、民族之间的关系，促使学生的学习目的从个人层面逐步转化到社会层面。

其次，通过激发学生的学习兴趣来促使学生明确学习目的。当学生对学习产生足够的兴趣时，就会从自我内心产生学习需要并促成学习目的的形成。虽然有时学习兴趣具有即时性，但对于学习目的的形成却非常有效，而形成学习目的之后则能够形成长期的促进作用。

再次，学习目的的形成通常和人生目标相关联，只是相对而言，学习目的更加细化。但人生目标的指向性和方向性，却能够促进学习目的不断明确进步。辅导员可以开展各种探讨会、演讲会等，引导学生对人生、未来展开畅想和思考，以便引导学生确定人生目标并制定对应的实施方案，在此过程中学生的学习目的就会应运而生。

最后，辅导员可以针对某些对自身专业失望或排斥的学生，推行转专业政策，以促进学生对专业方向产生兴趣和期待，最终形成学习目的。2017年施行的《普通高等学校学生管理规定》第二十一条规定："学生在学习期间对其他专业有兴趣和专长的，可以申请转专业。""学校根据社会对人才需求情况的发展变化，需要适当调整专业的，应当允许在读学生转到其他相关专业就读。"也就是说，学生有机会选择自己的兴趣方向和专长方向的专业，进而产生学习目的。

（二）指导学生掌握学习方法

高校教育和中学教育最大的不同之处就是学习方法，中学教育的主要目标是进行高考并进入高校，学生在整个学习过程中主要处于被动接受状态；高校教育则完全不同，更加注重学生能够自主学习，高校不仅要教授学生专业知识，还要培养学生的学习能力。

高校的学习具有两个特点，一是自主学习，即教授基础知识和难点，以及对应的学科发展最新成果等后，会留给学生大量的时间进行自我补充和学习，学生需要自己查找资料、做实验、写论文等，且学生可以在学有余力的情况下按规划和兴趣爱好等自由选修课程，或辅修第二学位等；二是合作学习，即高校教授的各种知识只是基础，拓展学习和验证等都需要学生进行各种实践，如课程实验、科技制作、社会调查、项目设计等，通常都需要以小组的形式来完成，锻炼的是学生的团结合作能力，而中学则多数是独立学习的模式。

辅导员在新生入校时，就需要引导学生了解高校教育和中学教育的不同，并尽量帮助学生通过自我调节来改变学习的态度。转变学生的思想后，辅导员还要指导学生掌握属于自己的学习方法，可以从以下几个角度进行指导：一是引导学生先熟悉课程的计划，即了解课程总课时、上课地点、考试时间和考核方法等，然后根据课程的培养目标来制订学习计划；二是引导学生了解授课老师，包括老师的办公地点、联系方式、教学方式、教学态度、研究方向、性格特点等，以便更熟悉老师的授课方式并提高学习效率；三是引导学生记笔记，并形成自身独特的记录方式，以便能够对各种知识进行回顾；四是引导学生进行拓展学习，包括针对课程的专业书籍和论文、各种学术讲座、各种课外读物、各种专业活动等，辅导员要指导学生学会选择并尽量拓宽知识面。通过这些引导，学生可以根据自身特性进行方法调整，从而形成独特的学习方法。

（三）激发学生产生学习兴趣

当某人对某事产生极大兴趣时，就会自觉且专心致志的坚持，甚至会不断挖掘自身潜力。学习同样如此，学生若对课程或专业学科产生兴趣，自然会持久地坚持学习，并能够通过自己的调整保持高效的学习状态。学习兴趣是对学习的积极心理倾向和情绪状态，具有一定的不稳定性，如持续时间有长有短，兴趣随着认知水平的提升或学习环境的改变或社会需求的变化都可能发生变化，只有处于核心地位的学习兴趣才是最稳定的；另外其具有多种产生因素，有些是直接兴趣，有些是间接兴趣，有些是两者结合产生，且这些因素在学习过程中还会不断产生作用，或强化原有学习兴趣，或转变学习兴趣等。

从以上内容可以看到，对学习兴趣起决定作用的还是学生本人，但这并不意味着辅导员无法从其他层面激发学生产生学习兴趣。在激发学习兴趣的间接因素中，学习氛围、学校制度、校园文化、教师授课方式等都会对学生产生学习兴趣造成影响。辅导员可以通过这些因素，激发学生的学习兴趣。

新生入学时对专业并没有深刻的认识，辅导员可以有针对性地开展专业教育活动，加强学生对专业的认识和兴趣，可以邀请教授、学者等向学生讲解专业发展趋势和培养目标，培养学生的专业热情；可以组织学生参观各种专业实验室，展示专业科研成果，培养学生的专业自豪感；可以组织优秀学生风采展示会，展示优秀学生的各种获奖成果和荣誉，增强学生的专业自信；可以组织各种课外活动，包括举办学科知识竞赛、组建学术社团、举办学术讲座等，引导学生对课程产生兴趣，激发学生的学习热情，使其产生学习兴趣；可以开展职业规划教育，通过指导学生对人生进行规划，来制定学习目标，形成学习目的和学习兴趣；还可以引导学生将个人兴趣和专业相融合，提高学生的学习兴趣。比如，可以鼓励学生积极参与各种社会实践活动，通过实践活动使学生兴趣和社会需求契合，以便学生能够及时发现自身能力和社会要求的差距并调整学习目标，进一步提高学习兴趣。

（四）培养学生形成学习习惯

良好的学习习惯必然建立在良好的学习纪律之上，学习目的明确、拥有学习兴趣的学生，通常会自觉遵守各种学习纪律，并在此基础上形成自身的学习习惯，最终运用最适合自身的学习方法不断提升自我。但有些学生学习自觉性差，自控力不足，无法自发形成学习习惯，这就需要通过学习纪律进行规范，促进其锤炼自我并形成良好的学习习惯。

辅导员可以在日常培养学生的行为习惯，逐步提高学生遵守学习纪律的意识，从而令学生产生学习自觉性。一方面可以充分发挥学生组织和学生骨干的作用来规范学生的学习行为，保证学生遵守学习纪律；另一方面需要抓好学生的学习活动出勤管理，加强对整个学习过程的管理，并对违反纪律的学生进行恰当的处罚，以儆效尤。同时，辅导员需要充分发挥思想政治教育的特性，及时与学生沟通交流，帮助学生分析无法遵守学习纪律的原因，从根源上帮助学生解决问题。在此过程中辅导员要努力做到真诚关心和不断鼓励学生，同时又要严格要求并加强管理，促使学生战胜困难，自觉遵守纪律并养成良好的学习习惯。

三、学生学风建设的策略

高校优良的学风并非自发形成的，而是通过各方主体不断建设和积累最终形成的。辅导员在学风建设过程中的作用极为重要，可以从以下几个方面加强学生学风的建设。

（一）营造良好的学习氛围

虽然学生的学习是一种发自内心的活动，但外界环境的刺激必然会对学生的心理产生影响，同时心理活动又会通过行为反作用于环境，从而引发新的心理活动，因此学习氛围的营造对学生学习效果起到至关重要的作用。

学习氛围对学生学习行为产生的影响主要是感染、熏陶和激励，在良好的学习氛围下，集体的思想、行为等会对学生个体产生影响并逐步使其被同化，从而影响其思想和行为；集体的各种行为等也会起到示范作用，可以促使他人积极模仿并遵从，达到熏陶效果；另外，良好学习氛围下集体的行为和思想所产生的荣誉也会对个体产生激励作用，从而促使个体自发地保持良好的学习氛围。

营造良好的学习氛围需要辅导员从以下几个方面入手。第一要发挥思想政治教育优势，通过思想政治教育引导学生树立远大目标，形成良好的学习习惯，并通过道德教育引导学生规范自身行为；第二要健全激励机制，针对学生的特性制定一套完善的激励措施，以调动学生的学习积极性，不仅要形成帮扶学习氛围，还要形成良性竞争氛围；第三需要辅助班主任建设良好的班风，以便提高班级的凝聚力，并通过班风建设促使学生对班级产生认同感和荣誉感；第四需要引导学生组织开展各种活动，在营造轻松活泼的校园氛围的同时，引导学生培养团队意识和竞争意识，并激发学生对探索未知的兴趣，促使整个高校形成良好的学习氛围；第五需要树立榜样，通过榜样的力量促使学生向榜样靠拢，并加强学习帮扶，尤其是对学习困难的学生，要进行全方位帮扶，不仅需要用真诚的关怀让这些学生敞开心扉，还需要有针对性地帮助学生解决问题，最终融入学生群体，营造良好的学习氛围。

（二）开展各种学习经验交流活动

如今人类的飞速发展就是建立在人类数千年的经验基础之上的，经验对科学的发展和智力的进步都具有巨大的作用。学习经验交流能够促进学生学习他人的经验，从而提高学习效率，并减少"走弯路"的概率。

辅导员可以引导学生开展各种学习经验交流活动，来促使高校形成良好的学风。根据不同的需求，学习经验交流活动的类型也有所不同，比较常见的有以下几种：一是以班级、专业为单位开展的老生新生学习经验交流会，通过让有突出表现的高年级学生讲述各种学习经验，加强新生对专业、学习、活动、生活、交际等的认识；二是特殊群体学习经验交流会，通过经济困难学生、学习困难学生、心理问题学生等特殊学生群体，通过典型学生案例来增强说服力，分享学生的学习经验；三是实践经验交流会，即让参加过社会实践的优秀学生介绍相关经验，引导学生对社会实践产生深入的了解，并形成自身的规划和计划；四是专业竞赛经验交流会，即根据专业和学科竞赛的特性，由相关优秀学生介绍经验，鼓励学生参与并展现自身才华；五是创新经验交流会，可以让拥有科研成果、创新成果的学生介绍创新经验，培养学生的创新意识和大胆实践的勇气；六是优秀毕业生经验交流会，让在高校期间表现突出的学生介绍学习经验。

需要注意的是，学习经验交流虽然能够产生绝佳的效果，但辅导员需要引导学生认识到经验的局限性，避免生搬硬套，而要通过对学习经验进行总结思考，结合自身特性、专业特点和兴趣方向，找到适合自己的学习方式。

（三）开展学科竞赛活动

高校中分为多种专业，每个专业都有其与众不同的特性，辅导员可根据不同专业的不同特性，开展知识竞赛活动。这样不仅能够提高学生对学科的兴趣，同时还能够激发学生的竞争意识，最终营造协作竞争的学习氛围，这也是加强学风建设的有效途径。

可以从高校和社会两个层面开展学科竞赛活动，如综合性高校可以开展各种基础知识和基本能力的竞赛活动，包括趣味数学竞赛、思想理论学习竞赛、计算机知识竞赛、写作竞赛、综合知识竞赛等，可以鼓励不同专业不同年级的学生进行参与；根据社会需求，在高校内开展对应的专业竞赛，这种竞赛模式具有选拔性质，竞争性更强，且和社会发展与社会需求息息相关，包括程序设计竞赛、数学建模竞赛、机器人创新竞赛等。

策划和开展学科竞赛过程中，辅导员需要辅助高校做好部署工作和竞赛规划，包括场地准备、评选模式、经费投入、时间安排、竞赛安全等各个方面；另外，辅导员需要采取各种措施，吸引更多学生参与。学生对学科竞赛最常见的态度是有兴趣、有参与欲望，但对自身实力不自信。针对这种情况，辅导员可以进行适当进行鼓励，或开展辅导讲座等来增加学生对竞赛的了解，并让参与学生接受系统培训，即使不自信也能够通过培训加强能力，以促使学生广泛关注竞赛并积极参与。

（四）鼓励开展科技类活动

进入 21 世纪以来，知识创新和科技创新已经成为时代特性，社会的快速发展越来越需求创新型人才，这就要求高校转变培养人才的传统观念，注重引导学生培养创新意识和提高创新能力。学风建设过程中，同样需要融入创新意识，高校需要根据社会和时代的需求，营造学术氛围和科研氛围，鼓励学生开展科技类活动和参与科技类活动。这样不仅能够提高人才培养质量，丰富校园文化，还能够加强学生的创新意识，培养学生的科研观念，从而形成具有创新性的高校学风。

高校科技类活动主要有学生科研活动、校园科技文化活动、学术科技成果竞赛活动、科技社团活动、科技实践活动、学术期刊出版活动等形式。学生科研活动通常会根据学生专业进行拟定，并建立科研基金来促成活动的展开；校园科技文化活动是以创新为主题的各种校园内部科技活动，通常以科技文化节的方式呈现，内容详尽多样且能够展示各种科技成果，包括学术报告、科普报告、成果和专利展现、经验交流等，可以有效培养学生的创新意识和创新精神；学术科技成果竞赛活动主要收集和挑选学生业余进行科研取得的作品等，以作品竞赛的方式开展；科技社团活动则更加灵活，主要由各种有共同志向和兴趣爱好的学生组织以探索未知领域为目标开展的活动；科技实践活动则是将学生的科研成果等运用于社会实践中，一方面培养学生的创新精神，另一方面对成果进行验证，以使其更加完善和实用；学术期刊的出版活动则是为学生发表科技类学术论文提供场所和机会，引导学生拓宽知识面并注重学习过程中的反思，提高发现问题和解决问题等能力。

鼓励科技类活动需要从高校层面进行调整，如设立科研学分和创新学分，以学分的形式促进学生重视创新，同时需要成立校内科技活动领导机构，总体统筹高校各种科技活动，保证活动顺利开展。辅导员在此过程中的主要工作是对科技类活动进行宣传和普及，引导学生能够对创新的时代特性有深入的了解，并逐步形成创新意识；可以寻找对应的学术导师对学生进行专业指导，提高学生对科技活动的兴趣，加强创新意识。

第三节 精神建设·高质校园文化建设

高校的校园文化是在高校的校园范围之内，所有师生员工在高校各种职能范畴之内共同营造出的一种融于环境之中的文化氛围和该氛围的形成过程。从根本而言，高校校园文化就是以高校的校园环境、校风学风、教育目标、教育氛围为承载体，通过校园生活、教育设施、学生组织、校园规章制度、校园管理等呈现出的全体师生融为一体的教育价值观。

一、高校校园文化的基本形态

前面提到高校校园文化就是一种教育价值观的体现，其本身包含了精神和外界体现两部分，需要通过具体的形态承载才能够表现出来。高校的校园文化形态可以分为三种基本形态，分别是物质文化形态、制度文化形态和精神文化形态。

（一）物质文化形态

校园文化的物质文化形态也被称为显性文化形态，是校园师生创造或使用的能够体现校园文化价值观，同时又能够被人通过感官直接感受的客观存在物。最直观的物质文化形态就是高校的校园景观、绿化、文化设施、环境搭配等实体存在的形态，其既是高校开展教育活动的场所和物质基础，又是塑造和表现校园文化的物质基础。通俗来说，校园文化的物质文化形态就是高校的整个校园，包括其所处的地理位置、气候环境、校园内设施搭配、校园建筑和街道布局、校园内的环境情况等。

（二）制度文化形态

校园文化的制度文化形态属于中层形态，是高校和外界以及内部相连接的桥梁，良好的制度文化能够保证高校和社会外界进行良好的沟通交流，并实现相互促进；同时也能够保证学校内部的各种活动正常进行，并且向预期的方向和目标发展。高校制度文化通俗来说就是健全完善的规章制度和组织纪律，并且高校师生都以这些制度为标准从事各项活动，这不仅有利于校园文化的健康发展，还有利于高校培养社会所需的优质人才。如果高校的秩序混乱、纪律涣散，必然会全面影响师生的思想状态和行为方式，甚至会给全体师生带来极大的消极影响。

（三）精神文化形态

校园文化的精神文化形态属于其深层形态，通常无法非常明显地展露出来，因此也属于一种软形态。精神文化是高校全体师生人员的思维活动和心理状态的总体呈现，包括办学的思想、文化的氛围、学校的精神、追求的价值观念等各个方面。相对而言，高校管理者和教师群体的精神面貌更加统一，因为其本身就是高校育人目标的综合体现，但大学生作为独立的思想主体，其思维活动和心理状态具有非常明显的多样性、差异性、变化性和选择性，在互联网时代背景之下，这种种特性更加明显。在这样的情况下，高校必须要重视校园精神文化的稳定，只有确保精神文化的高度统一，才能够最大限度地发挥出校园文化潜移默化影响学生的重要作用。

二、高校校园文化的建设原则

校园文化的三种基本形态之中，物质文化是前提和基础，是校园文化的外显承载体，制度文化则是校园文化发挥其效能的桥梁和纽带，是建设校园文化的基本保障，而精神文化则是校园文化的核心和灵魂，制约着物质文化和制度文化的发展层次。建设校园文化需要调动整个高校的各个要素、各个主体、各种关系，以实现资源的和谐搭配，最终相互促进并共同进步，在建设过程中需要遵循以下四个建设原则。

（一）和谐共进原则

高校的校园文化必然会涉及三种基本形态的建设，在建设过程中，需要确保三种形态协调、和谐、统一。只有这样整个系统中的各种要素才能全面协调运作，并呈现出持续发展的态势，最终和谐共进，营造和谐的校园文化。和谐共进原则需要做到以下几点。

1. 以人为本

校园文化建设的核心目标和高校的教育核心目标相同，都是服务于社会，培养社会所需的多样化的优秀人才。培养人才就需要坚持以人为本的原则，强调人的发展高于一切，人格的多元展现高于一切。建设和谐校园文化同样需要以人为本，要充分关心学生、理解学生、尊重师生，发挥校园的文化熏陶功能，引导人和激励人，以师生员工的共性要求和个性发展为基础，为人的全面发展提供条件。

2. 打造和谐环境

校园文化的外显，主要依靠的是三项基本形态中的物质文化形态，通俗来说就是校园环境。建设校园文化必然需要打造一个布局合理、设施优良、整洁优美、风格高雅、文化底蕴深厚的、和谐的环境，不仅需要整个校园空间优美宜人、搭配合理，还需要契合自然环境，即校园中不仅需要具备现代化的先进设备和设施、宽敞整洁的楼宇、齐全的图书资料、布局合理的环境设施，同时也需要展现高校的历史沉淀、文化底蕴、与自然环境的契合和对生态的保护等。只有打造一个和谐的校园环境，才能够让进入校园的人感到神清气爽、耳目一新，同时又能感受和体味到高校深厚的底蕴，从而成为校园文化和精神传承的重要载体。

3. 和谐相携、多元发展

在很长一段时间内，高校多数采用的高度集中的统一管理体制，思想和模式都高度统一。虽然这种管理体制看似使高校更加和谐，但过于强调共性，完全压制了个性，造成高校的校园文化毫无特色，甚至千篇一律。这种校园文化并不适宜培养人才，随着社会的快速发展和教育改革的推进，多元文化形态已经开始在高校内融合和发展，多元文化虽然会令校园文化呈现出多样性，但只要寻找到彼此的共同目标，就能够实现多元文化的共生，从而令校园文化中的各类文化和谐共存、多元化发展。这也会令校园文化更具包容性，从而在最大限度上满足各个层次师生人员的精神成长需求。

（二）先进时代原则

校园文化属于一种社会意识形态，不同的时代背景下，社会意识形态也会有所不同，因此建设校园文化也需要秉持先进时代的原则，即以中国特色的社会主义先进文化来引导校园文化的建设。

校园文化的建设必须坚持社会主义核心价值体系的要求，将社会主义核心价值观融入文化建设的全过程，这样才能够承载先进的精神文化，从而推动整个高校朝着正确的方向快速发展。高校校园文化建设要大力弘扬奉献社会、遵纪守法的风尚，倡导诚信为本，并着眼于促进人与自然的和谐发展，将保护环境的意识、节约资源的意识和建设美好未来的意识融入其中，并坚持科学发展和可持续发展的观念。

（三）创新发展原则

高校校园文化的建设需要在继承和发展传统文化的基础上，吸收和借鉴先进成果，促进文化建设的理论和实践不断发展和创新，需要做到以下三点。

首先，继承发扬中华传统文化中和谐思想的精髓，如人与自然和谐共生的天人合一思想，人际关系和谐共赢的以和为贵的思想，个体的身心和谐的神形合一思想等，都是中华传统文化中的宝贵思想，高校需要汲取其中的合理成分，并结合时代特性赋予其新的内涵，令其成为校园文化的核心。

其次，建设校园文化需要吸收和借鉴世界各个国家的先进成果。虽然校园文化建设强调民族性，但并非搞狭隘的民族主义，而是要以民族特性为核心，以开放的视野和包容的胸怀广泛吸收各种先进文化成果，以推动民族文化的发展。

最后，建设校园文化需要更新观念。虽然校园文化建设需要传承民族文化，但也需要根据高校本身的特点和社会发展规律及教育发展规律，大胆进行探索和创新，寻找建设校园文化的新途径和新方法，通过广纳先进文化成果来完善校园文化建设的理论架构，并令其符合社会发展的需要。只有将创新思维融入建设过程中，才能够促进校园文化的水平不断提高。

（四）全员参与原则

建设校园文化从来不是某一主体能够完成的，它是一个系统性工程，因此在建设校园文化时还需要坚持全员参与的原则，即充分发挥高校师生员工的作用，通过全员的参与，形成合力，共建校园文化。

首先，需要高校的管理者能够深刻认识建设校园文化的重要价值，并真正重视校园文化建设。高校管理者是学校教育的决策者和组织者，通常管理者的价值取向、教育观念、培养特性都会影响高校的办学风格和办学理念。这种管理者的办学精神就是校园文化的核心内容，其在很大程度上影响着学校精神的培育、学校物质文化的建构和学校教育制度的形成。因此，高校管理者首先需要树立正确的教育观念，并不断提高治校能力，从高校教育文化层面进行挖掘和认识，才能够培养社会所需的人才，取得公众满意、学生期待的教育成果。

其次，高校教师是建设校园文化的主导力量，尤其是辅导员和学生的关系更加密切，其一言一行都会影响学生的状态，更需要坚持正确的政治方向并表现出足够的社会责任感。只有教师能够以身作则，成为学生成才路上的引路人和指导者，才能够最大限度发挥其在校园文化建设中的主导作用，从而进一步影响学生，使学生参与到校园文化的建设中。

再次，高校各层次的管理者和服务人员在校园文化建设中同样起着非常重要的作用，如高校内的图书馆、食堂、宿管、后勤、医务室等各种服务部门的人员，他们的管理风格、服务模式、行为态度等都会为校园文化建设产生影响，如果能够做到科学管理、服务周到、态度亲和，自然就能够为校园营造良好的氛围，从而推动校园文化的和谐发展。

最后，进入高校学习的学生更是校园文化建设中必不可少的主体。学生是校园文化的直接承载体，受到校园文化的熏陶和感染，同时也对校园文化产生影响。因此，辅导员需要引导学生主动参与校园文化建设，培养学生树立正确的人生观、价值观和世界观，从而发挥自身的主观能动性，在自觉学好专业技能和专业知识的同时，自觉提升综合素质，努力成为社会所需的高素质人才。这样学生才会对校园文化的建设产生正面的影响，促进校园文化向更契合教育培养的方向和社会需求的方向发展。

三、高校校园文化的建设方式

高校校园文化的建设需要从三种基本形态入手，采取各种有力的手段和措施来促使校园文化发挥功能，从而构建和谐的校园，孕育出和谐的校园文化和富含文化底蕴的校园氛围。

（一）建构扎实的物质文化基础

高校校园文化的物质文化基础需要从三个层面入手。其一是美化校园内的环境，校园内部的环境、设施等是校园文化的主要载体和主要表现形式，其中包含着校园文化的一部分功能和内涵。优美的校园环境能够陶冶情操、愉悦身心，而且是高校师生日常活动的重要行为空间，所以营造优美的环境更容易为师生营造健康舒适的心理空间。例如，大部分高校都依山傍水、环境优美，就是因为这种优美的环境本身就具备无形的精神熏陶和教化作用。

美化校园内的环境需要通过对校园进行恰当的绿化、园林化、结构化、净化、环境规划、知识化，同时需要表现出人与自然的和谐发展观念，如可以借助地形地貌规划校园内的景点、亭台、道路、装饰物、绿化形状等，并与建筑的高矮和形态相适应。此过程就需要通过对校园文化的总结和表现，需要设计与高校特色相符的各种建筑和符号，包括标志性元素、吉祥物等。这些颇具特色的元素不仅能够将高校和其他高校区别开，还能够促进高校师生对其产生心理共鸣，从而产生极深的亲切感和自豪感。

其二是完善高校的各种功能性设施，尤其是各种和教学、科研、生活、学习、实验、娱乐、运动等相关的设施必须要齐备完善，这样才能在最大限度上满足高校师生各方面的需求。这些功能性设施不仅具有极强的使用功能，还反映了一种人文关怀、伦理规范和科学追求等，是完善物质文化建设的重要手段。

其三是营造温馨的校园周边外部环境，高校虽然通常会选择环境较为优美的地带建校，但必然处于社会大环境之中，因此高校也必然会受到周边外部环境的影响。建设和谐的校园文化必须有和谐的周边外部环境作为基础，因此高校需要联合地方各部门，做好校内环境和校外周边环境的共同建设，切实维护好学校周边的治安和秩序，保证校外周边环境没有不利于师生身心健康和教学质量的违规场所、脏乱环境、治安盲点等。

（二）确保建设科学的制度文化

校园制度文化是校园文化建设的内外沟通桥梁和内在执行机制，是建设和谐校园文化的基本保障，对师生养成良好的教学习惯有极大的催化作用，因此高校一定要建设科学的制度文化。建设科学的制度文化可以从以下两个角度入手。

一是制度文化建设要有法可依，即有关高校的各项工作，包括招生、教学、科研、考核、奖惩、就业、实践等都需要有完善的规章制度。制定规章制度过程中要以国家政策为核心标准，并结合高校自身情况，所制定的各项法规标准要符合高校师生的利益、满足社会的需求、契合时代的发展精神。具体而言，需要实现合理性、公正性、人民性、规律性的统一，合理性主要体现在所有规章制度需要和国家法律法规一致，并符合高校的实际情况；公正性主要体现在规章制度要相对稳定且具有连续性，不能随意更改、频繁变动，这就要求制定规章制度要从各方面考虑，避免出现漏洞；人民性主要体现在规章制度要遵循以人为本的原则，既需要敬畏学术，也需要尊重人格，既能够规范师生行为，又具有人情味；规律性主要体现在规章制度制定和完善过程中要遵循人、社会、时代的发展规律，要具备显示操作性。

二是制度文化建设要落于实处，即建设过程中要倡导依法办事并体现制度的精神，执行过程中要做到合理、合法、公正、及时，在规章制度面前所有师生都处于平等地位，尤其教师、党员、领导干部等务必做到以身作则，毫无特权。制度文化建设的目的就是要规范高校各层次人员的行为和思想，因此高校内的各项事务都需要公正、公平、公开，所有人员都要严格按照规章制度办事，这样才能体现制度文化的平等和正义，才能够令学生感受到高校的尊严。长此以往，高校自然能够形成公正的氛围，并处处洋溢着浩然正气，从而为良好校园文化的建设提供规范保障。

（三）营造和谐的精神文化氛围

精神文化建设是高校校园文化建设的工作重心。精神文化建设也是辅导员辅助建设校园文化的工作中心。营造和谐的精神文化氛围，需要辅导员从以下四个方面着手。

1. 凝练独特的高校精神

高校精神是一所高校在传统文化基础上通过历史的积淀、凝聚、发展和创新最终形成的精神文化，是一种能够被高校全体师生一致认同的精神文化。高校需要根据自身的历史传统、文化积淀、学科特色等逐步凝练出高校特色的精神，其最常见的展现手段就是"校训"。高校精神的凝练需要经得住历史的考验和时代的冲击，这就需要高校师生全体对自身传统和文化内涵进行深入挖掘和提炼，将高校最具特色的文化展现出来，它既需要具备独特性，还需要有高度认同感，是一种深入人心的精神品质，是高校师生的为人、为学及道德品格的综合概括。

2. 建设高质的学风校风

学风校风就是高校师生的治学风气和高校整体的风气，是高校所有成员共同具备和培养出的思想和行为作风，高质的学风校风能够潜移默化地影响高校的教学质量和人才培养质量，因为其能够直接影响到师生的文化素质和思想道德素质以及价值观。

高质学风校风的建设需要高校各个部门、全体教职员工乃至学生积极参与，需要加强责任落实，充分发挥各个部门的作用，制定切实可行的实施方案，并将学风校风建设与日常教育活动和日常学习生活活动相结合。教师需要不断提升师德，以身作则，为学生树立榜样，引导学生参与到建设工作中去。

　　辅导员可以从教室、寝室、食堂这三个学生活动的主体场所入手，逐步引导学生建设高质的学风校风。例如，加强教室文化建设，辅导员需要和学科教师及班主任配合，营造上下求索的求知环境；加强寝室文化建设，寝室是学生在高校中的"家"和学习提升场所，是学生彼此交流、联系的场所，同时也是最容易引发人际冲突和心理问题的场所，辅导员要发挥监督引导和鼓励的作用，充分发挥学生的自我教育、自我管理功能，力求建设安全、舒适、整洁、正向的寝室环境，并发挥学生的创造力，开展各种寝室文化建设活动，促进寝室文化的形成；加强食堂文化的形成，可以通过各种食堂电视节目、标语和画作等，引导学生树立环保意识和节约意识，并保持食堂环境的清洁，可以建立畅通的渠道来加强后勤和学生的沟通反馈，甚至可以开展食堂文化建设活动，引导学生广泛参加。

3. 丰富文化活动的形式和载体

　　校园文化的建设必须以多层次、多样化的活动为依托，以促进校园文化功能的实现。校园内的各种文化活动，其核心内容就是积极向上的思想和人文精神。通过开展丰富多彩的校园文化活动，不仅可以潜移默化地令学生的精神受到熏陶，身心得到调节，还可以有效传播科技文化知识，改变学生的知识结构并拓宽学生的思维空间。在实践过程中，辅导员需要充分发挥各种学生组织的多元化特性，将校园文化的品牌意识融入活动策划之中，并将德智体美劳全面培养的教育理念融入校园文化中，开展各种思想性、趣味性、知识性、创新性和运动性并存的活动，营造出蓬勃向上的校园氛围。

　　同时，进入 21 世纪以来，社会已经进入互联网时代，网络已经成为社会发展中必不可少的信息载体，高校需要将其改造成新的文化载体。辅导员可以通过和学生的交流沟通，分析学生的接受特性，广泛运用各种网络技术手段，推动高校校园文化建设，如内容丰富、信息健康的绿色网站，游戏性强且具备思想教育意义的校园 App 等，都可以发展为校园文化的新阵地；同时，积极拓展思想政治教育渠道和文化熏陶手段，令网络成为高校开展校园文化宣传和提升校园文化属性的有效渠道和载体。

4. 切实解决实际问题

　　高校发展和建设过程中，难免会出现各种各样的困难和问题，建设和谐校园文化，需要以切实解决师生遭遇的实际问题和困难为前提。辅导员需要充分发挥自身的桥梁作用，积极协调师生之间和学生之间的关系，促进整个校园和谐发展。

　　辅导员需要协调校园内的人际关系，如师生关系、同学关系、教师关系、领导与师生的关系等，这不仅需要辅导员协调，还需要相关人员配合与相互理解；辅导员需要关注学生的心理健康情况，及时洞察学生的心理困惑和心理问题，并真诚关怀、积极疏导，尽可能引导学生通过自身的心理调节能力将问题解决；辅导员需要关系学生的学习情况和生活情况，尤其是家庭经济困难学生的困难，辅导员需要积极运作，促成各种助学措施的实施和奏效，同时要引导学生保持自信乐观的态度，培养学生的综合素质；辅导员还需要关注学生的就业创业问题，随着教育大众化进程的推进，每年的毕业生数量一直居高不下，造成的极大就业压力，竞争非常激烈，辅导员需要通过多种渠道为学生提供各种就业和创业咨询服务，引导学生树立正确的择业观和职业理想，并锤炼竞争技巧，以便为进入社会打拼夯实基础。

第六章

高校辅导员的服务工作专业化

第一节　规划师·引导学生职业生涯规划

社会的快速发展使社会对人才的素质要求越来越高。大学是学生生涯后期，也是职业生涯开端期，因此若能够引导大学生在高校期间正确认识自我并进行对应的职业生涯规划，非常有助于学生缩短职业适应期，从而更快地适应社会及职业需求，且能够更准确地把控未来的发展方向，最终为社会的发展献出自己的力量。辅导员是学生成才路上的引导者和辅导者，因此在学生职业规划方面也担负着相应的责任。

一、学生职业生涯规划的现存问题

职业生涯规划起源于美国 20 世纪中叶的职业辅导运动，到 20 世纪 90 年代中期才传入中国，因此中国对职业生涯规划的重要性的认识还不够深刻。职业生涯规划就是个人通过与组织的结合，对职业发展的主观条件和客观条件进行分析、总结、研究，并对自身的能力、特长、兴趣、爱好、经历、劣势等进行综合分析后，结合社会时代的特性，根据自身的职业倾向确定职业奋斗目标，然后为实现这一目标做出具体的规划和安排，这种规划和安排会为个人的职业发展指明方向和途径。①

（一）对职业生涯规划了解不够

多数大学生在进入高校之前，全部精力和注意力都放在知识的学习和最

---

① 黄签名.辅导员价值论 [M].天津：天津大学出版社，2013：98-99.

终的入学考试上，加上学校和家长对职业生涯规划并不太重视，造成多数学生进入高校后首要关注的依然是专业知识的学习，而对未来职业的了解和思考并不多。同时，大学生即使进入高校，也还无法对自身进行正确的分析和定位，也就无法对自身的发展潜质进行了解，也无法对自身的发展方向进行准确的定位，甚至无法充分认识到自身在高校所培养的各种素养，学到的各种知识都是在为未来的就业和职业的发展增添砝码，所以无法将高校深造与职业发展密切结合起来。这就造成很多大学生没有规划意识，甚至会对自身的未来感到迷茫。

（二）对自身和环境的认识不足

合理进行职业生涯规划的前提，就是能够客观且全面地认识自我，只有对自身拥有极深的了解，才能够结合对外部大环境的认识，进行合理的职业生涯规划。大学生进入高校时恰逢青年期，正处于自我认识的探索阶段，不但对自身的优势和劣势无法认清，而且对于外界大环境，包括宏观经济发展状况、社会就业形势和政策、职业需求和各类单位的需求、相关职业岗位内容等，同样因为见识问题和经历问题无法认清。

进行职业规划需要通过对自我的认识，总结和分析自身优势和劣势，然后依据对大环境的了解进行恰当的匹配，以便发挥自身的优势而规避自身的劣势，最终在职业生涯中不断加强优势的提高和劣势的补全。大学生对自身和环境的认知都有很大不足，这就很容易在进入社会后导致不良后果，包括盲目自信，自卑，频繁更换职业，追求高薪却处处碰壁等，这样会严重影响大学生的就业和职业发展。

（三）价值观不健全，择业目标模糊

大学生在步入高校之前，人生观、价值观和世界观都还未形成，进入高校之后才会逐渐树立各种观念。这种情况就造成他们在中学时价值观不健全，因而在选择高校、专业时，不会从未来角度进行思考和分析，也不会将职业发展纳入考虑的范围内，而主要考虑的是高考分数能否让自己顺利进入高校。因此，有些学生进入高校之后才发现学校和自身所选的专业并不适合自己，这就容易造成学生在整个学习过程中无法形成明确的目标，甚至对未来感到迷茫，最终产生心理困惑和严重的心理问题，致使自身毕业就失业。

（四）准备不足且实践能力差

很多大学生进入高校后，会将学习的重心放在专业知识方面，从而忽略了很多其他因素，造成毕业后进入社会职场时准备不足。例如，职业所需的人际交往能力、专业实践能力、生活能力、职业道德和品质、独立承担责任的能力等，都是职业发展过程中必不可少的，但学生在高校对职业发展认识不足，就容易无所适从，从而毫无准备。另外，很多大学生对实践的重视程度较低，实践能力较差，中学时代学生的主要目标是学习知识，根本不需要考虑其他，但要将知识真正转化为能力，就需要学生能够通过不断的实践、尝试，不断反思、总结、完善，最终将知识内化。有些学生进入高校后对实践能力不够重视，容易眼高于顶，进入职场之后却无法运用所学知识，从而阻碍自己的发展。

除以上问题之外，还有社会环境的一些问题，其中最明显的就是职业生涯规划在中国属于新兴行业，虽然经过了二十多年的发展，专业职业规划师一直在不断增加，但高校却因为缺乏人力、物力、财力，只能由辅导员或就业指导部门对学生进行职业规划引导，不但专业性较低，而且因为每个教师面对的学生过多，所以很难全部照顾到。也就是说，学生职业生涯规划指导方面的服务在中国高校还处在起步和初级阶段，需要不断探索和完善。

二、辅导员做好职业规划师需具备的素质

中国职业规划师（CCDM）是随着职业咨询和社会的发展需求而兴起的一项职业，需要运用其掌握的相关专业知识和资源，给予客户在职业适应、发展方面的专业咨询、指导、判断、建议和解决办法的专业人员，目标是帮助客户应对激烈的职场竞争压力，并缓解其就业压力。

一名优秀的职业规划师需要熟悉职业规划的流程，并具备极强的沟通技巧，能够通过交流沟通技巧针对客户提出建设性建议；需要熟悉社会职场人力资源信息，即明晰各种职业信息和发展趋势，能够根据这些资源，结合客户的情况，提供符合社会发展的职场建议；需要掌握职业测评和评估技术，能够在和客户沟通的过程中运用各种评估技术获得准确信息；还需要熟悉与各职业相关的法律法规，并遵守职业道德规范；需要具备较强的洞察力，可根据不同群体与个体的需求，提供相应的服务；需要熟悉职业发展领域的各种理论、技术和实施模型，能够灵活运用到职业生涯规划活动中，为客户出谋划策；需要熟悉各个职业，包括特殊职业的求职方法和技巧。辅导员想做

好学生的职业规划师，就需要结合高校实际情况和学生状况，进而具备以下素质。

（一）政治思想道德素质

政治思想道德素质可以从政治、思想和道德三个角度进行分析。其中，政治素质是导向，包括辅导员的政治信念、政治态度、政治立场、政治理想等内在品质，辅导员只有具备坚定的政治方向和高层次的政治觉悟，具有较高的政治理论修养，才能够为学生指明前行的方向，从而确保学生的职业生涯规划能够以正确的政治方向为基础，最终成为社会主义接班人。

思想素质是行为标杆，其反映的是辅导员的思想内涵和思想品质，思想素质的形成是通过对事物的认识，依据自身的经验，形成自身的态度和最终的行为做法的过程。辅导员作为职业规划师先要做好自身的工作，并努力成为学生未来发展的标杆，通过潜移默化地影响学生在未来职业发展道路上的行事风格。

道德素质是内在情操，是道德认识和道德行为水平的反映，辅导员辅助学生进行职业生涯规划的目的就是通过日常工作帮助学生实现全面发展，从而为其未来的职业生涯规划打下坚实的基础。社会的快速发展要求公民拥有较高的道德素质，这样才能在全面建设和谐社会，实现中华民族伟大复兴过程中成为中坚力量。辅导员只有具备高尚的道德素质，才能够在任何时候都坚守道德准则，严以律己并以身作则，在引导学生完善职业生涯规划时方能令学生信服。

（二）全面的业务素质

辅导员作为学生的职业规划师，会面对各种不同家庭、不同经历、不同思维模式、不同行为习惯、不同认知水准以及不同知识体系的学生，因此首先需要具备扎实且全面的知识，即辅导员需要获取和掌握足够数量和质量的知识，包括心理学、教育学、管理学、职业评估理论、职业评估模型、决策理论等知识，尤其是如今社会处于高速发展阶段，各种新兴职业和知识不断增加，辅导员更需要不断补充各类知识，以便恰当地引导学生认识自身和完善自身；同时，辅导员需要对各类专业特性和各类职业发展特性了如指掌，这样才能引导学生结合自身的专业学习情况和专业对口职业发展情况来进行合理的职业规划。也就是说，辅导员不仅需要具备职业规划师的业务素质，还需要结合大学生的实际和社会发展情况，对各种职业领域有深入、全面的了解，并形成对各种职业领域的宏观认识，这样才能引导学生深入理解职业规划的意义，最终引导和帮助学生对自身的职业发展和人生发展进行前瞻性的规划。

其次，辅导员需要具备较高的法律素质，包括法律意识、法律知识、法律信仰、对法学的理解和认识等。学生作为社会未来的人才，其法律素质的高低必然会成为衡量国家和社会文明程度高低的标准，学生的法律素质的培养需要通过对各种法纪知识的了解，将其逐步内化为学生的行为标准，从而促进学生形成心理界限，真正明晰"该做"与"不该做"的标准，最终调控学生与社会、与他人、与国家之间的关系，成为建设未来社会合格合法的公民。辅导员不仅要积极学习各种政策法规，不断补充法律知识，从而正确地帮助学生树立法律意识和了解法律规范，保证学生职业发展的健康与合法，还需要结合思想政治教育过程，来结合法律知识和道德准则，引导学生树立正确的法律意识和成才观念，最终促使学生能够对未来的职业和人生的发展有更加清晰的规划。

（三）均衡的能力素质

均衡的能力素质的基础就是需要具备健康的身体素质和良好的心理素质。辅导员工作在服务学生的第一线，不但工作繁杂、范围极广，而且工作量巨大且工作难度大，涉及学生在高校学习、生活、日常活动的方方面面，同时还需要兼顾学生的突发事件的处理等，而引导学生进行职业生涯规划只是众多工作中的一项。因此，辅导员必须具备良好的身体素质，才能够保持充沛的精力和良好的身体状态。心理素质则是以身体素质为基础发展和形成的意志力、韧性、情感、信心等内心状态，辅导员要做好学生的职业规划师，就必须具备坚定的意志、良好的人际关系、健康的情感品质和强烈的事业心。在辅导学生进行职业生涯规划的过程中，辅导员需要面对各种各样的学生，也会遇到各种各样的事件，只有具备良好的心理素质，才能及时调整自身的心理状态，维护好自身的心理健康，从而潜移默化地影响学生，使学生能够拥有健康的心理，最终为自己未来的职业发展做好规划和恰当的准备。

辅导员做好学生的职业规划师需要具备各种技能，包括良好的沟通能力、准确的信息采集和分析能力、熟练而有效的评估技巧等。良好的沟通能力是开展学生职业生涯规划工作的核心，只有拥有良好的沟通能力才能取得学生的信任，为学生留下亲切的印象，真正得到学生的认可，才能够充分利用自己的专业知识和专业技能，帮助学生解决职业规划过程中难题的。准确的信息采集和分析能力是开展学生职业生涯规划工作的基本条件，辅导员需要准确掌握关于就业的政策信息、人才市场资源信息、各种职业的发展动态信息、学生的个性特点信息、学生的择业观念及思想状态信息等；另外，还需要具备敏锐的洞察力和良好的信息分辨能力及分析能力，这样才能通过掌握的各种信息引导学生进行合理的职业规划，并能够及时掌握学生的情况，对学生进行指导。熟练而有效的评估技巧是开展学生职业生涯规划工作的依据，在进行学生职业规划指导过程中，辅导员需要对学生进行专业性的评估测试，包括学生的心理测评、职业评估等，需要运用相应的技术，对学生的性格特性、专业发展、学习情况、相关技能等进行整体性的分析评价，引导学生寻找对职业发展有利的各种积极因素，从而使学生能够更大限度地发挥优势，并深入认识自身，获得更多的发展机会，最终形成完善且正确的职业生涯规划。

辅导员需要具备突出的创新意识和创新能力。未来社会对人才的需求会越来越细化、越来越精准，辅导员辅助学生进行职业生涯规划属于一种创造性工作，毕竟每一位学生的个性不同，社会的政治环境、经济状况、职业发展态势、专业发展形势等也一直处于不断变化的状态中。这就需要辅导员能够运用创新能力来对社会形势不断进行摸索和掌握，然后根据时代特性和学生的个性特征，有针对性地引导学生寻找最适合自身的职业路线。学生的职业生涯规划没有统一的模板，辅导员需要让自身的思维具有足够的变通性和超前性，结合对各种新态势、新领域的了解，运用创新技能来为引导学生形成科学的职业生涯规划。

三、成为学生职业规划师的策略

学生职业规划师是社会发展和教育发展过程中对辅导员的新要求，辅导员在培养和基本素质的基础上，还需要坚持基本原则、掌握基本的对应的方法，并结合辅导员本职工作特性，才能做好学生的职业规划师。

（一）掌控基本原则

1.以学生为本原则

辅导员要做好学生职业规划师，首先需要在坚持正确政治方向的基础上，坚持以学生为本的原则。在日常工作过程中，辅导员要真正关心学生、了解学生，树立教育即服务的思想和彼此平等的观念，充分发挥学生的主动性和积极性，以学生的职业未来的发展和社会的发展为核心出发点，引导学生做好自己的职业生涯规划。

2. 社会需求原则

学生职业生涯规划是基于社会对人才的需求制定的，因此必须遵循社会需求的原则。社会对人才的需求是随社会的发展和时代的特性不断发展变化的，所以辅导员在辅导学生进行职业生涯规划时，需要密切关注社会对人才的需求的变化，及时收集和分析社会对人才的要求，并根据时代发展特性不断调整观念，根据社会发展趋势来引导学生做出符合社会发展和时代发展的职业生涯规划，并引导学生根据社会的变化及时对职业生涯规划进行调整和完善。

3. 个性化原则

不同的学生具有不同的个性特征，因此辅导员在辅导学生进行职业生涯规划时，需要结合学生的兴趣和能力、个性特征和心理状态等，区别对待，有针对性地进行引导。辅导员需要根据学生的个性特征和职业理想，充分发挥学生的特点，运用对应的辅导手段开展个别咨询，如就业定位、自我测评、心理疏导、职业咨询等，让学生能够积极主动地进行未来职业定位，并规划出最契合自身的职业发展路线。

4. 专业性原则

指导学生进行职业生涯规划是一项专业性很强的工作，因为其涉及学生的未来发展方向和前进路线，所以辅导员必须遵循专业性原则，以便为学生提供最专业的指导。要做到这一点，需要从高校层面着手，首先需要建立起专业的职业生涯辅导体系，包括职业生涯教研、职业咨询辅导、职业测评中心、择业技巧培训等，为大学生提供全方位的职业生涯规划辅导的服务；其次需要建设专业度较高的高素质职业生涯规划辅导员队伍，及时对辅导员进行对应的社会政策、职业形势的培训，促使辅导员专业化、专家化，以便为学生提供更加专业性的服务。

5. 全程化原则

职业生涯规划是一个系统性工程，贯穿学生的一生，因此辅导员在辅导学生进行职业生涯规划的过程中，需要循序渐进地引导学生学习职业生涯规划的各种知识，如针对不同的年级、不同的专业，划分阶段性任务，逐步完善学生的职业生涯规划体系。这需要辅导员从学生入校开始就进行职业生涯规划引导，根据学生不同阶段的不同特性，逐步完善学生的职业生涯规划。

（二）掌握基本方法

辅导员对学生进行职业生涯规划辅导需要从两个角度进行，一方面是强化自身，另一方面则是引导学生。

1. 强化自身

辅导员做好学生的职业规划师，首先需要转变自身的观念，充分认识到职业生涯规划对学生的发展、高校的发展和社会的发展的重要性。辅导员需要积极借鉴国际先进的学生职业生涯规划理念，以中国社会发展形势和学生特性为基础，一方面通过恰当的宣传和教育，将职业生涯规划的理念灌输给学生，促使学生积极参与对自身的认识和挖掘，并尝试进行职业生涯规划；另一方面辅导员需要加强交流沟通能力，通过和学生的深入交流沟通，加强学生对职业生涯规划的了解，从而有效并持续地引导学生进行职业生涯规划。

其次，辅导员需要有意识地完善自身的职业规划素质，要保证自身能够深刻理解并掌握职业规划师的道德规范和行为准则，加强职业道德培养和提高思想政治水平，成为学生的榜样和标杆；需要加强对职业生涯规划专业知识的学习，并熟练运用教育学、心理学、管理学的专业知识，利用和学生的密切关系，将职业生涯规划的各种理论融于各种日常活动中，促使学生参与到职业生涯规划中；还需要不断强化自身的洞察力、分析能力，如通过观察学生的心理变化和个性特征，运用SWOT分析法（态势分析）引导学生全面分析和探索自我，正确认识自身的优势及劣势，挖掘自身的职业发展需求，再运用教育沟通手段，帮助学生形成良好的职业生涯规划习惯，使其受益终生。

最后，辅导员需要积极参与高校的职业生涯规划课程建设。2008年，教育部明确要求高校开设就业指导课程，以便引导学生能够合理规划大学生活并走向理想人生。这之后很多高校都逐步开设了大学生职业生涯规划、就业指导等课程，并将其纳入了必修课范畴和正常的教学计划中。辅导员需要根据高校制订的教学计划，积极引入先进的教学方法，以便激发学生对职业生涯规划的参与性，促使学生及时了解社会形势和就业政策；同时需要主动分析学生职业生涯规划过程中遇到的困难和问题，帮助学生有效解决问题，科学进行职业生涯规划。

2. 引导学生

辅导员做好学生职业规划师，还需要掌握引导学生的方法，首先要充分发挥高校社会实践课程的作用。学生在高校接触社会职业的主要机会就是各种社会实践活动，辅导员需要通过学生社团活动、假期调研、社会志愿活动等，引导学生了解社会现状和职业情况，并根据活动需求，有针对性地对学生进行职业训练和模拟训练，以提高学生的综合能力和职业素质，并适时引导学生通过实践活动学会反思和总结，加强对职业生涯规划的重视；另外，辅导员应该积极介入到学生自发组织的各种社会实践活动中，为活动出谋划策，以提高这些自发组织的实践活动的专业性、实效性和针对性，并及时跟进学生在活动中的各种表现、困难和问题，通过帮助学生排解困难的方式引导学生更清醒地认识自身，从而促进学生根据自身的特点、职业需求以及社会要求对职业生涯规划进行调整和变动，缩短学生的社会适应期，促使学生更好地适应职业发展和社会发展。

其次，辅导员需要努力践行职业生涯规划的全程化原则。具体做法是针对不同专业、不同年级的学生，分析和总结不同阶段学生的特性，以便突出职业生涯规划的阶段性目标和重点，然后分阶段实施引导，逐步完善全程化职业指导体系。

例如，新生入学后的一年级属于职业生涯规划试探期，学生最需要做的是适应高校生活，并树立职业生涯规划意识和职业理想。辅导员可以借助各种测评工具和技巧，帮助学生更加深入地了解自身，并掌握职业生涯规划的基本知识；通过对职业和专业的了解，向学生介绍专业和职业的关系，辅助学生了解专业特性和职业特性，以使学生逐步形成职业生涯规划；提高学生参与职业规划的主动性和自主性，培养学生自我教育、自我管理、自我设计和自我规划的能力，可有意识地引导学生先进行高校学习阶段的自我提升规划。

学生入学一年后属于职业生涯规划定向期，重点在于引导学生正确地进行职业定位，为后续的职业生涯做足准备。辅导员可以根据社会发展的需求和职业发展的需要，通过职业生涯规划课程来引导学生进行职业规划模式的确定和职业定位，以明确职业目标，从而在后续学习过程中有意识地提高相应的能力和水平。辅导员需要引导学生对所学知识体系进行科学分析和重组，并根据重组的知识体系补充专业知识和完善知识结构；需要根据不同专业和职业的特性，有针对性地向学生介绍相关职业的用人理念和重点企业的文化，并根据不同专业对学生开展就业培训和就业技能培训；需要通过开展多样化的社会实践活动，辅助学生加强对社会发展情况的了解，并积累职业经验，引导学生有意识地提高职业素质。

三年级属于职业生涯规划的落实期，重点在于引导学生根据对社会发展、职业发展和专业特性的了解，结合自身情况来明确职业岗位和确定职业发展具体方向。辅导员可以组织学生对企业招聘信息进行收集和分析，然后辅导学生撰写简历并参与面试，以实践活动的形式加强职业分析，完善学生的就业准备；之后辅导员要抓住机会引导学生对职业发展趋势进行了解，并掌握对应的职业用人需求，有针对性地锤炼职业技巧，弥补自身的不足，从而为就业打下坚实基础。

毕业季属于职业生涯规划的细分期，重点在于引导学生深化对职业方向的认识，并形成成熟的职业认知，明确细化的职业选择。此阶段辅导员的工作任务更加繁重和细化，需要对学生进行针对性的分类指导，要根据学生的知识结构、能力状况、专业水平、职业期望等，为学生提供恰到好处的政策普及和就业信息服务，包括就业技巧、就业程序、职业安全教育等服务，促使学生形成正确的就业观念，不至于高不成低不就，并指导学生参与求职，以便学生成功就业或提升学生的求职成功率。

第二节　指导师·帮助学生找到就业出路

2014 年，教育部在印发的《高等学校辅导员职业能力标准（暂行）》中提出："高校辅导员要成为大学生就业指导师，要具备三个方面的专业素养：自觉遵守就业指导工作领域的伦理纲领；具有专业化、专门化、系统性的知识结构；具有经长期专门训练而形成的娴熟的教学能力和专业技能。"[1]

专业的就业指导师是用人单位和求职者沟通的桥梁，需要通过对市场人力资源需求进行挖掘，根据当前就业形势，给予求职者契合自身的就业指导以帮助求职者走上理想的职业岗位。

辅导员要成为学生的就业指导师，就需要在日常工作中引导学生树立正

---

① 　许继亮.高校辅导员职业指导能力提升策略 [J].思想理论教育，2016（12）：96-99.

确的职业观，并培养学生就业意识，提升学生就业竞争力和求职技能，提高学生的就业质量，帮助学生找到就业出路。作为学生的就业指导师，辅导员不仅需要具备专业就业指导师的基本能力，还需要结合学生个体的兴趣、能力、特性等，根据社会对人才的需求来找到学生匹配的职业取向，并有针对性地培养和提升学生的求职能力，以引导学生做出恰当的职业选择。

一、辅导员作为学生就业指导师的优势条件

辅导员作为高校教师队伍和管理队伍的重要组成部分，工作范畴涉及高校学生日常学习和生活的方方面面，这无疑为辅导员成为学生的就业指导师创造了绝佳的条件，其优势具体体现在以下两方面。

（一）角色定位优势

辅导员最大的优势就是其角色定位，其与学生的接触最多，对学生情况的了解也最深，这使辅导员不仅能够清楚地了解学生的专业能力，还能够熟悉学生的特长和兴趣爱好，更能够明晰学生的性格特性及心理特征，这无疑会令辅导员成为学生人生路上理想的就业指导师。

首先，辅导员的工作内容涉及学生的日常学习、生活、活动等方方面面，属于学生的直接管理者和指导者，因此不仅和学生的接触最多，能够深入到学生的日常生活中，从而更容易获得学生的信任，还能够通过与学生的交流沟通，成为学生的良师益友，使学生更容易听取辅导员的相关指导和建议，极大地提高就业指导的相关效果。

其次，辅导员可以通过与学生的深入接触，充分了解不同学生的价值观、专业技能、兴趣特征、心理状态、学习能力等，再结合对社会政治、社会经济的发展趋势和相关政策的了解，能掌握学生就业过程中会面临的问题和困境，从而有针对性地对不同学生进行恰当的引导，以便挖掘学生的个人潜力并培养学生的自我管理和自我教育的能力，促使学生根据自身特性去匹配社会需求，通过微调自己的人生和职业目标，找到最契合自身的人生方向和人生目标。

最后，辅导员的工作特性和工作性质决定了其与学生的接触机会极多，会逐步成为学生最熟悉的管理者。受日常学习和生活过程中所受的辅导的影响，学生在了解就业动态过程中遇到问题和困境，必然会第一时间向辅导员寻求帮助，这就为辅导员成为就业指导师创造了极为有利的条件。同时，辅导员在日常工作中还可以为学生提供个性化就业指导，及时根据学生的优势

和不足引导学生转变就业观念、调整就业心理、制订科学的就业计划等，最终提高自身的就业竞争力；在此过程中，辅导员还可以引导学生根据自身不同学习阶段的情况，及时对职业规划进行调整，最终充分挖掘和发挥自身优势，从而提高就业指导的效果。

（二）工作形式优势

辅导员的工作特性造就了其能够深入学生日常生活过程中的方方面面，尤其是各种学生组织开展的各种活动，辅导员都能够进行参与和了解。辅导员可以有效运用团日活动、班级或班会活动、学生组织活动等，引导学生不断了解自身和完善自身，充分发挥学生的主观能动性，以便学生能够培养认识自我、分析自我、评估自我、有针对性地提升自我的习惯；同时，利用各种活动机会，辅导员还能够通过鼓励和引导，增加学生接触社会的机会，并通过社会实践活动来培养自己的能力、发现自身的不足、提升自身的素质等，提高学生对社会的了解从而树立正确的就业观念；通过和学生的密切接触，辅导员还能够不断向学生普及与就业相关的法律法规，加强学生的就业危机意识和就业安全意识，使学生能够有效运用法律武器来保护自己的合法权益。

在如今日益严峻的就业环境下，大学生面临着前所未有的就业压力，而且这种就业压力从刚刚进入高校就已经存在，并随着学业的推进愈发严重，这使学生很容易出现自卑、焦虑等心理问题，甚至会因为心理迷茫造成毕业就失业的状况。辅导员需要充分发挥自身了解学生状态的优势，在学生日常学习和生活过程中及时对学生进行心理疏导，帮助学生全面并客观地评价自身，树立积极向上、努力拼搏、终身学习的人生态度，调整就业期望值，不断完善自身。

二、辅导员作为就业指导师需具备的能力要素

作为就业指导师，辅导员首先需要具备的就是引导学生进行职业生涯规划的能力，也就是说辅导员必须成为一名合格的规划师，才能统领学生就业指导全过程，这一部分在前面已经进行了详细的阐述。除此之外，辅导员还需要具备以下几种能力要素。

（一）就业指导的教学能力

现今高校已经普遍在不同年级设置了对应的就业指导课程，这些课程的教学通常由辅导员和专业授课教师完成，即使辅导员不直接进行就业指导课

程的授课，也同样需要具备对应的教学能力。

就业指导课程相对而言是偏正式的基础知识普及课程，辅导员还需要在学生的日常学习和生活过程中，潜移默化地将就业指导相关的内容教给学生，包括国家就业政策的宣讲和普及、就业观念的形成与发展、就业心理的调适和完善、简历的创建和制作、求职面试的技巧等；另外，辅导员还需要通过就业指导，适当引导学生树立正确的就业观念、就业思想等。这种对学生内心深层次的影响，不仅会加强就业指导课程的教学效果，还会促进学生就业观念、择业观念以及价值观的培养和形成。

（二）就业咨询的辅导能力

不同的学生具有不同的性格特性和不同的生活经历，因此对于就业有着不同的困惑，包括就业期望、就业选择、就业过程等，辅导员作为就业指导师，需要运用教育学和心理学的相关知识，对学生的困惑进行科学的分析和专业的诊断，并有针对性地对学生进行指导。

辅导员需要根据对学生的了解，结合社会发展和就业形势，对不同的学生进行客观的评价并帮助学生准确找到属于自己的就业定位，最终形成明确的就业意向和职业发展方向，促使学生能够找到最契合自身的就业方向和发展模式。

（三）就业调查研究能力和数据分析能力

毛泽东曾说："没有调查，就没有发言权。"辅导员面对多样化的学生，若想对其进行有针对性的就业指导，就必须通过科学的就业调查研究，对不同学生的就业期望、就业意愿、就业需求等进行统计和分析，这不仅是手段和方法，也是学问和技巧，通常需要通过问卷调查、开展座谈会、进行个人访谈、交心交流沟通等形式进行。在此基础上，辅导员还需要对社会发展情况、市场需求、行业对人才的要求、专业的发展前景、就业政策等进行分析研究，通过前瞻性的判断来探索就业市场的发展趋势，以便为学生提供专业的就业指导。

整个就业调查研究过程中，需要辅导员具备相应的数据分析能力。互联网时代新兴媒介极为发达，造成各处都充斥着海量的信息数据，而且这些信息的传递速度极快。辅导员需要在海量信息数据中筛选和甄别相关的就业信息，包括人才市场的信息、就业指导部门的政策信息等，然后对这些信息数据进行处理、筛选、判断和分析。不仅要识别这些信息的真实性和可行性，还需要将对学生就业指导有效的对应信息提供给学生，并通过分析各种就业情况，有针对性地对学生进行指导。

辅导员只有具备扎实的就业调查研究能力和数据分析能力，才能从各种凌乱的信息中找到就业的一般规律，并摸清就业规律在特定的市场环境和社会发展阶段的特点，从而有效解决学生的就业困扰。

（四）就业推介的搭桥能力

辅导员对学生进行就业指导最终的目的就是让学生能够寻找到理想的就业机会，因此作为学生的就业指导师，辅导员需要具备就业推介的搭桥能力，成为学生和企业之间的纽带，并及时发挥自身的优势，推动双方早日达成协议，最终实现双向选择以及共赢。

对学生而言，辅导员需要为其提供就业企业的基本情况、市场的就业形势、企业的用人要求和对应的福利待遇等具备足够参考价值的信息，这就要求辅导员能够发挥自身的桥梁作用对用人单位进行相应的了解；对企业而言，辅导员需要准确描述毕业学生的各种条件，并向其推荐满足用人条件的优秀学生，这要求辅导员对学生的现状和特性有足够的了解。在双方进行选择的过程中，辅导员需要为双方营造就业和选才氛围，成为彼此沟通的纽带，促成双方达成协议。

三、提升辅导员就业指导力的途径

对学生进行就业指导是高校辅导员工作的一项重要内容，专业的就业指导不仅能够促使学生更快地适应社会需求和了解未来发展趋势，还能够培养学生的自主学习和自主提升意识，并为学生的未来成才和社会的稳定发展奠定扎实的基础。提升辅导员的就业指导力，是完成以上工作目标和工作任务的基本措施，可以从以下三个方面寻求突破。

（一）强化保障，打造专业就业指导服务团队

提高辅导员的就业指导力是一个长期且系统的过程，首先需要做到的就是通过强化制度保障来打造专业的就业指导服务团队。高校需要重视辅导员在就业指导服务中的重要作用，根据国家相关政策文件的要求，结合自身特点和实际情况制定相应的制度，以便就业指导服务团队能够稳定发展并逐步获得完善。

第一步，需要高校严格落实教育部关于加强辅导员队伍建设的各项规

定，根据高校的实际就业指导情况，完善课程体系建设，如开设就业指导相关的专业或课程，并建立完善的就业指导人才培养体系，为专业团队的建设打下坚实基础；第二步，需要高校加强辅导员的就业指导力培训，将就业指导相关的政策文件、理论知识和指导实践环节纳入辅导员的各种培训中，分阶段分层次建立多样化的培训机制，在此过程中需要不断解读对应的就业政策文件，及时对就业动态进行更新，提高辅导员的就业指导的专业性；第三步，则需要搭建在职辅导员准入就业指导体系的机制，通过对在职辅导员进行选聘、培养、评价、考核等，搭建起辅导员向就业指导师过渡的专业化发展平台，使其就业指导能力持续提升。

（二）建立系统、完善就业指导服务体系

针对学生的就业指导本就具备一定的系统性，因此要提升辅导员的就业指导力，就必须建立系统的就业指导模式，以完善服务体系，引导学生将社会需求、就业政策、就业趋势和自身的兴趣、能力、价值观、专业知识相匹配，并与就业单位的用人标准相吻合，最终借助对应的求职技巧，向就业单位展示最佳一面，以获得匹配的职业岗位，实现学生与就业单位的共赢。具体可以从以下几个角度进行服务体系的完善。

1. 就业政策学习和就业方向选择

辅导员作为就业指导师首先需要了解当前的社会发展情况和人才需求，并对最新的就业政策有深入的了解和理解，这样才能带领学生学习领会最新的就业政策，以保证学生能够通过对就业政策的学习，结合自身特性找到自己的就业出路。辅导员可以根据就业政策的调整，结合学生的专业发展趋势和多样化特性，有针对性地辅助学生找到就业方向，还可以引导学生参考学长或学姐的就业情况来探索和学生自身最匹配的就业方向。

2. 有意识地培养学生就业信息的处理能力

每位辅导员通常会面对上百乃至数百的学生群体，不同的学生会根据自身的兴趣及特性，选择不同的就业单位，而在选择就业单位的过程中，每位学生都会尽可能多地寻找就业机会。辅导员作为就业指导师，不可能同时处理如此海量的就业信息，因此辅导员需要有意识地培养学生的就业信息处理能力，其中包括引导学生积极主动收集各种就业信息、辅助学生对就业信息进行筛选和分析、培养学生理性选择的能力等。

引导学生收集就业信息，可以指引学生通过用人单位网站、宣传发布会、实习和见习等方式，收集和筛选出用人单位的各种信息，包括单位规模、发展趋势、人才需求、招聘信息、福利待遇等，以增进学生对用人单位的了解；同时要引导学生在用人单位进入高校举办招聘会时主动出击，根据用人单位的各种招聘需求以及行业和单位的发展模式，来分析该行业和该单位的发展态势，全面了解用人单位的情况，提高学生理性选择就业方向和就业单位的能力。

3. 引导学生做好就业准备

引导学生做好就业准备，其一是简历的制作和投递。辅导员要引导学生根据用人单位的要求，结合自身的实际情况，制作出最为亮眼的求职简历，主要目的是提高自身的职业竞争力，以便用人单位能够快速注意到学生的简历并考察学生的素质；辅导员可以开展简历制作大赛，吸引学生广泛参与，以提高学生制作简历的水平。

其二是面试的准备。学生作为求职者，必然需要与用人单位进行双向选择来确认彼此是否匹配，这个双向选择的形式通常就是笔试或面试。辅导员可以根据学生的就业期望和方向，指导学生进行相应的笔试准备和面试准备，如开展模拟面试辅助学生了解流程，并引导学生针对不同的求职岗位制定不同的面试准备方案，以提高学生应对面试的能力；另外，辅导员需要引导学生学会对用人单位进行观察和分析，以便确定该用人单位是否适合自身的发展，实现学生和用人单位的双向选择，避免学生选择不当，丢失机会。

其三是进入就业岗位的准备，尤其针对即将毕业的学生而言。绝大多数学生毕业后就会快速进入就业岗位，因此辅导员必须提前对学生进行相应的引导。一方面需要做好学生进入职场的心理准备工作，即阐明职场和校园的不同，引导学生做好心理准备并调整好心态；另一方面则需要引导学生时刻以职业人的标准去要求自身，在保持良好职业形象的同时，也要保持良好的职业心态，形成良好的职业习惯，遵守基本的职业道德。

4. 加强对毕业学生就业情况的跟踪调查

学生毕业进入职场之后，辅导员的工作其实并未完全完成，辅导员还需要进一步进行学生就业情况的跟踪调查。一方面是为了观察和分析学生的就业准备是否合理，以便调整就业指导模式，确保就业指导更加科学；另一方面则是为了及时对学生的情况进行了解，以便在学生遇到就业问题时能够及时进行指导和解决，加强彼此的联系。这个过程中辅导员收集和整理的学生就业指导信息属于非常宝贵的就业指导资源，能够非常有效地提高辅导员的就业指导力。

（三）创新方式、提升就业指导服务专业程度

当前社会的就业形势日趋严峻，同时也充满了各种变化，因此高校的就业指导工作必须要结合时代特性，顺应形势的发展并不断创新方式，这样才能有效提升就业指导的专业程度和有效度。最基础的创新方式就是紧随互联网技术的飞速发展，积极利用新媒体的优势，运用新媒体确保就业指导服务的及时性和有效性。

首先，辅导员可以在新生入校时就着手建立通畅的网络沟通平台，运用手机微信、QQ 等载体建立与学生沟通的渠道，及时关注学生的动态和情况，如可以根据学生的各种动态来分析学生的情况，以此来发现并解决学生就业过程中遇到的困难和问题。

其次，辅导员可以通过网络沟通平台引导学生有效运用互联网，如通过网络课堂、微信公众号、直播平台等进行就业技能和就业素质提升的引导，运用学生喜闻乐见的形式提高参与度，其一可以实现信息资源共享，保证和学生的实时交流，其二可以推介各种对学生有利的网络平台或资源，促使学生能够自主提升和学习，其三则可以运用网络平台向学生及时传递就业信息，提供就业咨询、单位咨询等，引导学生主动就业。

再次，辅导员可以运用网络沟通平台和学生进行交流，因为互联网的虚拟性，学生在网络平台上更容易表达内心深处的真实感受和暴露内心的真正问题，有助于增强沟通的实效性，但同时辅导员要注意尊重学生的隐私，把握好与学生沟通的度，这样才能建立信任，从而令学生敞开心扉。

最后，辅导员还可以利用各种网络信息建立一个学生就业信息库，并不断对其进行更新完善，通过对学生的专业信息、个人兴趣、各方面表现、综合考评、所备技能、就业期望等情况的了解，有针对性地对学生进行个性化的就业指导。同时，辅导员还可以建立一个用人单位信息库，适时进行完善和补充，并根据学生个性化就业需求进行对应的推介和服务，确保学生能够顺利就业并进入期望的岗位。

第三节　咨询师·促进学生创业发展

党的十八大报告指出，要引导劳动者转变就业观念，鼓励多渠道多形式就业，促进创业带动就业。加大创新创业人才培养支持力度，鼓励青年成长并支持青年创业。2014 年，教育部发布《关于做好 2015 年全国普通高等学校毕业生就业创业工作的通知》，要求各高校将创新创业教育贯穿人才培养的全过程，提出要建立弹性学制，允许在校学生休学创业；2015 年，国务院办公厅印发的《关于发展众创空间推进大众创新创业的指导意见》中明确提出，要鼓励科技人员和大学生创业。

随着高校大众化教育的快速推进，我国高校毕业生人数不断增加。从2011 年到 2020 年，高校毕业生人数按 2%～5% 的同比增长率逐年增长，十年间累积毕业生人数达 7 600 余万人。2018 年高校毕业生首次突破 800 万人，2020 年高校毕业生人数更是达到了 874 万人。日益增长的高校毕业生人数使得就业形势愈发严峻，因此创新创业开始成为大学生拓展就业机会，提高就业水平，同时创造就业岗位和实现人生价值的重要选择之一。根据调查数据显示，大学毕业生具备强烈创业意愿的占 25.93%，有过创业意愿的占53.02%，这就表示大学生创业同样也是其自身的强烈诉求。辅导员作为与大学生接触最多的人，推进大学生创业教育，提升其创业技能，化身为学生创业咨询师，已经成为社会发展和高校教育的必然要求。

一、大学生创业咨询师的主要工作内容

大学生创业咨询师就是为大学生提供创业咨询服务和创业教育的高校教师，辅导员就是其中最重要的组成部分。

（一）学生创业咨询师的主要工作

学生创业咨询师的主要工作内容包括以下几项：一是为拥有强烈创业意愿的学生传授创业的相关知识，并提高其创业技能；二是指导学生学会撰写和完善创业项目计划书，包括创业项目的前期调查、市场定位、盈利模式、资金筹措、未来发展、市场竞争力等内容；三是为学生提供相关创业知识和与创业相关的政策法规辅导，以确保学生能够依法创业，同时为学生提供关于创业后经营管理方面的问题咨询服务，引导学生更好地进行创业；四是指导学生针对创业项目开展市场调研、项目可行性分析、项目风险评估、投资

效益预测、资金筹措计划等，推动学生掌握创业所需各项技能；五是协助创业学生应对创业实践过程中遇到的各种困难和问题，辅助学生顺利完成创业流程，并改善创办企业的经营管理状况，提升学生创业成功率。

以上工作内容要求辅导员需要具备丰富的创业知识，拥有完善的创业知识体系，并拥有丰富的创业实践经验和相应的服务能力，以便为创业学生提供专业的创业咨询服务。

（二）学生创业咨询师的特殊性

辅导员作为学生创业咨询师，和职业的创业咨询师有很大的不同，主要体现在以下几个方面。

首先，辅导员面对的创业咨询者都是大学生，且主要服务对象是在校大学生，虽然其具有高涨的创业激情，并具备较高的知识素养，但社会经验非常有限，包括经营管理能力、风险评估能力、沟通协调能力、抗挫折能力、资金筹措能力等都有所不足。绝大多数在校大学生进行创业是出于兴趣或为了锻炼能力，其创业行为属于暂时性行为，真正将其列入未来职业规划的学生少之又少。

而职业的创业咨询师面对的是社会创业者，服务对象的范围更广阔，且面对的创业者在知识素养、行为理念、思维方式等方面的差别都非常大。同时，职业的创业咨询师和创业咨询者之间属于雇佣关系，创业者处于主动地位，对创业咨询师的要求也更高。

其次，学生创业咨询师的目的是推进学生的创业教育，以为学生提供免费创业咨询服务为己任，推动学生获得更好的发展。而职业创业咨询师最主要的目的是获取报酬，通过对创业者的指导和服务来获取相应的收入。

最后，职业的创业咨询师属于一种专业化职业，其主要工作就是为创业者提供各种创业咨询服务，并不涉及和创业咨询无关的其他服务；而对于辅导员来说，为学生提供创业咨询服务只是其工作范畴中的一部分，辅导员还需要开展思想政治教育、日常生活引导、心理问题疏导、精神文明建设等其他工作。

辅导员为学生提供创业咨询服务的过程中，不仅需要具备创业咨询师的职业技能，还需要遵守创业咨询师的职业道德，同时也需要严守师德师风，其最主要的目的是通过对学生的关爱和服务，实现创业实践育人，激发学生创业精神，最终促进学生的全面发展。

二、辅导员作为创业咨询师需具备的素质

（一）良好的职业操守

辅导员作为学生的创业咨询师，首先需要具备良好的职业操守，不仅需要具备思想政治教育工作者的职业操守，还需要具备作为创业咨询师应具备的职业操守，包括坚定的政治观念和教育理念，忠诚于教育事业并爱岗敬业，并且需要具备奉献精神，尽心竭力辅导学生进行创业实践，以促使学生健康成长并成才；要坚持以学生为本和立德树人的基本原则，培养学生的创新精神和创业精神，引导学生培养创新意识，并通过创业实践践行创新思维，同时要善于学习，及时了解和掌握学生创业方面的政策法规，完善创业咨询方面的基础知识体系，以便为学生提供更加专业的创业咨询服务。

（二）扎实的专业知识

创业咨询是专业性很强的工作，涉及多方面的知识理论，因为学生的经历和学识有限，缺少很多创业过程中必备的专业知识，所以作为创业咨询师的辅导员就需要拥有非常扎实的创业方面的专业知识，主要包括以下几个方面的内容。

1.政策和法律法规知识

中国是法治化市场经济体系，任何企业的创建和经营管理都离不开法律法规的保障，而国家和政府对于学生创业都非常重视，出台了一系列政策来扶持相关工作。作为学生的创业咨询师，辅导员必须对创业和企业经营管理相关的法律法规、政策等十分熟悉，这样才能给予学生专业且正确的指导，促进创业项目的健康发展。

2.市场营销知识

任何企业最终都需要面向市场对自身进行验证，因此市场需求和市场反应是创业成功的先决条件。作为学生的创业咨询师，辅导员必须懂得相关的市场营销知识，包括市场调研、市场定位、产品营销、价格策略、售后服务等一系列与市场相关的业务知识，并不断更新知识体系，才能够及时为学生提供对应的专业服务。

3. 项目管理知识

通常情况下，学生创业都始于项目的选择和设计，辅导员需要具备相关的项目分析和规划能力，并能够在项目运行过程中提供管理知识。例如，辅导员需要根据创业学生的特长、国家的政策、市场的需求等指导学生选择和完善创业项目，并指导学生完成项目构思和计划，在学生进行项目实践过程中适时给予引导，辅助学生对项目管理进行改进和完善。

4. 人力资源知识

通常创业项目的顺利进行，必然需要人力资源的支撑。辅导员需要拥有相关的人力资源知识，包括人力配置、科学管理、有效开发、成本核算、人员录用等内容，这样才能有效给予创业学生适当的指导，培养学生的团队意识和取长补短的能力，实现创业过程中的人力合理搭配。

5. 融资筹资知识

创业项目想要真正实施并创造效益，就必须拥有一定的启动资金，而学生创业最大的限制就是资金方面的限制，这就需要辅导员具备相应的融资筹资知识，以适时指导学生进行筹资和融资。在此过程中，辅导员需要引导学生对创业项目做出科学的预测和制定筹资决策，最终采用恰当的方法获取启动资金，保证项目的正常运作。

6. 财务管理知识

融资筹资只是为了确保创业项目能够正常运作，在项目运作过程中，还需要考虑发展需求和发展战略，然后以项目资金为管理对象，促进项目的发展，追求价值最大化。辅导员需要具备相应的财务管理知识，以便指导和帮助学生完善各种涉及资金的决策，一是筹资、增加资金积累，二是节省开支，降低经营成本，三是加强财务监督和管理，确保资金能够发挥最大效用。

（三）熟练的咨询服务技能

作为创业咨询师必须拥有为创业者提供创业咨询服务的技能，包括熟悉创业咨询程序，拥有创业咨询对应的方法和工具等。

创业咨询的程序通常包括信息收集、提供方案、方案执行、后续服务等。信息收集就是在创业学生遇到困难和问题，主动向辅导员咨询时，辅导员需要及时做好信息记录，以便对学生的创业情况进行深入了解；提供方案需要辅导员根据收集到的信息，有针对性地对问题进行分析，并和学生共同对问题进行诊断，提供可操作的解决方案，可调研类似企业或行业，寻找相同问题的解决方案并进行借鉴；方案执行就是提出解决方案后，要及时跟进方案情况，适时根据实际情况调整方案内容，促使学生创业方案能够顺利执行并成功；后续服务则需要辅导员及时对方案执行后的项目进行跟进，及时发现后续执行过程中的变化，有针对性地进行后续指导。

创业咨询的方法主要有访谈、会诊、商讨和培训等。访谈就是通过彼此的交流沟通，获取创业过程中的真实信息过程；会诊是根据访谈所获取的真实信息，分析学生遇到的问题和困境，判断引发这些问题的根本原因，并准备解决问题的相关信息；商讨则是根据会诊时发现的问题，提出初步的解决方案并进行商讨，以集思广益并进行论证，确保方案的可操作性和科学性；培训则是根据引发问题的根本原因，有针对性地对创业学生和其中的成员进行对应的专题培训，提高解决问题的成功率，并提升学生和成员的综合能力。

常用的创业咨询的工具主要是SWOT分析法、波特五种竞争力分析模型以及二八定律等。SWOT分析法就是通过寻找创业学生的优势、劣势、机会和威胁等因素，根据市场条件进行客观公正的评价，以制定最符合市场实际情况的经营战略；波特五种竞争力分析模型又被称为波特行业竞争结构分析模型，即通过分析创业学生的竞争对手、潜在竞争对手、替代品、供应商和购买者这五种关于竞争的因素，来调整经营思路，以提高创业项目或企业的经营水平和成功率；二八定律则是依靠二八定律分析各种影响创业活动的因素，尤其是创业产品和细分市场的选择，将主要资源和专注度倾注于能够带来更多利润或更高成功概率的占据20%的核心技术、产品或市场上，以便创业成功。

三、促进学生创业发展的具体策略

在促进学生创业发展的道路上，需要从两个角度进行具体策略的实施，一个是充分发挥辅导员的指导作用和辅助作用，使辅导员成为学生创业咨询师；另一个则需要高校的配合，即高校需要根据社会发展和市场需求，有针对性地进行学生创业人才的培养和孵化。

（一）使辅导员努力成为合格的创业咨询师

辅导员要成为合格的创业咨询师，首先要能够敏锐地洞察学生和社会的创业形势。只有了解学生创业的基本状况和社会上创业学生的发展情况，才能够为学生提供更加专业的创业咨询服务。

当前学生创业的现状并不乐观，主要体现在四个方面：一是国家、地方、高校等虽然出台了各项鼓励学生创业的政策，但总体而言，体制和机制并不健全，如学生创业过程中融资渠道不通畅，容易造成创业缺乏资金的现象；高校相应的创业教育相对落后，无法有效提高学生的创业意识和创业技能等；二是学生的创业热情虽高，但真正行动起来进行创业的学生很少，即学生的创业意识在不断提高，创业热情也非常高涨，但参与创业实践的学生的比例却很低，数据显示，2016—2020年高校应届毕业生自主创业的比例平均为3%，而所有创业学生中创业成功率仅为5%左右；三是学生创业的项目涉及各个行业或领域，但真正具有高科技含量的项目很少，多数学生的创业项目集中在门槛较低的零售、家教和餐饮等社会服务方面，无法体现学生专业技术和知识方面的巨大优势；四是虽然学生的创业目标都会定得非常远大，但在实际行动中却容易因为创业能力有限而无法成功实施。

其次，辅导员同样需要不断提高自身的创业咨询技能，以便为学生提供更加专业化的创业咨询服务。辅导员不仅需要熟练地掌握前面提到的创业咨询的程序、方法等，还需要巧妙运用咨询心理学技巧。在服务学生的过程中，辅导员要有针对性地培养创业学生的价值观，矫正学生的创业动机，并通过心理健康教育培养创业学生健康的创业心理，使学生能够在创业过程中不畏艰辛、百折不挠、愈挫愈勇，保持良好的创业心态。另外，辅导员还需要运用心理疏导技巧缓解创业学生在创业过程中产生的心理障碍和心理问题，以便纠正学生的心态和情绪，引导学生正视自身的不足，激发学生自我实现和自我成长的主观能动性。

再次，规范创业咨询的交流礼仪。咨询服务是一种以语言为主要沟通媒介的服务形式，规范的交流礼仪对创业咨询的最终效果至关重要。辅导员在为学生提供创业咨询服务的过程中不能摆出教师的架子，而要平等地与学生进行交流，并理解学生的创业困惑，尊重学生的创业创意；咨询交流中语言需要遵循规范性、针对性、逻辑性、客观性等原则，务必做到严谨和真诚，匹配的体态语言也要得体。

最后，辅导员要建立健全的创业咨询体系，提供从创业咨询接待、信息收集和分析、创业咨询方案设计、方案执行及成果转化、创业咨询后续服务整体贯穿的一条龙服务，最大化地提高学生的创业成功率。

在健全创业咨询体系过程中，还需要注重加强学生创业意识的培养和创业技能的培训，这是学生创业成功率提升的关键因素。辅导员要充分发挥自身的职业优势，引导学生深入挖掘和认识自我，可以开展各种自我评价活动，来促使学生加强对自身的反思和了解。

另外需要针对社会的需求和市场的变化，根据学生的性格特征，广泛开展创业教育，尤其是开设创业方面课程后，辅导员要将灌输式、填鸭式教学模式转变为启发式教学模式，可以尝试采用情境教学、互动教学、模拟教学等手段，提高学生的学习兴趣和创业兴趣。

还可以开展各种创业方向的校园活动，来提高学生的创业意识，通过理论结合实践的方式，让学生设身处地地感受创业的氛围，一方面可以开拓学生的视野并挖掘学生的创业潜力，另一方面可以增加学生接触社会的机会，提高学生的心理承受力，从而养成良好的创业心态。

同时，要积极运用互联网技术和相应的平台加强创业教育的效果，如建构创业信息服务平台，广泛收集各种创业政策、创业项目、创业咨询等信息，为学生提供创业信息服务；建立创业学生沟通平台，鼓励学生参与其中并交流经验，最终将其发展为创业信息咨询平台。

（二）有针对性地进行创业人才培养和孵化

促进学生创业发展，除了需要辅导员进行对应的提升和准备外，还需要依托于高校层面的支持，有针对性地进行创业人才的培养和孵化尝试。

以渭南师范学院为例：渭南师范学院以人才培养模式的变革为基本措施，优化了人才培养方案，着重突出了创业实践型、创新型 IT 人才培养的特色，借鉴了国外高等工程教育的成功经验，包括德国企业主导型工程人才培养模式、英国职业资格证书体系推动型工程人才培养模式，以校企全学段深度合作培养为路径，提出了毕业证书 + 行业认证的人才培养要求，按照创业创新的一线 IT 工程师应用型人才培养需求构建实践教学链条。

学院构建了一年级体验、二年级见习、三年级实训、四年级实习的教学模式，在三年级开始引入合作企业实训课程，三年级第二学期组织企业进行专业技能实训，突出和强化了实践教学，为创新创业活动的开展奠定了专业技能基础。

为了支持学生的创新创业活动，学院开设了创业相关的各方面课程，包括创业基础、大学生创业导论、大学生创业基础、创业创新执行力、创业创新领导力、创业管理实战等课程，并通过专业见习、社会调查、科研训练、创新项目训练、毕业实习、毕业设计实现了全学段贯穿学习实践。

在此基础上，学院为提高学生的工程实践能力，特别搭建了创新创业平台，并开展了各类创新创业活动，包括 IT 企业制定班、大学生实体创业项目、大学生创新创业训练项目、工程项目实训等培养学生创新创业意识的活动。从 2011 年起学院就实施了大学生创业创新训练计划项目，每年设立100 项项目，每项资助 5 000 ～ 8 000 元经费，获批了上百项省级和近百项国家级大学生创业创新计划项目。获批项目的学生在进行项目研究和活动期间会和相关指导教师密切联系，促成了师生共创的项目探索模式，不仅加强了学生理论知识和实践技能的融合，还培养了学生的创新精神和创业精神。

2013 年，学院成立了大学生创业创新园，并制定了《大学生实体创业计划项目实施方案》《大学生实体创业项目入园管理办法》《校内创业导师管理办法》等措施文件，采取导师引领、课堂教学、实践提升、园区孵化的培养方式，为有志于创业的大学生搭建了校内实践实训和创业孵化平台，进行创业创新培训，培养大学生创新精神与创业能力。

同时，学院还建构了与学生创新创业能力培养对应的提升平台和保证措施，如运用第二课堂活动，促使学生提升专业技能和创业意识，在学校层面成立了创新创业教育办公室，并设立了创新创业项目专项经费和奖学金、助学金，并通过深入的校企合作建设了校内外创新创业实践基地，为提升学生创新创业意识和能力提供了圈方位的支持；学院方面则加强了对创新创业辅导教师的培训，并增设了相关评价制度和配套资金，将教师的创新创业教育活动和业绩纳入了考核范围，从创新创业专业咨询方面为学生提供了最大的便利。

在此基础上，学院还制定了完善的保障措施，加强了实体创业计划项目的过程管理，如对获批立项的学生实体创业项目，开展了全程化过程管理和指导，并加强了对立项项目的中期检查和结项检查，最大程度上保障了项目的健康推进；搭建了创新创业孵化桥梁，不定期组织创业学生和指导教师前往合作企业进行实地考察和参观学习，以拓宽学生的创业之路，并邀请校内具有创业理论和经验的教师、校外成功企业家、知名律师、金融机构和政府相关工作人员组成创业讲师团队，为创业学生开展创业讲座，促进学生掌握创业技能。

经过一系列创新创业教育与人才培养模式的变革，渭南师范学院培养出了一批具有创新创业精神的 IT 人才，并孵化出了颇具发展前景的 IT 实体公司：2015 届软件工程专业学生李龙在获批大学生实体创业项目后，注册了陕西云迹网络科技有限公司。在项目孵化过程中，项目负责人和学院指导教师进行了深入的市场调研，并对公司的发展做了详细的战略规划，确定了公司的品牌理念。

参考文献

[1] 孙艳梅.高校辅导员工作理论与实务 [M].长春：吉林人民出版社，2020.

[2] 张晶娟.高校辅导员职业化发展研究 [M].北京：对外经济贸易大学出版社，2017.

[3] 黄广谋.新时期高效辅导员工作的理论与实践研究 [M].北京：新华出版社，2018.

[4] 黄签名.辅导员价值论 [M].天津：天津大学出版社，2013.

[5] 王传中，朱伟.辅导员工作指南 [M].武汉：武汉大学出版社，2009.

[6] 张在法.高校辅导员指导学生就业能力提升研究 [D].长春：东北师范大学，2016.

[7] 张学亮."双创"视阈下大学生就业教育研究 [D].重庆：西南大学，2017.

[8] 欧红娟，吴华军，常麒，等.多维度加强新时期高校优良学风建设 [J].办公室业务，2021（10）：70，133.

[9] 张泽正，盛丹.立德树人视域下高校学风建设的探索与创新 [J].产业与科技论坛，2021（9）：269-270.

[10] 陈超群.新时代高校党的学风建设的理论思考 [J].高校马克思主义理论研究，2021（1）：94-99.

[11] 刘露.高校辅导员视角下的大学生学风建设 [J].文教资料，2021（8）：130-131.

[12] 王蕊.新时代高校学风建设的困境与对策 [J].高校辅导员学刊，2021（1）：82-86.

[13] 蒋明钊.思想政治教育视阈下高校学风建设路径研究 [J].南方论刊，2021（1）：110-112.

[14] 范乐佳，张晓报.网络时代高校学风建设的挑战、机遇及应对 [J].扬州大学学报（高教研究版），2020（5）：11-15.

[15] 朱司甲.高校学风建设路径创新研究 [J].湖北开放职业学院学报，2020（20）：

9-10.

[16] 储兆晶，王冰洁，张晶，袁彦．基于积极心理学视角下的高校学风建设 [J]. 山西能源学院学报，2020（05）：39-41.

[17] 丛川．高校辅导员工作中关于创新实践教育融入学风建设的思考——以鲁东大学财务管理专业为例 [J]. 吉林教育，2020（29）：40-41.

[18] 朱静琳．高校心理教育对学风建设的影响探析 [J]. 文化创新比较研究，2020（28）：25-27.

[19] 窦雅琴．论高校生涯教育与学风建设的有效互动 [J]. 学校党建与思想教育，2020（16）：83-85.

[20] 李赓．高校辅导员在班级学风建设中的作用 [J]. 科教导刊（上旬刊），2020（22）：171-172.

[21] 朱甜甜．辅导员视域下高校学风建设途径探析 [J]. 公关世界，2020（14）：147-148.

[22] 檀森，张雷．高校辅导员在学风建设中的作用 [J]. 船舶职业教育，2020（4）：78-80.

[23] 黄思嘉．关于高校辅导员在校园文化建设中的角色与作用思考 [J]. 时代报告（奔流），2021（02）：54-55.

[24] 单敏．高校辅导员关于开展校园文化建设工作的思考 [J]. 考试周刊，2017（80）：177.

[25] 王凯．试论高校辅导员在高校校园文化建设中的作用 [J]. 报刊荟萃，2017（2）：74.

[26] 林伟毅．高校辅导员职业能力的现状及提升路径 [J]. 思想理论教育导刊，2017（1）：134-136.

[27] 陈钧议．高校辅导员完善学生日常管理工作的思考 [J]. 科技展望，2016（7）：314-315.

[28] 王树欣，张琳．高校辅导员在校园文化建设中的角色与作用思考 [J]. 吉林省教育学院学报（上旬），2015（7）：7-8.

[29] 刘锦华，张建．论辅导员以社会主义核心价值体系引领高校校园文化 [J]. 潍坊工程职业学院学报，2014（6）：32-35.

[30] 池晶，杨宇龙．辅导员在高校校园文化建设中的作用探析 [J]. 东方企业文化，2014（2）：95.

[31] 张琳君. 新形势下高校学生危机事件的应对策略 [J]. 决策探索（中）,2021（3）：22-23.

[32] 刘畅. 公共卫生危机事件期间高校学生心理健康状况及干预困境 [J]. 科技资讯，2021（6）：229-231.

[33] 李晶. "互联网+"背景下辅导员做好高校学生管理教育工作的路径探索 [J]. 青年与社会，2020（19）：142-143.

[34] 姜大伟. 高校学生突发事件预防及应急处置策略 [J]. 戏剧之家，2020（17）：143-144.

[35] 姜雪，胡静茹. 高校网络危机事件的应对优化策略 [J]. 新西部，2020（5）：126+159.

[36] 孙传通，魏阳芷，张慧晶. 高校危机事件中辅导员情绪耗竭研究 [J]. 科教导刊（中旬刊），2020（5）：165-166.

[37] 丰丙云. 高校辅导员应对学生危机事件处理策略 [J]. 农村经济与科技，2018（24）：296，19.

[38] 陈诗. 提升辅导员学生危机事件应对能力研究 [J]. 才智，2017，（23）：159-160.

[39] 张金学，李京京. 高校辅导员处置学生危机事件能力提升研究 [J]. 赤子（上中旬），2017（7）：144-146.

[40] 洪姝芳. 高校辅导员在危机事件中的作用和能力提升途径 [J]. 知识经济，2017（4）：156-157.

[41] 徐涛. 提高高校辅导员处理学生心理危机事件的能力 [J]. 科教导刊（上旬刊），2016（19）：180-181.

[42] 陆昌兴. 思想政治教育视阈下高校学生危机的新类型及应对策略 [J]. 科技资讯，2015（35）：267+269.

[43] 赵敬东. 自媒体环境下高校辅导员应对危机事件防范机制研究 [J]. 赤峰学院学报（自然科学版），2015（19）：250-252.

[44] 黄树余. 浅谈高校辅导员处理学生危机事件的策略 [J]. 鸭绿江（下半月版），2015（4）：1367-1368.

[45] 艾楚君. 高校辅导员就业指导力研究 [J]. 山西财经大学学报，201234（S2）：117-118.

[46] 刘东东. 专业化视域下高校辅导员就业指导力的提升路径 [J]. 中国大学生就

业，2018（15）：52–55.

[47] 曹晨，柴玲.新时代背景下高校辅导员就业指导工作路径探析 [J]. 湖北开放职业学院学报，2020，33（1）：102–104.

[48] 湛利华.辅导员专业化视角下的高校就业指导工作研究 [J]. 中国大学生就业，2013（12）：23–26.

[49] 朱伟利.浅谈高校辅导员大学生就业指导工作研究 [J]. 河南广播电视大学学报，2015，28（2）：108–109，112.

[50] 张彩鹏，徐爽.高校辅导员开展大学生就业指导工作过程中存在的问题及对策 [J]. 西部素质教育，2017，3（20）：162–163.

[51] 孙文佳.新形势下高校学生辅导员加强班级建设路径研究 [J]. 北方文学，2019（29）：141–142.

[52] 吕丽莉.论高校学生组织"党团领导下的自治"特性 [J]. 教育教学论坛，2019（25）：71–72.

[53] 邓永权.新时代学生组织管理研究 [J]. 时代人物，2019（2）：26–27.

[54] 武超，梁钦，尤煜龙.高校辅导员指导学生组织发展路径探究——以上海交通大学为例 [J]. 吉林省教育学院学报，2018（7）：67–69.

[55] 茅冬华.高校学生会管理中辅导员的工作方法和艺术 [J]. 读与写（教育教学刊），2014（10）：35.

[56] 刘熙.浅论高校辅导员与学生组织 [J]. 考试周刊，2012（34）：161–162.

[57] 吴秋容.高校辅导员在大学生就业指导工作中的能力与素质培养研究 [J]. 才智，2018（36）：154.

[58] 席宝辉.高校辅导员就业指导能力提升路径 [J]. 智库时代，2019（18）：84，90.